utb 6484

AF802371

Eine Arbeitsgemeinschaft der Verlage

Brill | Schöningh – Fink · Paderborn
Brill | Vandenhoeck & Ruprecht · Göttingen – Böhlau · Wien · Köln
Verlag Barbara Budrich · Opladen · Toronto
facultas · Wien
Haupt Verlag · Bern
Verlag Julius Klinkhardt · Bad Heilbrunn
Mohr Siebeck · Tübingen
Narr Francke Attempto Verlag – expert verlag · Tübingen
Psychiatrie Verlag · Köln
Psychosozial-Verlag · Gießen
Ernst Reinhardt Verlag · München
transcript Verlag · Bielefeld
Verlag Eugen Ulmer · Stuttgart
UVK Verlag · München
Waxmann · Münster · New York
wbv Publikation · Bielefeld
Wochenschau Verlag · Frankfurt am Main

Jannina Schäffer (Hg.)

Survival Guide Rechtsreferendariat

Wie Du den juristischen Vorbereitungsdienst überlebst

BRILL | SCHÖNINGH

Umschlagabbildung: siegel konzeption | gestaltung, © panyawatt,
Adobe Stock # 1023401581

Bücher, Online-Angebote oder elektronische Ausgaben sind erhältlich unter
www.utb.de

Bibliografische Information der Deutschen Nationalbibliothek

Die Deutsche Nationalbibliothek verzeichnet diese Publikation in der
Deutschen Nationalbibliografie; detaillierte bibliografische Daten sind im Internet über
https://dnb.de abrufbar.

© 2025 Brill Schöningh, Wollmarktstraße 115, D-33098 Paderborn, ein Imprint der Brill-Gruppe (Koninklijke Brill BV, Leiden, Niederlande; Brill USA Inc., Boston MA, USA; Brill Asia Pte Ltd, Singapore; Brill Deutschland GmbH, Paderborn, Deutschland; Brill Österreich GmbH, Wien, Österreich) Koninklijke Brill BV umfasst die Imprints Brill, Brill Nijhoff, Brill Schöningh, Brill Fink, Brill mentis, Brill Wageningen Academic, Vandenhoeck & Ruprecht, Böhlau und V&R unipress

www.brill.com
E-Mail: info@schoeningh.de

Das Werk, einschließlich aller seiner Teile, ist urheberrechtlich geschützt. Jede Verwertung außerhalb der engen Grenzen des Urheberrechtsgesetzes ist ohne Zustimmung des Verlages unzulässig und strafbar. Das gilt insbesondere für Vervielfältigungen, Mikroverfilmungen und die Einspeicherung und Verarbeitung in elektronischen Systemen.

Printed in Germany.
Herstellung: Brill Deutschland GmbH, Paderborn
Einbandgestaltung: siegel konzeption | gestaltung

UTB-Band-Nr: 6484
ISBN 978-3-8252-6484-0
eISBN 978-3-8385-6484-5

Inhaltsverzeichnis

Vorwort

„Wenn ich einen Sohn habe, so soll er etwas recht Prosaisches werden, Jurist oder Seeräuber“ – das schrieb der englische Adlige und Dichter Lord Byron. Mit dem Start ins Rechtsreferendariat haben Sie für sich selbst entschieden: Mit dem Piratendasein wird es eher nichts; Sie möchten Volljuristin oder Volljurist werden.

An dieser Stelle darf ich Ihnen zunächst herzlich zum Bestehen des Ersten Staatsexamens gratulieren. Egal, mit welcher Note Sie bestanden haben, Sie können stolz auf sich sein. Dass Sie sich trotz des langen Studiums und der beschwerlichen Examensvorbereitung dafür entschieden haben, eine weitere juristische Prüfung auf sich zu nehmen, ehrt Sie. In dieser Hinsicht möchte ich Sie aber zunächst auch beruhigen: Wer das Erste Staatsexamen bestanden hat, wird mit sehr großer Wahrscheinlichkeit auch das Zweite Staatsexamen bestehen. Das Schlimmste haben Sie bereits hinter sich.

Trotzdem ist das Rechtsreferendariat kein Zuckerschlecken und darf nicht unterschätzt werden. Im Gegensatz zum Jurastudium geht hier alles Schlag auf Schlag. Innerhalb von zwei Jahren – und die Zeit vergeht wie im Flug – müssen Sie sich dem Examen erneut stellen. Eine Verschnaufpause einlegen? Bei einem Auslandsjahr die Seele baumeln lassen? Das Examen schieben und für ein Jahr ins Repetitorium? All das ist nicht mehr möglich.

Gleichzeitig wird das Referendariat die spannendste Zeit Ihres Lebens – das garantiere ich Ihnen. Sie werden nie wieder die Möglichkeit haben, in so viele interessante Berufsbilder hineinzuschnuppern wie jetzt. Staatsanwaltschaft, Bundesverfassungsgericht, Auswärtiges Amt, Bundestag, Kriminalpolizei, Greenpeace oder Großkanzlei? All das ist möglich. Ergreifen Sie diese Chance mutig und entschlossen und nutzen Sie das Referendariat, um Ihre eigene juristische Karriere voranzubringen bzw. sich für einen Karrierepfad zu entscheiden.

Die Entstehungsgeschichte dieses Ratgebers ist dabei eine ganz besondere. 2024 erschien bei UTB unser erster Ratgeber, der „Survival Guide Jura“, der sich an Jura-Erstis richtet. Zum Autorenteam gehörten damals verschiedene Autorinnen und Autoren des studentischen Online-Magazins JURios (www.jurios.de). Für die Fortsetzung, den hier vorliegenden „Survival Guide Rechtsreferendariat“, haben wir uns

Verstärkung geholt. Das diverse Autorenteam setzt sich dieses Mal auch aus Prüferinnen und Prüfern, Praktikerinnen und Praktikern aus Justiz, Anwaltschaft und Verwaltung sowie AG-Leiterinnen und AG-Leitern zusammen.

In diesem Ratgeber möchten wir Ihnen dabei zur Seite stehen, das Beste aus Ihrem Rechtsreferendariat herauszuholen und das Zweite Examen entspannt zu meistern. Der „Survival Guide Rechtsreferendariat“ gliedert sich dazu in drei große Abschnitte:

- A. Auf ins Ref! – Was Sie am Anfang wissen müssen
- B. Das erwartet Sie in den Stationen
- C. Ahoi, Karriere! – Nach dem Ref

Im ersten Abschnitt werden übergreifende Themen behandelt, die in allen Stationen des Referendariats relevant sind. Was sind die größten Unterschiede zum Jurastudium? Wie organisieren Sie Ihren Lernalltag und wie funktioniert der Urteilsstil? Welche Formalia muss man bei Krankheit, Urlaub und Nebenjob beachten?

Im zweiten Teil stellen wir Ihnen die einzelnen Stationen (Zivilstation, Strafstation, Verwaltungsstation, Anwaltsstation, Wahlstation) vor. Wir geben Ihnen außerdem Hilfestellungen zu den Klausurtypen, die Sie in den einzelnen Stationen erwarten (z. B. die Urteilsklausur oder die Behördenklausur).

Im letzten Abschnitt geht es um die Zeit nach den schriftlichen Klausuren, also insbesondere um Ihre mündliche Prüfung. Außerdem haben wir verschiedene Karrierethemen aufgegriffen: Welches Einstiegsgehalt erwartet Sie im Job? Wie schreibt man einen juristischen Lebenslauf, gibt es jetzt noch die Möglichkeit, zu promovieren?

Einige Themen haben es aus Platzgründen (leider) nicht mehr ins Buch geschafft oder sind aufgrund ihrer Formatierung zu umfangreich – beispielsweise eine umfangreiche Literaturliste für das Rechtsreferendariat. Sie finden diese Themen als kostenlose Zusatzmaterialien zum Download auf
www.utb.de/doi/suppl/10.36198/9783838564845

Links werden dabei immer auch als QR-Codes dargestellt, sodass Sie diese bequem mit dem Handy einscannen können. Das Gleiche gilt für die zahlreichen Lektürehinweise am Ende unserer Texte; beispielsweise auf kostenlose Online-Artikel, Podcast-Folgen, Videos und vieles mehr.

Wenn Sie etwas Zeit mitbringen, können Sie diesen Ratgeber ganz klassisch von vorne nach hinten lesen. Oder Sie springen einfach zu dem Kapitel, das Sie gerade interessiert.

Jetzt aber: Viel Freude beim Lesen und genauso viel Erfolg im Rechtsreferendariat!

Dr. Jannina Schäffer
(Herausgeberin)

PS: Der eingangs zitierte englische Adlige bekam übrigens keinen Sohn, sondern eine Tochter: die berühmte Mathematikerin Ada Lovelace (geb. Augusta Ada Byron), die als erste Person ein Computerprogramm erstellte.

Autorinnen und Autoren

RA Furkan Akgün

Ist Volljurist und verbrachte im Rahmen seines Rechtsreferendariats die Wahlstation 2024 in Istanbul. Er gründete sein eigenes juristisches Gewerbe, ist als Rechtsanwalt und Wirtschaftsmediator tätig und seit mehreren Jahren Jura Content-Creator.

Helen Arling, LL.M.

Ist Rechtsreferendarin am OLG Koblenz. Sie verfügt über den LL.M. „Globalisation and Law (Human Rights)" der Universität Maastricht und promovierte an der Universität Trier. Ihre Dissertation befindet sich aktuell im Veröffentlichungsprozess.

StA Dr. Lorenz Bode

Jahrgang 1989, ist Staatsanwalt und Examensprüfer in Sachsen-Anhalt.

RiOLG Tobias Dallmeyer, Silke Glossner LL.M., Christine Haumer, Holger Krätzsche

Arbeiten im Team – alle sind ehemalige hauptamtliche AG-Leitende für Rechtsreferendarinnen und Rechtsreferendare. Sie arbeiten als Richterinnen und Richter am OLG München. Alle sind weiterhin im Nebenamt engagiert in der juristischen Aus- und Weiterbildung. Sie prüfen sowohl in den mündlichen als auch schriftlichen Prüfungen des Zweiten Staatsexamens.

Dipl.-Psych. Ass. iur. Alica Mohnert, Mag. iur., LL.M. (CUPL/中国政法大学)
Spezialisiert auf Psychologie im Recht, unterrichtet sie sowohl an Hochschulen als auch an der Deutschen Richterakademie und in den Landesfortbildungsprogrammen der Justiz. Sie ist Co-Autorin des Standardwerks „Psychologie für Juristen".

Natalie Lorke (Ass. iur., Mag. iur.)
Unterstützt als Assessorin die Geschäftsführung und Fachabteilungen eines mittelständischen Unternehmens in allen rechtlichen Angelegenheiten und ist als Datenschutzkoordinatorin Ansprechpartnerin bei datenschutzrechtlichen Themen.

StA Dr. Simon Pschorr
War Straf- und Jugendrichter an den Amtsgerichten Villingen-Schwenningen und Singen sowie Staatsanwalt bei der Staatsanwaltschaft Konstanz. Als abgeordneter Praktiker lehrte und promovierte er an der Universität Konstanz. Nunmehr ist er Staatsanwalt bei der Staatsanwaltschaft Regensburg und Co-Fachgruppensprecher der Fachgruppe Strafrecht der Neuen Richtervereinigung (NRV).

Jana Sáez García
Ist seit 2016 in der Kanzleiwelt als Recruiterin bzw. Personalberaterin tätig. Sie promoviert zum Thema „Professionalität in der Personalberatung" und gründete 2023 die Legal Tuffles GmbH, mit einem Podcast und einer eigenen Kanzleiplattform, um Role Models aus der Jura- und Tax-Bubble in puncto Vereinbarkeit von Karriere und Privatleben sichtbar zu machen.

RAin Jennifer Schäfer-Jasinski, Mag. iur.

Ab 2022 war sie zunächst als angestellte Rechtsanwältin in unterschiedlichen Kanzleien tätig. Heute berät sie als selbstständige Rechtsanwältin und Mediatorin insbesondere Gründerinnen und Gründer.

Dr. Jannina Schäffer

Ist Gründerin und Chefredakteurin des Online Magazins „JURios – kuriose Rechtsnachrichten". Die promovierte Volljuristin ist Lehrbeauftragte für Strafrecht an der FernUni Hagen sowie Redakteurin bei beck-aktuell. Sie ist auch die Herausgeberin des 2024 bei UTB erschienenen Ratgebers „Survival Guide Jura".

VRi.inLG Juliane Schrader

Ist Vorsitzende Richterin am Landgericht Düsseldorf und seit 2015 Prüferin in der Staatlichen Pflichtfachprüfung. Seit 2023 bietet sie mit dem Social-Media-Projekt „Fine.Jura" Tipps für die Examensvorbereitung. Seit 2024 ist sie Lehrbeauftragte der Heinrich-Heine-Universität Düsseldorf.

ORR Dr. Sebastian Schuh

Ist Volljurist und Referent im Bayerischen Staatsministerium des Innern für Sport und Integration. Seit 2019 ist er nebenamtlicher Arbeitsgemeinschaftsleiter für die Rechtsreferendarinnen und -referendare in Bayern.

RAin und Notarin Annika Seebach
Gründete 2019 die Kanzlei SEEBACH FREY & PARTNER in Kassel und wurde 2022 zur Notarin bestellt. Mit der jährlichen Veranstaltung „give a girl a robe“ setzt sie sich für die Frauenförderung in der Anwaltschaft ein. 2023 gewann sie den BEST OF LEGAL Award in der Kategorie ‚Leader des Jahres‘ der Wirtschaftswoche.

RAin Angelika Stürzer
Legte ihr Rechtsreferendariat in Bayern ab und wurde in der Zivilstation Mutter eines Sohnes. Inzwischen ist sie zweifache Mutter und als selbständige Rechtsanwältin tätig.

RiLG Christian Walz
Ist Richter am Landgericht Münster und Host des Podcasts „RefPod“. Er ist AG-Leiter und Lehrbeauftragter der Universität Münster, die ihn 2023 mit dem Lehrpreis der Universität auszeichnete.

A. Auf ins Ref! –
Was Sie am Anfang wissen müssen

1. Alles zurück auf null! Wie sich das Ref vom Ersten Examen unterscheidet

ORR Dr. Sebastian Schuh

Mit dem erfolgreichen Bestehen der Ersten Juristischen Prüfung haben Sie einen bedeutenden Meilenstein auf Ihrem Weg zur Volljuristin bzw. zum Volljuristen erreicht. Der lange Weg bis hierhin gleicht einem Marathon – er erfordert Disziplin, jahrelange Vorbereitung, ein hohes Lernpensum und Durchhaltevermögen. Doch das eigentliche Ziel liegt noch vor Ihnen: Erst mit dem erfolgreichen Bestehen des Zweiten Staatsexamens sind Sie am Ende Ihrer Ausbildung zur Volljuristin bzw. zum Volljuristen angekommen. Die Erfahrung und Ausdauer, die Sie bisher bewiesen haben, bilden jedoch eine wertvolle Grundlage, mit deren Hilfe Sie sich realistisch und gezielt auf diesen letzten Abschnitt vorbereiten können.

Ihr Ziel, das Zweite Staatsexamen, verlangt nochmals Höchstleistung. Der juristische Vorbereitungsdienst bringt veränderte Anforderungen, mehr Verantwortung und ein strengeres Zeitmanagement mit sich. In diesem Aufsatz werden die wesentlichen Unterschiede zwischen der Vorbereitung auf das Erste und Zweite Staatsexamen dargestellt. Damit erhalten Sie einen Einblick in die Herausforderungen und Chancen, die diese letzte Etappe auf Ihrem Weg zur Volljuristin bzw. zum Volljuristen für Sie bereithält.

Mit realistischen Erwartungen ins Rechtsreferendariat

Schon die Bezeichnung deutet Unterschiede an: Die Erste Juristische Prüfung kombiniert einen universitären Schwerpunktbereich und ein staatliches Examen, während das Zweite Staatsexamen eine rein staatliche Prüfung darstellt. Für die Prüfungen ist ab nun allein der Staat verantwortlich. Damit entfällt auch die Möglichkeit, die Gesamtnote durch die universitäre Prüfung zu verbessern. Ihre Note basiert auf den Leistungen in den Examensklausuren und der sich anschließenden mündlichen Prüfung. Sowohl die Anzahl der abzuliefernden Klausuren als auch die Ausgestaltung der mündlichen Prüfung und deren Gewichtung zum schriftlichen Teil können jedoch je nach Bundesland variieren.

Mehr zu den Länderunterschieden im Aufsatz „Wohin für das Ref?“ von RAin Jennifer Schäfer-Jasinski (S. 25 ff.).

Angesichts dieses Unterschiedes empfiehlt es sich, Ihre bisherige Leistung und Ihren Wissensstand allein im Hinblick auf den staatlichen Prüfungsanteil zu reflektieren, um so realistische Ziele für das Zweite Staatsexamen setzen zu können.

Von flexibler Studienplanung zur strikteren Zeitgebundenheit

Ob Sie direkt nach der Ersten Juristischen Prüfung, ggf. mit Wartezeiten, oder nach einer Promotion in das Rechtsreferendariat eintreten: Sie alle bringen juristisches Handwerkszeug und Wissen mit, das auch für das Zweite Staatsexamen von enormer Bedeutung ist.

Mehr zum Promovieren im Streitgespräch „Vor oder nach dem Zweiten Examen promovieren?“ von Helen Arling und Dr. Jannina Schäffer (S. 184 ff.).

Doch ändern sich mit dem Referendariat die Rahmenbedingungen grundlegend: Statt der universitären Freiheit, das eigene Lerntempo zu bestimmen, die Wahl zu haben, wann und bei wem Vorlesungen oder Übungen besucht werden und vor allem den Termin für das Staatsexamen nach Belieben auf später zu verschieben, ist das Rechtsreferendariat strikt durchorganisiert.

Im Vorbereitungsdienst folgen Sie einem festen Zeitplan. Dieser gibt Ihnen vor, wann die praktischen Zivil-, Straf-, Verwaltungs-, Anwalts- und Wahlstationen zu absolvieren sind. Daneben werden Sie Arbeitsgemeinschaften zugewiesen. Die Dozierenden, die Zeiträume der AG-Termine und die Einführungslehrgänge werden ebenfalls strikt vorgegeben. Der Vorteil hiervon ist, dass Ihnen der Staat die oftmals verzweifelte Suche nach dem „perfekten Zeitpunkt“ für das Examen erspart. Denn: Der Zeitpunkt des Zweiten Staatsexamens ist nicht verhandelbar.

Dies verschafft Ihnen Klarheit und Sie haben ein verbindliches Ziel vor Augen, das Sie motiviert und Ihnen darüber hinaus eine verlässliche Struktur im Alltag gibt, die während des Studiums eventuell zeitweise gefehlt hat. Wie man trotz dieser vorgegebenen zeitlichen Struktur noch etwas Mitsprache, insbesondere bei der Gestaltung der praktischen Stationen, haben kann, wird in diesem Buch an späterer Stelle erläutert.

Wahlstation: „Die Qual der Wahl“ von ORR Dr. Sebastian Schuh (S. 153 ff.).
Auslandsstation: „Reisepass statt Revision“ von RA Furkan Akgün (S. 166 ff.).

Herausforderungen der festen Zeitstruktur

Die feste Struktur stellt jedoch auch Anforderungen an Ihr Zeitmanagement. Ihre praktischen Ausbildungsstationen, die verpflichtenden und oft zahlreichen AG-Termine, die Organisation der Wahlstation, das Erlernen neuen Stoffes, das Eigenstudium und das konsequente Schreiben von Übungsklausuren – all dies muss gut geplant und in Ihren Alltag integriert werden, der schließlich auch noch Familie, Freundinnen und Freunde, Hobbies, Erholung und das Schöne im Leben umfassen soll. Diese Anforderungen verlangen ein hohes Maß an Selbstorganisation und Disziplin. Machen Sie sich daher frühzeitig Gedanken über Ihre Zeiteinteilung und Prioritäten.

Mehr dazu im Aufsatz „Lernen im Rechtsreferendariat“ von Ri'inLG Juliane Schrader (S. 40 ff.).

Auch die Entscheidung für eine Nebentätigkeit sollte gut durchdacht sein. Zwar nimmt eine solche Tätigkeit Zeit in Anspruch, doch kann sie Ihnen wertvolle praktische Einblicke bieten und somit auch die Routine beim Verfassen von Anwaltsschriftsätzen mit sich bringen. In der Phase der intensiveren Examensvorbereitung kann eine gelegentliche Nebentätigkeit zudem eine motivierende Abwechslung bieten. Aber Achtung: Nebentätigkeiten müssen genehmigt werden.

Mehr dazu im Aufsatz „Formulare, Formulare, noch mehr Formulare!“ von Dr. Jannina Schäffer (S. 32 ff.).

Ähnlich gut überlegt sein sollte, ob Sie ein kommerzielles Repetitorium nutzen, auf gezielte Crashkurse setzen oder ausschließlich die staatlichen AGs in Kombination mit dem unverzichtbaren Eigenstudium nutzen. Selbst wenn Ihnen die Methodik, das Tempo oder die Vermittlung einer AG-Leiterin oder eines AG-Leiters nicht ganz zusagt – was durchaus vorkommen kann – sollten Sie die verpflichtenden AGs sinnvoll nutzen und aktiv mitarbeiten. Anwesend sein müssen Sie ja sowieso. Daneben kann es außerdem Sinn ergeben, eine eigene Lerngruppe zu gründen, um gemeinsam mit anderen Referendarinnen und Referendaren den Stoff zu erlernen, zu wiederholen oder Übungsklausuren zu scheiben.

Sie sehen: Die perfekte Lösung für Ihr Zeitmanagement kann Ihnen niemand vorgeben. Basierend auf Ihrem Wissensstand und Ihren bisherigen Erfahrungen und Vorlieben müssen Sie selbstständig die für Sie passende Balance im Vorbereitungsdienst finden.

Veränderung des Status quo

Mit dem Referendariat ändern sich auch Ihr Status und das Maß an Verantwortung, das Sie übernehmen. Sie sind nun keine Studierenden mehr, sondern Rechtsreferendarinnen und Rechtsreferendare und befinden sich in einem öffentlich-rechtlichen Ausbildungsverhältnis (bzw. teilweise sogar in einem Beamtenverhältnis). Das bedeutet eine neue berufliche Identität und Verantwortung. Sie repräsentieren nicht mehr nur sich selbst, sondern die Institutionen, in denen Sie tätig sind. Dies wird besonders in Stationen wie der Staatsanwaltschaft spürbar, wenn Sie als Sitzungsvertreterin oder Sitzungsvertreter fungieren und eine von Ihnen beantragte Gefängnisstrafe ohne Bewährung von der Richterin oder dem Richter tatsächlich verhängt wird. Dazu gehört übrigens auch, dass Sie sich plötzlich an die Berufskleidung der Justiz halten müssen. Statt mit der Jogginghose in der Vorlesung zu sitzen, stehen Sie nun mit Robe im Gerichtssaal.

Mehr zum Sitzungsdienst im Aufsatz „Der staatsanwaltschaftliche Sitzungsdienst!“ von StA Dr. Lorenz Bode (S. 111 ff.).

Dieser neue Status bedeutet aber auch eine gewisse finanzielle Absicherung. Während des Referendariats erhalten Sie eine Vergütung, häufig als „Unterhaltsbeihilfe“ bezeichnet. Auch wenn diese eher knapp bemessen ist, können Sie sich damit stärker auf die

Ausbildung konzentrieren, ohne den Lebensunterhalt durch Nebenjobs finanzieren zu müssen.

Auswirkungen auf die Klausuren des Zweiten Staatsexamens

Der Übergang von der theoretischen Studienzeit in den praktischen Vorbereitungsdienst bringt auch veränderte Erwartungen an die Prüfung im Zweiten Staatsexamen mit sich. Im Studium lag der Fokus darauf, theoretisches Wissen im Gutachtenstil anzuwenden, wohingegen nun die Anwendung des Rechts in der Praxis im Vordergrund steht. Während der praktischen Stationen werden Sie mit realen Fällen konfrontiert und sind gefordert, vertretbare Entscheidungen zu treffen. Dies spiegelt sich auch in den Anforderungen des Zweiten Staatsexamens wider: Sie müssen wohlbegründete Entscheidungen unter anderem in Form von Urteilen, Beschlüssen, Klageschriften oder behördlichen Verfügungen treffen.

Die neuen Prüfungsformate können zunächst ungewohnt sein. Doch keine Sorge: Die AGs bereiten Sie intensiv darauf vor. Es ist jedoch wichtig, dass Sie diese Schwerpunktsetzung nicht falsch interpretieren: Der größte Teil der Punkte im Zweiten Staatsexamen wird nach wie vor im materiellen Recht erzielt, weshalb dieses im Rahmen der eigenen Prüfungsvorbereitung auch weiterhin im Fokus stehen sollte. Und hier eine gute Nachricht: Die Stoffmenge im materiellen Recht wird gegenüber dem Ersten Examen jedenfalls nicht größer.

Ein weiterer markanter Unterschied ist der Wechsel vom Gutachten- zum Urteilsstil. Während Sie im staatlichen Teil der Ersten Juristischen Prüfung einen Sachverhalt auf wenigen Seiten feststehend geliefert bekamen, erhalten Sie im Zweiten Staatsexamen oft Aktenauszüge mit bis zu zehn Seiten, deren Inhalte Sie selbst auf das Wesentliche reduzieren und hieraus den Sachverhalt aufbereiten müssen.

Mehr zum Urteilsstil im Aufsatz „Der Urteilsstil" von RiLG Christian Walz (S. 47 ff.).

Der schrittweise Übergang zu den Anforderungen des juristischen Berufs zeigt sich auch darin, dass Sie im Rahmen der Examensprüfungen auf zugelassene Kommentare zurückgreifen dürfen.

Nutzen Sie diese frühzeitig in Ihren AGs und Übungsklausuren, um sich an die Arbeit mit ihnen zu gewöhnen. Vielleicht erscheint es verlockend, endlich die mühsam gelernten Definitionen wie die der „Heimtücke“ loszuwerden und somit für mehr Platz in Ihrem Kopf zu sorgen. Doch sind diese Definitionen bereits eingebrannt und Ihnen später oftmals auch noch als erfahrene Volljuristin und erfahrener Volljurist präsent. Dies hat einen Vorteil: So sparen Sie sich Zeit beim Nachschlagen und können die Kommentare gezielt für komplexere Fragen und Unklarheiten einsetzen.

Mehr dazu im Aufsatz „Die besten Kommentar-Hacks“ von RiLG Christian Walz (S. 77 ff.).

Sie stehen nun vor dem letzten Schritt auf dem Weg zur Volljuristin bzw. zum Volljuristen. Das Referendariat mag anspruchsvoll und fordernd sein, doch behalten Sie stets den Blick auf Ihre Ziele. Nutzen Sie die Chancen und Erfahrungen, die Ihnen diese spannende Phase bietet und versuchen Sie trotz der anstehenden intensiven Zeit die schönen und positiven Aspekte Ihrer Ausbildung zu genießen! Viel Erfolg!

Zum Weiterlesen

Eine Liste mit Lehrbuchempfehlungen für das Rechtsreferendariat finden Sie in unserem kostenlosen Zusatzmaterial auf www.utb.de/doi/suppl/10.36198/9783838564845

Müller, Dresscode im Referendariat: Muss es immer Anzug oder Kostüm sein?, https://jurios.de/2022/05/20/dresscode-im-referendariat-muss-es-immer-anzug-oder-kostuem-sein/

2. Wohin fürs Ref?
16 Bundesländer im Vergleich – die Qual der Wahl

RAin Jennifer Schäfer-Jasinski, Mag. iur.

Nach dem Bestehen des Ersten Staatsexamens ändert sich das altbekannte „*Wer will was von wem woraus?*" übergangsweise in „*Wer will weshalb wohin?*" Die Karten werden neu gemischt und ein neuer Lebensabschnitt als Referendarin oder Referendar beginnt. Denn „Ref" ist nicht gleich „Ref". Bei den Rahmenbedingungen des Referendariats in den einzelnen Bundesländern gibt es erhebliche Unterschiede.

16 Bundesländer, 16 unterschiedliche Regelungen. „*Wer will weshalb wohin?*", diese Frage richtet sich an diejenigen, die ihr Glück gegebenenfalls in einem anderen Bundesland neu versuchen. Es gibt etliche Faktoren, die bei der Entscheidung, wohin es gehen soll, berücksichtigt werden müssen. Diese sollen im Folgenden beleuchtet werden – beispielsweise Wartezeiten, die Höhe der Unterhaltsbeihilfe oder die Wiederholungsgebühr beim Verbesserungsversuch. Es kann von nicht unerheblicher Bedeutung sein, welches Bundesland Sie für das Absolvieren des Referendariats wählen. Ziel dieses Beitrags soll daher sein, Sie bei der Entscheidungsfindung zu unterstützen.

Bundesländer und deren Besonderheiten

Jedes Bundesland weist seine individuellen Besonderheiten auf, die sich auch auf die Ausbildungsinhalte auswirken. Die Länge und Anzahl der Ausbildungsstationen variieren bundesweit. Als gemeinsamer Nenner kann festgehalten werden, dass alle Referendarinnen und Referendare stets dieselben Stationen durchlaufen – unabhängig von Reihenfolge, Anzahl und Dauer. Baden-Württemberg und das Saarland sehen bspw. zwei kürzere Anwaltsstationen vor, während die Anwaltsstation in anderen Ländern ein längerer Block ist. Außerdem müssen seit dem 1. Januar 2023 nun alle Bundesländer die Durchführung des Referendariats in Teilzeit (§ 5b Abs. 4 DRiG) ermöglichen. Auch wenn für Sie nicht jedes Detail entscheidend ist, ist es nicht verkehrt, sich vor der Bewerbung am jeweiligen Standort zu informieren.

Die folgenden Ausführungen sind aufgrund der Fülle von Einzelheiten, die sich regelmäßig ändern, nicht abschließend. Nachschlagen können Sie die einzelnen Regelungen insbesondere im jeweiligen Ausbildungsgesetz bzw. der Prüfungsverordnung.

Um Ihnen weitere Recherchehilfen an die Hand zu geben, finden Sie in unserem Zusatzmaterial auch eine Datei mit den relevanten Landesgesetzen und Besonderheiten der Bundesländer www.utb.de/doi/suppl/10.36198/9783838564845.

Beamtenverhältnis ja oder nein?

In Hessen und Mecklenburg-Vorpommern werden Referendarinnen und Referendare zu Beamtinnen oder Beamten auf Widerruf ernannt. In dieser Konstellation entfallen die Sozialversicherungsabgaben. Wenn die Voraussetzungen für eine Beamtenstellung auf Widerruf (§ 7 BeamtStG) nicht vorliegen, weil bspw. keine EU-Staatsbürgerschaft gegeben ist, findet die Ausbildung im öffentlich-rechtlichen Ausbildungsverhältnis statt, vgl. für Hessen § 26 JAG. In Thüringen und Sachsen haben die Referendarinnen und Referendare ein Wahlrecht, in welchem Verhältnis sie die Ausbildung durchführen möchten, vgl. § 7 Abs. 2 JAG (Thüringen) sowie § 8 Abs. 2 S. 2 JAG (Sachsen). Schließt sich an das Referendariat kein Beamtenverhältnis an, versichert Sie der Staat anschließend nach, ohne, dass Sie sich an den Kosten dafür beteiligen müssen, vgl. § 181 Abs. 5 SGB VI. Das heißt, dass der Staat die Beträge nachträglich entweder in die Rentenversicherung oder an das Versorgungswerk für Rechtsanwältinnen und Rechtsanwälte abführt. Haben Sie nach dem Zweiten Examen nicht direkt einen Anschlussjob, bekommen Sie in diesen Bundesländern kein Arbeitslosengeld 1, sondern bei Bedarf Sozialhilfe.

Das Referendariat in Form eines öffentlich-rechtlichen Ausbildungsverhältnisses ist in Deutschland aber noch immer der Standard.

Verbeamtung (Stand: Oktober 2025)	**Bundesland**
Nein	Baden-Württemberg, Bayern, Berlin, Brandenburg, Bremen, Hamburg, Niedersachsen, Nordrhein-Westfalen, Rheinland-Pfalz, Saarland, Sachsen-Anhalt, Schleswig-Holstein
Ja	Hessen, Mecklenburg-Vorpommern
Wahlrecht	Sachsen, Thüringen

Wartezeiten und Einstellungstermine

Die Bundesländer stellen ihre Referendarinnen und Referendare zu unterschiedlichen Zeitpunkten im Jahr ein. Nordrhein-Westfalen beispielsweise monatlich; NRW hat dementsprechend genauso viele Prüfungstermine. Dagegen stellen u. a. Baden-Württemberg, Bremen und das Saarland nur zweimal jährlich ein. Dementsprechend haben die Bewerbungsfristen einen höheren Stellenwert. Es ist sehr ärgerlich, die Frist in diesen Ländern zu versäumen. Teilweise unterscheiden sich die Einstellungsmonate sogar in einem einzigen Bundesland je nach Landgerichtsbezirk. Das bedeutet, dass die Landgerichtsbezirke in dem betreffenden Bundesland zwar bspw. zwei Mal im Jahr einstellen, aber in unterschiedlichen Monaten. Brandenburg stellt z. B. zweimal jährlich ein und hat vier Landgerichtsbezirke. Potsdam und Neuruppin stellen im Februar und August ein; Frankfurt (Oder) und Cottbus im Mai und November.

In besonders beliebten Bundesländern müssen sich die Bewerbenden auf lange Wartezeiten einstellen. Berlin ist beispielsweise für sehr lange Wartesemester bekannt; zurzeit bis zu 15 Monate. In anderen Bundesländern, wie bspw. Baden-Württemberg, Thüringen oder Rheinland-Pfalz können Sie normalerweise direkt nach dem Ersten Examen ins Ref starten.

Die Wartesemester funktionieren ähnlich wie bei der Bewerbung auf einen Studienplatz. Statt am NC wird nun an der Punktzahl im Ersten Staatsexamen gemessen. Während des Wartens können Sie aber nicht woanders mit dem Ref anfangen und dann das Bundesland wechseln, wie es an den Unis zuweilen gehandhabt wird. Allerdings können Sie sich parallel in verschiedenen

Bundesländern auf einen Platz fürs Referendariat bewerben. In einigen Bundesländern, wie z. B. Hamburg, bedarf es darüber hinaus der regelmäßigen schriftlichen Info an das Hanseatische Oberlandesgericht (im Januar und Juli jeden Jahres), ob die Bewerbenden ihre Bewerbung aufrechterhalten wollen. Hier betragen die Wartezeiten momentan bis zu 30 Monate. Die Wartezeiten nutzen viele Betroffene für eine Promotion oder einen LL.M. Es ist aber z. B. auch möglich, währenddessen als Diplomjuristin oder Diplomjurist in einer Kanzlei oder in einem Unternehmen zu arbeiten.

Mehr zu den Einstellungsterminen aller 16 Bundesländer finden Sie im Artikel „Formular, Formulare, noch mehr Formulare!“ von Dr. Jannina Schäffer (S. 32 ff.).

Unterhaltsbeihilfe und Zuschläge

Die Unterhaltsbeihilfe, auch Bezüge genannt, zahlen alle Bundesländer. Allerdings in unterschiedlicher Höhe. Diese können Sie der untenstehenden Tabelle entnehmen, wobei sich die Zahlen auf eine unverheiratete, kinderlose Person beziehen.

Bundesland	**Unterhaltsbeihilfe** (Monatsbeträge brutto – Stand: Oktober 2025)
Baden-Württemberg	1.552,51 Euro
Bayern	1.602,08 Euro
Berlin	1.687,52 Euro
Brandenburg	1.673,26 Euro
Bremen	1.383,61 Euro
Hamburg	1.583,07 Euro
Hessen	1.763,42 Euro
Mecklenburg-Vorpommern	1662,80 Euro
Niedersachsen	1.531,73 Euro
Nordrhein-Westfalen	1.475,17 Euro
Rheinland-Pfalz	1.614,86 Euro

Bundesland	**Unterhaltsbeihilfe** (Monatsbeträge brutto – Stand: Oktober 2025)
Saarland	1.431,60 Euro
Sachsen	1.795,10 Euro
Sachsen-Anhalt	1.511,75 Euro
Schleswig-Holstein	1.594,79 Euro
Thüringen	1.782,92 Euro

Zuschläge bekommen verheiratete Referendarinnen und Referendare und insbesondere solche mit Kindern. Viele Bundesländer bieten zusätzlich vermögenswirksame Leistungen oder Vergünstigungen an, wie beispielsweise ein Landesticket, das zur kostenlosen Nutzung des öffentlichen Nahverkehrs im jeweiligen Bundesland berechtigt. Die Höhe der Unterhaltsbeihilfen wird regelmäßig angepasst.

Länderspezifische Ausbildungsschwerpunkte

Andere (Bundes-)Länder, andere Sitten. Nehmen wir beispielsweise unser südlichstes Bundesland Bayern. Im Zweiten Staatsexamen kommt verpflichtend eine Klausur im Steuerrecht hinzu. Das kann den Kandidatinnen und Kandidaten zukünftig Türen öffnen, manche wissen aber jetzt schon, dass das Steuerrecht keines ihrer Interessensgebiete ist. Hier nach dem Motto „Was man hat, hat man" zu leben, kann bei der enormen Stofffülle suboptimal sein. Dafür entlohnen die Bayern ihre Referendarinnen und Referendare finanziell mit einem der höchsten Beihilfesätze bundesweit. Andere Bundesländer wie Brandenburg oder Berlin bieten dafür „nur" sieben (statt acht oder neun) Abschlussklausuren an. Jeder darf für sich selbst entscheiden, ob das nun von Vor- oder Nachteil ist.

Mehr zur Gewichtung der mündlichen Prüfung je nach Bundesland finden Sie im Artikel „Mündliche Prüfung und Aktenvortrag" von RiOLG Tobias Dallmeyer, Silke Glossner LL.M., Christine Haumer, Holger Krätzschel (S. 159 ff.).

Anzahl Klausuren	**Bundesländer** (Stand: Oktober 2025)
9	Bayern
8	Baden-Württemberg, Bremen, Hamburg, Hessen, Mecklenburg-Vorpommern, Niedersachsen, Nordrhein-Westfalen, Rheinland-Pfalz, Sachsen, Sachsen-Anhalt, Schleswig-Holstein, Rheinland-Pfalz
7	Berlin, Brandenburg, Saarland

Was allen Ländern gemeinsam ist, ist die Möglichkeit der Entsendung ihrer Referendarinnen und Referendare an die Deutsche Universität für Verwaltungswissenschaften in Speyer zum dreimonatigen Ergänzungsstudium (sog. Speyer-Semester). Auch die Möglichkeit das Referendariat teilweise im Ausland zu absolvieren ist bundesweit vorgesehen.

Mehr dazu im Aufsatz „Reisepass statt Revision" von RA Furkan Akgün (S. 166 ff.).

Individuelle Präferenzen und Lebensqualität

Nicht zuletzt sollte der individuelle Lebensstil und persönliche Aspekte berücksichtigt werden. Familiäre Verbindungen, Mietpreise, Freizeitmöglichkeiten und das kulturelle Angebot am Ausbildungsort können den Alltag während des Referendariats erleichtern oder erschweren. Zugleich eröffnen sich in Großstädten wie Berlin, Frankfurt oder München oft mehr Netzwerkmöglichkeiten, die den Berufseinstieg erleichtern, während kleinere Standorte durch geringere Lebenshaltungskosten punkten. Statistisch gesehen erreichen die Prüflinge in einzelnen Bundesländern beispielsweise auch das vielfach angestrebte Prädikatsexamen wesentlich öfter.

Letztlich bleibt die Entscheidung für ein Bundesland eine individuelle Abwägung, die auf persönlichen Präferenzen, beruflichen Zielen und privaten Lebensumständen basiert. Wo auch immer Sie das Referendariat absolvieren, sollten Sie sich wohlfühlen. Es lohnt sich, frühzeitig die eigenen Prioritäten zu definieren, um Klarheit über die Standortwahl zu gewinnen. Auch wenn die Wahl sich letzten Endes als suboptimal darstellt, können die Karten nach dem Referendariat neu gemischt werden.

Zum Weiterlesen

Einen Überblick über die Unterschiede im Ref innerhalb der Bundesländer gibt es auf der Website des Legal Tech Verbandes: https://www.legaltechverband.de/digitales-referendariat/guide/

3. Formular, Formulare, noch mehr Formulare! Dienstrechtliche Fragen und was sie bedeuten

Dr. Jannina Schäffer

Wenn Sie sich gerade erst für einen Referendariatsplatz beworben haben, kennen Sie das Problem: Formular, Formulare und noch mehr Formulare! Die schlechte Nachricht vorweg: Das wird auch im Referendariat nicht weniger. Der juristische Vorbereitungsdienst ist ein höchst bürokratischer Prozess, in dem – wie so oft in der Justiz – alles seine Ordnung haben und seinen geregelten Gang gehen muss. Die gute Nachricht: Sie sind Diplomjuristin oder Diplomjurist und von der Universität schon einiges gewohnt. Wer weiß, wann und wo er welches Formular wie ausfüllen muss, hat das Zweite Examen schon halb in der Tasche.

In diesem Beitrag stellen wir Ihnen die wichtigsten Formalia vor, die Sie zu Beginn und während Ihres Rechtsreferendariats unbedingt auf dem Schirm haben sollten.

Die Bewerbung

Falls Sie dieses Buch bereits vor Ihrer Bewerbung für einen Referendariatsplatz in den Händen halten (und auch lesen) gratuliere ich Ihnen ganz herzlich: Sie bereiten sich frühzeitig auf die kommenden Herausforderungen vor. Prima!

Bei der Bewerbung ist insbesondere zu beachten, dass in vielen Bundesländern nur zweimal pro Jahr eingestellt wird und man sich bereits mehrere Monate vor dem Einstellungstermin bewerben muss. Will man beispielsweise am 1. April 2026 in Baden-Württemberg das Ref beginnen, muss man sich bis zum 30. November 2025 beworben haben. Diese Frist zu verpassen, ist in den Ländern, die häufiger einstellen – NRW beispielsweise zum 1. eines jeden Monats –, nicht ganz so schlimm. Ansonsten aber sehr ärgerlich. Insbesondere, da es in einigen Bundesländern lange Wartezeiten gibt. Zum Beispiel in Berlin.

Informieren Sie sich frühzeitig (am besten noch vor Ihrer mündlichen Prüfung zum Ersten Examen) über die Bewerbungsfristen in Ihrem Bundesland.

Bundesland	**Einstellungstermine**	**Bewerbungsfristen** (Stand: Oktober 2025)
Baden-Württemberg	1. April und 1. Oktober	30. November (Vorjahr) bzw. 31. Mai
Bayern	1. April und 1. Oktober	20. Januar bzw. 20. Juli
Berlin	Februar, Mai, August, November	Bewerbung für November 2025 bis 02. September usw.
Brandenburg	Potsdam und Neuruppin: Februar und August. Frankfurt a.O. und Cottbus: November und Mai.	1. Februar → 1. November (Vorjahr) 1. Mai → 1. Februar 1. August → 1. Mai 1. November → 1. August
Bremen	1. April und 1. Oktober	6 Wochen vor dem Einstellungstermin
Hamburg	Februar, April, Juni, August, Oktober und Dezember	2 Monate vor dem Einstellungstermin
Hessen	Januar, März, Mai, Juli, September, November	Einstellung zum 01. September 2025: 30. Juni 2025; Einstellung zum 03. November 2025: 02. September 2025 usw.
Mecklenburg-Vorpommern	1. Juni und 1. Dezember	4 Wochen vor dem Einstellungstermin
Niedersachsen	1. März, 1. Juni, 1. September und 1. Dezember	2 Monate vor dem Einstellungstermin
Nordrhein-Westfalen	Jeweils zum 1. eines Monats	3 Monate vor dem Einstellungstermin
Rheinland-Pfalz	1. Mai und 1. November	8 Wochen vor dem Einstellungstermin
Saarland	1. März und 1. September	Einstellung 1. März: 15. Januar; Einstellung 1. September: 15. Juli
Sachsen	1. Mai und 1. November	Einstellung 1. Mai: 20. Februar; Einstellung 1. November: 31. Juli
Sachsen-Anhalt	1. März und 1. September	6 Wochen vor dem Einstellungstermin

Bundesland	**Einstellungstermine**	**Bewerbungsfristen** (Stand: Oktober 2025)
Schleswig-Holstein	Kiel und Flensburg im Februar, Juni und Oktober; Lübeck und Itzehoe im April, August und Dezember	2 Monate vor dem Einstellungstermin
Thüringen	1. Mai und 1. November	3 Monate vor dem Einstellungstermin

Die Bewerbungsfristen und Informationen zu den notwendigen Bewerbungsunterlagen finden Sie jeweils auf der Website des Justizministeriums Ihres Bundeslandes bzw. auf der Website des einstellenden Gerichtsbezirks. Üblicherweise sind das:

- Eine öffentlich beglaubigte Kopie des Zeugnisses über das Erste Staatsexamen
- Ein tabellarischer und mit Unterschrift versehener Lebenslauf
- Ihre Geburtsurkunde oder eine standesamtlich beglaubigte Ablichtung
- Mehrere biometrische Lichtbilder (u. a. für Ihren Referendarausweis)
- Die im Rahmen eines vorgefertigten Formulars abzugebende Erklärung über den Gesundheitszustand, zu Vorstrafen und Schulden
- Angaben zur Person (Name, Adresse, Geburtsdatum usw.)
- Führungszeugnis zur Vorlage bei einer Behörde
- Ggf. Heiratsurkunde und/oder Geburtsurkunde der Kinder

Achtung: Das Führungszeugnis müssen Sie beim Bundesamt für Justiz beantragen. Es darf in der Regel nicht älter als drei Monate sein. Die Beantragung dauert meist zwei bis drei Wochen, sodass Sie sich rechtszeitig vor Ablauf der Bewerbungsfrist darum kümmern sollten. Das Gleiche gilt für die beglaubigte Kopie Ihrer Zeugnisse und Ihrer Geburtsurkunde. Beides kann auf dem Bürgerbüro im Rathaus beantragt werden.

Zuweisung zu den Stationen

Ein Rechtsreferendariat beginnt in fast allen Bundesländern mit der Zivilstation. Hier werden Sie einer Ausbilderin oder einem Ausbilder an einem Zivilgericht zugewiesen.

Mehr dazu im Aufsatz „Von Pferdefällen und Diktiergeräten" von Dr. Jannina Schäffer (S. 95 ff.).

In anderen Stationen bestehen bzgl. Ihres Ausbildungsortes aber auch Wahlmöglichkeiten. So können Sie in der Strafstation oft Präferenzen (Staatsanwaltschaft oder Strafgericht) bzw. Ortswünsche (z. B. in Wohnortnähe) angeben.

In der Verwaltungs-, Anwalts- und Wahlstation müssen Sie hingegen rechtzeitig einen Zuweisungsantrag stellen. Hierfür gelten (je nach Bundesland) unterschiedliche Ausschlussfristen und die Station kann bei verschiedenen Behörden, Berufsträgern, Kanzleien oder Organisationen abgelegt werden. Informieren Sie sich spätestens zum Zeitpunkt Ihrer Bewerbung für das Rechtsreferendariat auch über diese Ausschlussfristen und notieren Sie sich diese in Ihrem Kalender. Es gibt nichts Schlimmeres, als eine tolle Karrierechance bei einem Wunscharbeitgeber zu verpassen, weil man aufgrund der versäumten Frist stattdessen mehrere Monate in einer todlangweiligen Station verbringen muss. Besonders früh müssen Sie sich um die Organisation einer Station im Ausland sowie die Zuweisung an die Verwaltungshochschule in Speyer (sog. „Speyer-Semester") kümmern.

Mehr dazu im Aufsatz „Reisepass statt Revision" von RA Furkan Akgün (S. 166 ff.).

Urlaubsantrag und Krankheitsnachweis

Wer hart arbeitet, benötigt auch mal Urlaub! Deswegen stehen Referendarinnen und Referendaren je nach Bundesland 26 bis 30 Urlaubstage zu. Diese können grundsätzlich nach eigenem Wunsch genommen werden, müssen zuvor jedoch durch das rechtzeitige Einreichen eines Urlaubsformulars beantragt und genehmigt werden. Aber Achtung: Es gibt mehrere Urlaubssperren. Meistens ist es untersagt, während der Einführungslehrgänge am Anfang der jeweiligen Stationen in den Urlaub zu gehen. Informieren Sie sich deswegen schon zu Beginn Ihres Referendariats über diese Sperrzeiten und berücksichtigen Sie diese bei Ihrer Urlaubsplanung. Fahren oder fliegen Sie außerdem nicht direkt am Tag nach der letzten Examensklausur in den Urlaub. In den letzten Jahren ist es in allen Bundesländern vorgekommen, dass eine Klausur in der Woche nach der (eigentlich) letzten Klausur nachgeschrieben werden musste. Außerdem ist es nicht möglich, lediglich an einzelnen AG-Tagen Urlaub zu nehmen und den unbeliebten Unterricht so regelmäßig zu „schwänzen".

Früher oder später werden Sie im Rechtsreferendariat auch einmal krank werden. Das ist grundsätzlich kein Problem. Auch diesbezüglich gibt es jedoch strenge Regelungen. So muss die Krankheit in einigen Bundesländern schon am ersten Krankheitstag bis zu einer bestimmten Uhrzeit (in Baden-Württemberg z. B. neun Uhr) telefonisch angezeigt werden. Verschlafen und sich dann einfach krankmelden geht also nicht. Genauso wenig kann man an allen Gerichtsbezirken auf die in der Arbeitswelt häufig anzutreffende Kulanz („Attest erst nach drei Tagen") hoffen. Informieren Sie sich also – schon bevor Sie das erste Mal krank sind – über die hierbei zu berücksichtigenden Formalia und Fristen.

Wer unentschuldigt fehlt, muss damit rechnen, dass diese Fehltage in den Stationszeugnissen bzw. in der Personalakte hinterlegt werden. In diese hat die Justiz bei einer späteren Bewerbung Einsicht. Fehlt man zu häufig, kann außerdem der Ausschluss aus dem juristischen Vorbereitungsdienst drohen. Und das wollen wir doch alle nicht.

Beantragung einer Nebentätigkeit

Während des Referendariats jeden Abend kellnern oder in einer Großkanzlei die dicken Kröten verdienen? Das ist leider nicht möglich. Die Referendarinnen und Referendare erhalten während aller Ausbildungsstationen eine staatliche Unterhaltsbeihilfe. Dafür müssen sie sich dann aber auch hauptberuflich ihrer juristischen Ausbildung widmen. Das bedeutet, dass eine Nebentätigkeit nur nach vorheriger Genehmigung und in einem bestimmten Umfang erlaubt ist.

Bundesland	**Umfang Nebentätigkeit**	**Anrechnung** (Stand: Oktober 2025)
Baden-Württemberg	1.-4. Ausbildungsmonat: 20 Stunden/Monat; ansonsten nicht mehr als 35 Stunden/Monat	Anrechnung, wenn 150 Prozent der Unterhaltsbeihilfe überschritten sind
Bayern	Berufsfremde Nebentätigkeit: 9 Wochenstunden (in den ersten 6 Monaten nur bei einer Note von über 5,25 Punkten); juristische Nebentätigkeit: 14 Wochenstunden (nach den schriftlichen Klausuren: 20 Wochenstunden)	Anrechnung, wenn Bruttoentgelt aus Nebentätigkeit den Grundbetrag der Unterhaltsbeihilfe übersteigt
Berlin	8 Wochenstunden; während Rechtsanwalts- und Wahlstation sowie bei juristischer Tätigkeit: 15 Wochenstunden	Anrechnung, wenn Einkünfte die Höhe der Unterhaltsbeihilfe übersteigen
Brandenburg	43 Stunden im Monat	Anrechnung, wenn Einkünfte die Höhe der Unterhaltsbeihilfe übersteigen
Bremen	8 Wochenstunden	Anrechnung, wenn 150 Prozent der Unterhaltsbeihilfe überschritten sind
Hamburg	Keine Einschränkung	Der Freibetrag einer Nebentätigkeit beträgt 1.175,26 Euro brutto; ab 4.061,40 Euro wird die Unterhaltsbeihilfe voll gekürzt
Hessen	50 Monatsstunden	Vergütung darf nur für Tätigkeiten erfolgen, die über die Ausbildung hinausgehen und von dieser abgrenzbar sind
Mecklenburg-Vorpommern	8 Wochenstunden	Anrechnung, wenn 150 Prozent der Unterhaltsbeihilfe überschritten sind; im Beamtenverhältnis auf Widerruf, soweit das Entgelt die Bezüge übersteigt

Bundesland	**Umfang Nebentätigkeit**	**Anrechnung** (Stand: Oktober 2025)
Niedersachsen	Zeitlicher Umfang von einem Fünftel der regelmäßigen wöchentlichen Arbeitszeit darf nicht überschritten werden (z. Zt. 8 Stunden)	Vergütungen sind nach den für Beamtinnen und Beamte geltenden Vorschriften abzuliefern, wenn Sie die darin geregelten jährlichen Höchstbeträge überschreiten
Nordrhein-Westfalen	Bei juristischem Bezug: 12 Wochenstunden; bei nicht juristischem Bezug 8 Wochenstunden	Anrechnung, wenn 150 Prozent der Unterhaltsbeihilfe überschritten sind
Rheinland-Pfalz	Die Nebentätigkeit darf nicht im Widerspruch zu den dienstlichen Interessen stehen (Einzelfallentscheidung)	Anrechnung, wenn 150 Prozent der Unterhaltsbeihilfe überschritten sind
Saarland	Nebentätigkeiten (mit ausschließlich juristischem Bezug) bis zu einer wöchentlichen Gesamtarbeitszeit von 15 Stunden, sofern keine Versagungsgründe nach § 87 SBG vorliegen	Anrechnung, wenn 150 Prozent der Unterhaltsbeihilfe überschritten sind
Sachsen	Die Nebentätigkeit darf nicht im Widerspruch zu den dienstlichen Interessen stehen (Einzelfallentscheidung)	Anrechnung, wenn Einkünfte die Höhe der Unterhaltsbeihilfe übersteigen
Sachsen-Anhalt	Die Nebentätigkeit darf nicht im Widerspruch zu den dienstlichen Interessen stehen (Einzelfallentscheidung). Im ersten Ausbildungsmonat nur bei mindestens 7 Punkten im Ersten Staatsexamen; danach jeweils mindestens sieben Punkten in den vorangegangenen Ausbildungsabschnitten	Das monatlich 500 Euro übersteigende Entgelt wird zur Hälfte auf die Unterhaltsbeihilfe angerechnet

Bundesland	**Umfang Nebentätigkeit**	**Anrechnung** (Stand: Oktober 2025)
Schleswig-Holstein	8 Wochenstunden	Anrechnung, wenn 150 Prozent der Unterhaltsbeihilfe überschritten sind
Thüringen	Darf die monatliche Arbeitszeit von 33 Stunden bzw. bei einem Bezug zur juristischen Ausbildung 43 Stunden nicht übersteigen	Anrechnung, wenn Einkünfte die Höhe der Unterhaltsbeihilfe übersteigen

4. Lernen im Rechtsreferendariat – Wie organisiere ich mich?

VRi.inLG Juliane Schrader

Mit dem Start ins Referendariat erwartet Sie eine neue Herausforderung, da Sie nun mehrere langfristige Aufgaben parallel in Ihren Alltag integrieren müssen: Stationsarbeit, Arbeitsgemeinschaften, selbständige Lern- und Wiederholungseinheiten, eventuell einen Klausurenkurs und einen Nebenjob – und natürlich das Privatleben und Zeit für Erholung. Wie kann man Stress vermeiden oder zumindest verringern? – Indem man sich aktiv mit Strategien auseinandersetzt, die das Lernen strukturieren, organisieren und effizienter machen. Entscheidend ist: Es gibt keine „one fits all"-Lösung und jede und jeder von Ihnen wird einen guten Weg für sich finden müssen, um alles „unter einen Hut" zu bekommen.

Mehr zur Stressbewältigung im Aufsatz „Wer hat Angst vorm Referendariat?" von Dipl.-Psych. Ass. iur. Alica Mohnert, Mag. iur., LLM (CUPL/中国政法大学) (S. 54 ff.).

Erst einmal den Überblick verschaffen.

Im Laufe des Referendariats wird Ihre alltägliche Belastung im Bereich des Lernens und der praktischen Übungen zunehmen. Es ist also sinnvoll, so viel wie möglich schon am Anfang des Referendariats zu planen. Klären Sie frühzeitig finanzielle Aspekte wie Fragen zu Versicherungen und steuerlichen Aspekten. Diese dürften höchst individuell sein, da sie auch davon abhängen, ob Sie verheiratet sind, Kinder haben, weiteren Nebentätigkeiten (wie sind die Genehmigungsanforderungen?) nachgehen oder bereits im öffentlichen Dienst tätig waren. Prüfen Sie, ob im Laufe des Referendariats fristgebundene Erklärungen oder Anträge gestellt werden müssen, machen Sie sich ggf. mit dem Begriff der Nachversicherung vertraut – kurz nach dem Referendariat werden Sie hierzu ggf. fristgebundene Entscheidungen treffen müssen – und ziehen Sie alles vor, was möglich ist: Urlaubsplanung, den Schreibtisch neu einrichten und vielleicht sogar die Weihnachtsgeschenke für die Familie.

Mehr dazu im Aufsatz „Formulare, Formulare, noch mehr Formulare!“ von Dr. Jannina Schäffer (S. 32 ff.).

Ein Lernplan, mit dem man plant, ohne sich zu verzetteln

Wie erstellen Sie Ihren individuellen Lernplan? Entscheidend ist erst einmal: Es gibt nicht den *einen* Plan. Egal, woher Sie Ihre Tipps hierzu nehmen: Nichts gilt für Sie zu 100 Prozent und Ratschlägen, die absolut formuliert werden, mangelt es möglicherweise an Professionalität. Verstehen Sie daher auch die Ausführungen in diesem Beitrag bitte lediglich als Denkanstöße und Inspiration. Eine Lernplan-Methode, die Sie nicht in die Gefahr bringt, auf Kosten Ihrer Gesundheit und erforderlichen Erholung zu lernen, funktioniert ein bisschen wie ein Kassensturz. Dabei stellen Sie jedoch nicht Einnahmen und Ausgaben einander gegenüber, sondern verfügbare und benötigte Zeit.

Gehen Sie also von der Gesamtzeit von 24x7 Stunden aus und ziehen Sie gedanklich Ihre regelmäßige Schlafzeit – z. B. 23:00 Uhr bis 7:00 Uhr – ab. Fertigen Sie dann eine Tabelle mit sieben Spalten (eine pro Wochentag) und 16 Zeilen (je Stunde in der „wachen“ Zeit) und legen Sie Ihren wöchentlichen Bruttorahmen für die Arbeitszeit fest, z. B. wochentags von 08:00 Uhr bis 20:00 Uhr. Nicht erschrecken, damit meine ich nicht, dass Sie montags bis freitags zwölf Stunden arbeiten sollen. Meine Empfehlung ist, sich einen Rahmen zu schaffen, um sicherzustellen, dass die Aufgaben nicht zu sehr am Schlaf „nagen“.

Science check: Um zu lernen, braucht unser Gehirn Schlaf. And here is why: Der Hippocampus in unserem „lymbischen System“ funktioniert wie ein Manager für unser Langzeitgedächtnis. Neue Informationen werden zuerst dort erfasst, um Sie später zu verarbeiten und – vereinfacht gesprochen – dem Langzeitgedächtnis zugänglich zu machen. Und das macht der Hippocampus vor allem im Schlaf! Was passiert, wenn wir ihm das nicht ermöglichen? Seine Kapazität wird – ähnlich wie bei einem Arbeitsspeicher in einem PC – ab einem bestimmten Pensum an Neuinformationen erschöpft sein. Stellen Sie sich einen Jongleur vor, dem man immer neue Bälle zuwirft. Er wird irgendwann für jeden neuen Ball einen anderen Ball fallen lassen und verlieren. In einem solchen Zustand wird der Hippocampus dem Langzeitgedächtnis neue Informationen nicht mehr zuführen. Man lernt allenfalls für das Kurzzeitgedächtnis. So laufen übermüdete Dauerlernsessions ins Leere und sind genaugenommen umsonst gelernt.

Deshalb ist der regelmäßige Schlaf Teil Ihres Lernplans und hat eine hohe Priorität. Das heißt nicht, dass man nicht auch um 23 Uhr etwas wiederholen oder lernen könnte. Aber die Balance im Verhältnis zu Belastung im Tagesverlauf sollte stimmen.

In einem weiteren Schritt tragen Sie in Ihrem Plan feste wöchentliche Termine ein: Arbeitsgemeinschaften, Anwesenheit in der Einzelausbildung oder im Nebenjob, Klausurenkurs, Hobbies, Lerngruppe, familiäre regelmäßige Termine etc. Die übrige Zeit ist die Zeit, die Sie zum Lernen zur Verfügung haben – theoretisch. Auch hier ist es sinnvoll, auf eine gesunde Balance zu achten und weitere Pausenzeiten gezielt einzuplanen, wenn die Arbeit anspruchsvoll war. Andererseits sollte sich die Lernzeit aber auch nicht auf wenige vereinzelte Stunden beschränken und vielseitig aktiven Menschen mag dieser Kassensturz auch Anlass dazu geben, die Prioritäten neu zu bestimmen, um für die anstehende Prüfungsvorbereitung im Alltag Platz zu schaffen.

Bleiben Sie flexibel!

Diese Prioritäten und damit auch Ihre Zeiteinteilung werden sich im Laufe des Referendariats ändern. Ihr Lernplan wird also dynamisch sein. Wie Sie die „richtigen" Prioritäten setzen? Führen Sie sich vor Augen, wie das Referendariat aufgebaut ist, welche Art des Lernens Sie in welchem Abschnitt „brauchen" und wo Ihre persönlichen Stärken und Verbesserungspotentiale liegen.

Das erste Jahr dient dazu, Ihre prozessrechtlichen Fähigkeiten und die praktischen Kompetenzen zu erweitern. Die begleitende Nacharbeit dieses neuen Stoffes steht im Fokus. Nutzen Sie die ersten Monate aber auch, um sich zu orientieren. Knüpfen Sie Kontakte und hören Sie gut zu, wenn im Gericht oder bei der Staatsanwaltschaft ihre Ausbilderinnen und Ausbilder oder andere Referendarinnen und Referendare von ihren Erfahrungen berichten.

Es ist alles noch da!

Zum Ende des ersten Jahres wird sich die zweite „Tonspur" im Lernplan zuschalten: Wiederholungen – auch des materiellen Rechts. Wie früh und intensiv Sie sich dem widmen, hängt davon ab, ob Sie sich hier noch verbessern wollen und ob eine größere Pause zwischen der Ersten Prüfung und dem Start ins Referendariat lag. Seien Sie hier jedoch gnädig mit sich: Häufig wird die Angst formuliert, „alles vergessen" zu haben. Diese ist selten berechtigt. Es ist gut möglich, dass Sie nach einiger Zeit nicht mehr so detaillierte Kenntnisse im materiellen Recht „griffbereit haben", aber seien Sie sich sicher: Das, was Sie für die Vorbereitung auf das Zweite Staatsexamen brauchen, haben Sie bestimmt nicht vergessen. Auch Pausen für Erziehungszeiten, Doktorarbeit, Erwerbsarbeit oder ergänzende Abschlüsse wie einen LL.M. werden Ihr Wissen nicht verdrängt haben.

Science Check: Auch hier lohnt sich ein Blick auf die neurobiologischen Grundlagen des Lernens. Es gibt einen Unterschied zwischen konzeptionellem Verstehen und dem Abspeichern von abstrakten Informationen, z. B. wenn ich eine Telefonnummer auswendig lerne. Bei Letzterem bedarf es aktivierender und häufiger Wiederholung und man vergisst das Gelernte nach einer Weile. Anders ist es, wenn ich etwas verstehe. Verstehen heißt, dass man eine Information im Kontext mit bereits bekannten Informationen verknüpft, als Konzept begreift, sie zu anderen Begriffen abgrenzen kann und auf andere Aufgaben oder Sachverhalte übertragen kann. Zum Verstehen reicht mitunter eine einzelne Lerneinheit, um neu Erlerntes in ein verfügbares Konzept einzubinden und sicher und langfristig zu verankern.

Hier zahlt sich also das aus, was Sie in der zumeist langwierigen Lernphase vor dem Ersten Examen geleistet haben: Diese Prüfung haben Sie sicher nicht mit dem Kurzzeitgedächtnis absolviert. Sie dürften Sie vielmehr gerade deshalb bestanden haben, weil Sie mit Verständnis gelernt haben und die Grundstrukturen des rechtlichen Systems verinnerlicht haben. Bildlich gesprochen: Sie müssen kein neues, größeres Jura-Haus in Ihrem Kopf bauen. Im Gegenteil: Sie kommen in Ihr Jura-Haus zurück und müssen hier mal durchwischen, aufräumen, ein paar Sachen umsortieren, prüfen, was abgelaufen oder kaputt ist. Ein, zwei Räume richten Sie neu ein und dekorieren dann noch etwas um. Sie haben also schon viel geleistet – erkennen Sie das für sich an!

Schreiben, schreiben, schreiben

Während Sie die Lerneinheiten also nutzen, um die vorhandenen Informationen in Ihrem Gehirn zu entstauben, empfiehlt es sich, so früh wie möglich – spätestens zu Beginn der Rechtsanwaltsstation – regelmäßig Klausuren unter Realbedingungen zu schreiben.

Das Ziel dieser Übung kennen Sie: Sie lernen hier, sich die Zeit einzuteilen, Schwerpunkte zu setzen und regelmäßig wiederkehrende Formulierungen zu verinnerlichen. Jede Zeitersparnis wird Ihnen helfen, die Klausuren in der Prüfungssituation „rund" zu machen, so dass möglichst alle aufgeworfenen Probleme enthalten sind, Sie aber trotzdem fertig werden. Gewohnte Standardkonstellationen lassen sich schnell ausformulieren und ein eingeübter Umgang mit dem Kommentar spart wertvolle Zeit, die Sie an den Stellen brauchen, wo individuelle Argumentation und Subsumtion gefordert wird.

Endspurt: Jetzt wird die Koordination anspruchsvoll.

In den Monaten vor den schriftlichen Prüfungen wird Ihr Plan immer dichter. In dieser Phase wird Sie wahrscheinlich zunehmend Ihr „Lerngewissen" plagen. Umso wichtiger ist jetzt ein Blick in ihren Wochenplan: Setzen Sie sich zeitliche Grenzen für das Lernen, belohnen Sie sich mit sozialen oder entspannenden Aktivitäten, die Sie fest einplanen und wenn Sie mit Blick auf die Masse nervös werden, verdeutlichen Sie sich: Qualität geht vor Quantität! Arbeiten Sie eher daran, Ihre Effizienz und Motivation zu steigern, als Unsicherheiten und Sorgen mit Verlängerung der Lernzeiten – im Zweifel auch noch auf Kosten der Erholung – zu begegnen.

Science Check: Hier stellt sich die Frage, wie man eigentlich effizient lernt. Äußerst verkürzt (!) gilt hier: Unser Hippocampus muss happy sein. Er arbeitet nicht nur ausgeschlafen besonders gut, sondern auch, wenn Sie motiviert sind, keinen körperlichen Stress (Hunger, Infekte, Durst, übermäßige sportliche Belastung) erleiden und in einen sog. „Flow", also eine fokussierte, positiv angespannte Stimmung kommen können. Das funktioniert aber auch nicht immer auf Knopfdruck. Wenn es nicht läuft, ist es eventuell effizienter, abzubrechen und später nochmal neu anzusetzen, als frustriert am Schreibtisch zu sitzen.

Wenn ich dann motiviert und fit bin, wie lerne ich dann effizient? Die Annahme, dass man aber alles über das Verständnis erarbeitet, ist aus meiner persönlichen Sicht ein Juramythos. Wirklich effizient ist es, beide Lernwege – auswendiglernen und verstehen – zu kombinieren. Definitionen, Schlagworte, grobe Schemata oder auch „Hausnummern" auswendig parat zu haben, wird Ihnen nicht nur Zeitvorteile, sondern auch Sicherheit bei der Lösung von komplexen Fällen verschaffen können.

Science Check: Auswendig lernen kann ich vor allem effizient, wenn ich bei der Aufnahme der Information und der Wiederholung aktivierende Methoden nutze. Besonders aktivierend ist das Schreiben mit der Hand oder etwas laut aufzusagen. Hier darf man auch kreativ werden. Mindmaps oder Übersichten können visuelle Erinnerungen stützen. Und ein Fenstermarker kann beim Lernen von Definitionen oder Tenorierungen Wunder wirken. Schreiben Sie aus dem Kopf in den blauen Himmel, statt auf ein graues Blatt Papier. Außerdem sollten Sie für regelmäßige Wiederholungen sorgen. „Spaced Repetition" ist das Stichwort. Das Prinzip: am Anfang häufiger, im Verlauf in größeren Abständen lernen. Deshalb lohnt es sich auch, mit dem Wiederholen noch im ersten Ausbildungsjahr anzufangen.

Verständnis baue ich anders auf: Die Kernschritte sind – so der arg verkürzt dargestellte Stand der Wissenschaft – Begriffe und Konzepte voneinander abgrenzen, Fragen stellen (wozu dient die Regelung und warum fällt ein Sachverhalt darunter? – das sind Ihre Leitfragen) und das Übertragen auf andere Fälle.

Besonders gut funktioniert der Aufbau von Verständnis bei der Fallarbeit und im Dialog mit Ihrer Lerngruppe. Suchen Sie sich Kolleginnen und Kollegen, die in der Lage sind, wertschätzend zu kommunizieren, um gemeinsam an dem Projekt „das große Ganze“ zu tüfteln. Mein Tipp: Trauen Sie sich, wechselseitig in die Rolle der Lehrenden zu schlüpfen und bereiten Sie einen Problemaufriss vor, den Sie an einem Fallbeispiel gemeinsam erarbeiten und diskutieren. Hier lernt auch die dozierende Person, denn in einer guten Lerngruppe wird man Ihren Erläuterungen auf den Zahn fühlen, bis alle sie verstanden haben. Solche Dialoge brauchen keine Wiederholungen. Auswendig Gelerntes kann man binnen kurzer Zeit vergessen. Auf diese Weise Verstandenes sitzt bis weit nach Ihren ersten Berufsjahren – glauben Sie mir!

Zum Weiterlesen

Henning, Das neue Lernen heißt verstehen, Ullstein, 2020

Sanders/Dauner-Lieb, Lernlust statt Examensfrust, in: JuS 2013, 380

Selbstorganisation, Website mit Tipps der Uni Göttingen: https://www.uni-goettingen.de/de/662469.html

RefPod-Folge „# 29 Unsere Lernpläne in der Examensvorbereitung“, https://open.spotify.com/episode/32LoPDV5yHp6f4Qcyx8Jz3?si=DehYjBZ9TEukAChQtZWVgw

RefPod-Folge „48 Examenstagebücher 1 (Tauchen, Rep, Vergleich mit 1. StEx), https://open.spotify.com/episode/2vvsCa9NnN45E1mu6OV7VA?si=NK7Z5-DgSZ-7lSriHN_zDw

Schäffer, Die 10 effektivsten Lernmethoden für Jurastudium und Referendariat, https://jurios.de/2022/05/16/die-10-effektivsten-lernmethoden-fuer-jurastudium-und-referendariat/

5. Der Urteilsstil
Richtig anwenden, Fehler vermeiden, Klausurvorteile nutzen

RiLG Christian Walz

Der Urteilsstil ist schnell erklärt: Das ist der Stil, den man Ihnen seit dem ersten Semester versucht hat auszutreiben. Sie erinnern sich an all diese „verbotenen Wörter" aus der Uni-Zeit, die Ihnen ständig angestrichen worden sind, weil sie nicht Gutachten-, sondern Urteilsstil sind: „Denn", „weil", „da", „nämlich" usw. Damit ist jetzt – zumindest in den Urteilsklausuren – endlich Schluss. Denn erfahrungsgemäß bereitet den Referendarinnen und Referendaren der Urteilsstil deutlich weniger Probleme als den Studierenden der Gutachtenstil. Der Grund ist einfach: Der Urteilsstil ist viel eingängiger und verbreiteter im Alltag. Schauen Sie sich allein diesen ersten Absatz an: Ist das wohl eher Urteils- oder Gutachtenstil?

Das heißt nicht, dass der Urteilsstil ohne Tücken ist. Auch hier gibt es beliebte Fehler, vor denen ich Sie gerne in diesem Beitrag warnen möchte. Wenn Sie noch keine Fans des Urteilsstils sind, verspreche ich Ihnen, dass Sie ihn spätestens nach diesem Beitrag lieben werden. Denn aufgrund des Urteilsstils können Sie mit etwas Übung schon nach dem ersten Lesen einer Klausur sagen, was – zumindest aus Sicht des Prüfungsamts – das richtige Ergebnis ist.

Schema und Formulierung

§ 313 Abs. 3 ZPO schreibt vor, dass die Entscheidungsgründe eine kurze Zusammenfassung der Erwägungen enthalten, auf denen die Entscheidung in tatsächlicher und rechtlicher Hinsicht – jetzt kommt's! – *beruht*. Also erst das Ergebnis, dann die Begründung, auf der das Ergebnis *beruht*. Beruht das Gesamtergebnis auf mehreren Teilergebnissen, sind auch diese jeweils im Urteilsstil hintereinander abzuhandeln. Das Schema sieht also so aus:

- **Ergebnis**
- **Definition**
- **Subsumtion**

In Textform liest sich das dann so:

„Die Klägerin hat einen Anspruch gegen den Beklagten auf Herausgabe des Pferdes aus § 985 BGB. (Ergebnis)

Nach § 985 BGB kann der Eigentümer vom Besitzer, der kein Recht zum Besitz hat, die Herausgabe der Sache verlangen. (Definition)

Diese Voraussetzungen liegen vor. (Zwischenergebnis – kann man auch weglassen)

Die Klägerin ist Eigentümerin des Pferdes. (Hier folgt nun die Subsumtion. Die einzelnen Tatbestandsmerkmale müssen dann ebenfalls im Urteilsstil begründet werden, z. B.:) *Die Klägerin hat das Pferd gutgläubig vom Zeugen Horstkötter gem. §§ 929 S. 1, 932 BGB erworben. Denn ...*

Der Beklagte ist auch im Besitz des Pferdes und hat kein Recht zum Besitz. Der Leihvertrag mit der Klägerin ist wirksam gekündigt worden, weil ...“

Man nennt das auch den „Denn-Stil“, weil man die Sätze jeweils mit „Denn“ verbinden *kann* (das sollten Sie aber aus stilistischen Gründen nicht durchweg machen, weil Ihr Text andernfalls so klingt wie eine Schallplatte mit Sprung). Eltern werden übrigens in der „Warum-Phase“ ihrer Kinder unfreiwillig zu Meistern des Urteilsstils erzogen. Jeder Satz im Urteilsstil ist nämlich eine Antwort auf das nächste „Warum?“:

„Die Klägerin hat einen Anspruch gegen den Beklagten auf Herausgabe des Pferdes aus § 985 BGB. (Ergebnis)

– Warum? –

Nach § 985 BGB kann der Eigentümer vom Besitzer, der kein Recht zum Besitz hat, die Herausgabe der Sache verlangen. (Definition)

Diese Voraussetzungen liegen vor. (Zwischenergebnis – muss man nicht bringen)

– Warum? –

Die Klägerin ist Eigentümerin des Pferdes.

– Aber warum?! –

Die Klägerin hat das Pferd gutgläubig vom Zeugen Horstkötter gem. §§ 929 S. 1, 932 BGB erworben.

– Waruuum?! –

Denn ...“

Vom Gutachten- zum Urteilsstil

Vergleichen Sie das mal mit dem gleichen Text im Gutachtenstil:

„Die Klägerin könnte gegen den Beklagten einen Anspruch auf Herausgabe des Pferdes aus § 985 BGB haben. (Obersatz)

Nach § 985 BGB kann der Eigentümer vom Besitzer, der kein Recht zum Besitz hat, die Herausgabe der Sache verlangen. (Definition)

Die Klägerin könnte Eigentümerin des Pferdes sein. Sie könnte es gutgläubig von dem Zeugen Horstkötter gem. §§ 929 S. 1, 932 BGB erworben haben. Das setzt voraus, dass ...

Also ist die Klägerin Eigentümerin des Pferdes."

Beim Gutachtenstil – auch „Also-Stil" genannt – führt man die Lesenden Schritt für Schritt zum Ergebnis, während beim Urteilsstil den Lesenden das Ergebnis direkt vor die Nase gesetzt wird. Während man sich beim Gutachtenstil wie in einem (scheinbaren) Labyrinth vorantastet, verschiedene Wege ausprobiert und am Ende den Ausgang findet, gleicht der Urteilsstil eher einer fertigen Karte, die direkt das Ziel und den kürzesten Weg dorthin zeigt.

Zu den „verbotenen Wörtern" im Urteilsstil gehören deshalb alle Wörter, die zu einem Ergebnis hinführen: „Somit", „also", „folglich", „daher", „demzufolge", „mithin" usw. Durch jahrelanges Pauken an der Uni werden Ihnen diese Wörter wahrscheinlich tief im Gemüt sitzen. Sie werden beim Urteilsschreiben deswegen regelmäßig den Drang verspüren, am Ende Ihrer Subsumtion noch einen zusammenfassenden Ergebnissatz zu bringen. Das widerspricht aber dem Urteilsstil (das Ergebnis steht ja schon ganz vorne!). Also wiederholen Sie am Ende der Subsumtion bitte nicht noch einmal das Ergebnis, indem Sie schreiben: ~~„Also hat die Klägerin gegen den Beklagten einen Herausgabeanspruch."~~, oder: ~~„Nach alledem besteht der Anspruch der Klägerin."~~

Außerdem sollten Sie Formulierungen wie ~~„Fraglich ist, ob ..."~~, ~~„Problematisch ist, ob ..."~~ unbedingt vermeiden – als Gericht zweifeln Sie Ihre eigene Entscheidung nicht an, Sie wollen damit ja gerade Rechtsklarheit und Rechtsfrieden schaffen!

Folgen des Urteilsstils für den Aufbau

Alle Ausführungen, auf denen das Urteil *nicht* beruht, sind – anders als im Gutachtenstil – wegzulassen. An der Uni mag es noch von akademischem Interesse gewesen sein, ob ein Anspruch, der sich aus der berechtigten Geschäftsführung ohne Auftrag gem. §§ 677, 683, 670 BGB ergibt, auch aus § 823 Abs. 2 BGB i.V.m. § 858 BGB folgen könnte (Ja, ich meine euch, liebe Abschleppfälle!). Für die Praxis und auch für Ihre Urteilsklausuren ist das egal. Wenn die Klage begründet ist, suchen Sie sich einfach eine der einschlägigen Anspruchsgrundlagen aus (am besten die, die am leichtesten zu bejahen ist) und stellen *alle* ihre Voraussetzungen dar.

Umgekehrter Fall: Wie ist es, wenn die Klage unbegründet ist, der Anspruch also nicht besteht? Jetzt beruht das Urteil auf einer Prüfung *aller* in Betracht kommenden Anspruchsgrundlagen, die ergeben hat, dass keine der Anspruchsgrundlagen erfüllt ist. Jetzt müssen also *alle* Anspruchsgrundlagen dargestellt und begründet werden, welche Voraussetzung der jeweiligen Anspruchsgrundlage nicht vorliegt (Achtung: Nicht die Voraussetzungen darstellen, die erfüllt sind, denn darauf kann ein abweisendes Urteil nicht beruhen!).

Der BGH selbst hält sich nicht immer strikt an diese Gebote des § 313 Abs. 3 ZPO. In seinen Entscheidungen werden Sie immer wieder Ausführungen finden, die nicht entscheidungstragend sind (sog. obiter dicta). Der BGH darf das, weil er eine weitergehende Funktion hat als Instanzgerichte. Seine Entscheidungen reichen oft über den konkreten Einzelfall hinaus und betreffen Fragen grundsätzlicher Bedeutung, die Fortbildung des Rechts und die Einheit der Rechtsordnung.

Der Urteilsstil verrät oft die Musterlösung

Aus dem Aufbau, den der Urteilsstil vorgibt, ergeben sich sehr hilfreiche taktische Regeln für Ihre Klausuren in Verbindung mit dem sog. Echo-Prinzip. Das Echo-Prinzip ist eine klausurtaktische Regel, die besagt, dass alles, was aus der Klausur „herausruft“, in Ihrer Bearbeitung einen Widerhall – ein „Echo“ – finden muss. Beispiel: Die Klägerin klagt auf Kaufpreisrückzahlung gem. §§ 346 Abs. 1, 437 Nr. 2, 323 BGB. Die Parteien streiten in einer Urteilsklausur über die Mangelhaftigkeit der Kaufsache, die Wirksamkeit der Fristsetzung und einen Gewährleistungsausschluss. Nach dem Echo-Prinzip müssen Sie zu allen diesen Punkten in Ihrem Urteilsentwurf Stellung nehmen (sonst hätte das Prüfungsamt diese Punkte den Parteien nicht in den Mund gelegt). Was ist danach wohl – zumindest aus Sicht des Prüfungsamtes – das richtige Ergebnis? Erst kurz nachdenken, dann weiterlesen!

Nach dem ersten Lesen der Klausur sollten Sie wissen, dass die Klage aus klausurtaktischer Sicht begründet sein muss. Nur dann werden Sie im Urteilsstil alle Punkte, über die die Parteien streiten, darstellen können. Wäre die Klage etwa unbegründet, weil der Gewährleistungsausschluss wirksam wäre, dürften Sie im Urteil nur das, also nur den Gewährleistungsausschluss darstellen! Alles andere müsste entweder unerwähnt bleiben oder gehörte – je nach Bearbeitungsvermerk – in ein Hilfsgutachten außerhalb des Urteilsentwurfs. Das ist kein sehr realistisches Klausurszenario.

Anderer Fall: Die Nachbarin fordert vom Nachbarn Kostenersatz für das Abschneiden von Ästen, die ihre Grundstücksgrenze überragten. Sie führt in ihrer Klageschrift eine Vielzahl von Anspruchsgrundlagen ins Feld (u.a. §§ 280 Abs. 1, Abs. 3, 281 BGB; §§ 677, 683, 670 BGB; § 823 Abs. 1 BGB; § 823 Abs. 2 BGB i.V.m. § 858 BGB). Der Nachbar erhebt gegen jede einzelne der Anspruchsgrundlagen Einwendungen. Was bedeutet das klausurtaktisch? Wahrscheinlich, dass die Klage (jedenfalls teilweise) unbegründet ist. Nur dann müssen Sie nämlich zu allen diesen Anspruchsgrundlagen Stellung beziehen.

Diese klausurtaktischen Erwägungen können sehr hilfreich sein. Bleiben Sie aber wachsam! Es gibt immer mal wieder Klausuren, die nicht so einfach gestrickt sind. Beispiel: Die Parteien streiten auch um die Ersatzfähigkeit einzelner Schadenspositionen nach §§ 249 ff. BGB, der Schadensersatzanspruch besteht aber – auch nach der Lösung des Prüfungsamtes – schon dem Grunde nach mangels Pflichtverletzung im Sinne von § 280 Abs. 1 BGB nicht. Wie geht man mit solchen Situationen um? Das ist vor allem abhängig von dem Bearbeitungsvermerk. In Nordrhein-Westfalen erlauben die Bearbeitungsvermerke in solchen Fällen regelmäßig ein sog. Hilfsgutachten außerhalb des Urteils. Die Schadensfragen sollte man in einem solchen Fall insbesondere dann im Hilfsgutachten ansprechen, wenn es im Bearbeitungsvermerk heißt, dass die Bearbeitung *in jedem Fall* auf *alle* aufgeworfenen Rechtsfragen eingehen soll. Manche Bearbeitungsvermerke erlauben auch ausdrücklich nichtentscheidungstragende Ausführungen im Urteilsentwurf. Dann sollte das im Urteil entsprechend dargestellt werden. Schweigt sich der Bearbeitungsvermerk zu der Frage aus, folgt aus dem Gebot des § 313 Abs. 3 ZPO, dass dieser Punkt nicht – weder im Urteil noch in einem Hilfsgutachten – zu erörtern ist.

Warnung vor dem „versteckten" Gutachtenstil

In Urteilen – sowohl in der Praxis als auch in Klausurbearbeitungen – liest man immer wieder folgende „Zwar-Aber-Konstruktionen":

„Der Beklagte hat das Eigentum an dem Kfz nicht gutgläubig erworben gem. §§ 929 S. 1, 932 BGB. Zwar ist der Beklagte bei der Veräußerung des Kfz gutgläubig gewesen gem. § 932 BGB, weil ... Aber das Kfz ist dem Eigentümer abhandengekommen gem. § 935 BGB. Denn ..."

Der „Zwar-Teil" ist nicht entscheidungstragend, weil das Ergebnis, dass die Voraussetzungen des gutgläubigen Erwerbs nach §§ 929 S. 1, 932 BGB nicht vorliegen, nicht auf der Erwägung beruht, dass der Beklagte gutgläubig gem. § 932 BGB gewesen ist (sondern dass die Sache gem. § 935 BGB abhandengekommen ist). Genau genommen ist das kein Urteilsstil, sondern „versteckter" Gutachtenstil, der gegen § 313 Abs. 3 ZPO verstößt. Manchmal kann es aber zweckmäßig sein, den Inhalt des „Zwar-Teils" trotzdem darzustellen, z. B. wenn es das Verständnis erleichtert oder wenn Sie zum Ausdruck bringen möchte, dass Sie einen Punkt gesehen haben, auf den es nach Ihrer Lösung aber nicht ankommt. Dann ist folgende Formulierung empfehlenswerter:

„Der Beklagte hat das Eigentum an dem Kfz nicht gutgläubig erworben gem. §§ 929 S. 1, 932 BGB. Es kann dahingestellt bleiben, ob der Beklagte bei der Veräußerung des Kfz gutgläubig gewesen ist gem. § 932 BGB. Dafür mag sprechen, dass ... Jedenfalls ist das Kfz dem Eigentümer abhandengekommen gem. § 935 BGB. Denn ..."

Diese Formulierung hat den Vorteil, dass das nicht entscheidungstragende Problem zwar dargestellt, aber nicht – im Widerspruch zu § 313 Abs. 3 ZPO – mitentschieden wird.

Der Urteilsstil in unserem Rechtsstaat

Last but not least: Machen Sie sich bewusst, dass der Urteilsstil nicht nur eine rein technische Vorgabe, sondern auch Ausdruck der richterlichen Denk- und Arbeitsweise ist. Als Richterin diskutieren Sie keine Hypothesen, sondern entscheiden verbindlich über einen Fall. Sie suchen nicht nach möglichen Lösungen, sondern fällen eine begründete Entscheidung.

Ein direkter, strukturierter und prägnanter Urteilsstil beschert nicht nur bessere Klausurnoten, sondern wird auch in Ihrer beruflichen Praxis die Akzeptanz Ihrer Entscheidungen – und auch Schriftsätze – erhöhen. Wenn Sie den Urteilsstil verinnerlichen und sich die Tipps aus diesem Beitrag zu Herzen nehmen, leisten Sie also nicht nur etwas für Ihre Klausuren – letztlich wird sich dies auch in Ihrer späteren beruflichen Praxis im wahrsten Sinne des Wortes „auszahlen".

Zum Weiterlesen

Eine Liste mit Lehrbuchempfehlungen für das Rechtsreferendariat finden Sie in unserem kostenlosen Zusatzmaterial auf www.utb.de/doi/suppl/10.36198/9783838564845

RefPod-Folge „# 30 So geht Urteilsstil", https://open.spotify.com/episode/4AvkBzpWo8WZ24cY8kILXB?si=K_4K0NQXQxW8KgJPik_M_Q

Metz, Die Techniken der Bundesrichter I, https://www.lto.de/karriere/jura-studium/stories/detail/argumentieren-wie-bundesrichter-zweites-examen-jura-assessor

Metz, Die Techniken der Bundesrichter II, https://www.lto.de/karriere/jura-referendariat/stories/detail/assessorexamen-argumentation-schreibstil-bundesrichter-bgh-kommentare

6. Wer hat Angst vorm Referendariat? Mentale Flexibilität auf unbekanntem Terrain

Dipl.-Psych. Ass. iur. Alica Mohnert, Mag. iur., LL.M. (CUPL/ 中国政法大学)

Psst, ich verrate Ihnen etwas: In Wahrheit improvisieren alle. Die ganze Zeit. Wirklich wahr. Niemand weiß so ganz genau, was er da eigentlich tut. Man hat bloß mehr oder weniger Routine aufgrund von Erfahrung. Offensichtlich wird das erst, wenn man hinter die Kulissen schaut und selbst sieht, wie der Budenzauber entsteht.

Ich, ins Referendariat? Aber ich bin doch noch so klein...

Sie gehen jetzt also ins Referendariat und Ihr Erfahrungsschatz im Urteileschreiben, Prozesstaktikenerwägen und (o Graus!) Sitzungsdienst, wo Sie mit ausgeliehener Robe für die Staatsanwaltschaft auftreten und plädieren, beläuft sich Pi mal Daumen auf *null*. Sie haben also keinerlei Routine in diesen Aktivitäten. Kann sein, dass Ihnen jetzt schon die Nerven hüpfen, wenn Sie nur daran denken. Das ist verständlich. Nicht nur sollen Sie sich lauter völlig neuen Aufgaben stellen, bis zu einem gewissen Grad werden Sie dabei unangenehmerweise sogar noch benotet. Manches davon betrifft Ihre rhetorischen Fertigkeiten. Gut möglich, dass Sie diesen Muskel über das Studium hinweg nicht häufig trainiert haben und die Mündliche, in der Sie tatsächlich spontan argumentieren mussten, Ihnen nicht gerade als schöner Moment in Erinnerung geblieben ist.

Was jetzt? Wie das Kaninchen vor der Schlange hocken und schon mal vorbeugend darunter leiden, was da auf Sie zukommt?

Sind sie zu stark, bist Du zu schwach?

Gehen wir für einen kurzen Moment in die Vogelperspektive. Vielleicht machen Sie sich selbst Vorwürfe, weil Ihnen generell das Erste Staatsexamen noch in den Knochen steckt und es Ihnen sowieso schwerfällt, sich vorzustellen, in Kürze schon wieder rund zwei Jahre unter Strom zu stehen.

Eigentlich ist es aber so: Was Sie da in sich spüren, sind keine Anzeichen für eine persönliche Schwäche. Es sind vielmehr typische Nachwirkungen einer langen, heftigen Anspannungsphase. Ihr Gehirn hat ein gutes Jahr lang im Stresshormon Cortisol gebadet und damit solche Symptome wie ewiges Grübeln, Vergesslichkeit, Übelkeit, viele Tränen und häufig von Herzrasen unterbrochene Nächte ausgelöst. Tatsächlich ist unser Körper nicht darauf ausgelegt, über Monate und Monate hinweg eine psychische Belastung zu erdulden, die allenfalls an Fahrt aufnimmt. Diese unangenehmen Phänomene sind die natürlichen Nebenwirkungen einer überlangen Belastungsphase. Ebenso natürlich ist es, dass es viele Monate dauern kann, bis Sie Ihr voriges Selbst wiederfinden und Ihre alte Form zurückerlangen. Unsere Psyche kann nicht an ein Turboladekabel angeschlossen werden. Es gibt keine Abkürzung für den Erholungsprozess. Erteilen Sie sich selbst die Erlaubnis, zugunsten Ihrer psychischen Gesundheit eine Weile zu dümpeln.

Geschmeidig wie Lehm

Im Idealfall ist bis zum Start des Referendariats „dank" Wartezeit ohnehin einiges an Wasser den Rhein hinabgeflossen, bevor es so richtig losgeht. Na gut, aber jetzt haben Sie trotzdem Muffensausen wegen all der neuen Anforderungen, die in Bälde auf Sie einprasseln. Guten Rat für den mentalen Umgang mit neuartigen Herausforderungen können Ihnen die moderne Sportpsychologie und Elemente der Akzeptanz- und Commitmenttherapie (ACT), einer erneuerten Form der kognitiven Verhaltenstherapie, geben. Beim Referendariat müssen Sie zwar typischerweise nicht Apnoetauchen gehen oder den Mount Everest besteigen, aber die Prinzipien sind auf akademischen Leistungsdruck ebenso anwendbar.

Eine vorteilhafte innere Haltung gegenüber den sich stetig wandelnden Anforderungen, die demnächst auf Sie zukommen, ist, sich wie feuchter Lehm zu verhalten: weich und wandelbar. Lehm hat keine vorbestimmte Form, er kann fast beliebig umgestaltet werden, ohne dabei an Elastizität zu verlieren. Drückt man fest darauf, teilt er sich allenfalls, aber er bricht nicht. Wenn Ihr

Geist sich ebenso geschmeidig an neuartige gedankliche Herausforderungen anpasst, wird es viel leichter gelingen, in ungewohnten Bahnen zu denken, statt in eingeschliffenen Mustern zu verharren. Die ACT setzt hierbei auf das sog. Hexaflex- oder auch Hexagon-Modell. Es ist darauf gerichtet, psychische Flexibilität zu erreichen: präsent zu sein im gegenwärtigen Augenblick, sich zu öffnen für die daraus resultierenden Gedanken und Gefühle, und das zu tun, was jetzt wichtig ist.

Präsent sein (funktionaler Kontexualismus)

Ihr erstes Ziel ist, Ihre Aufmerksamkeit auf den gegenwärtigen Moment zu richten. Sie nehmen innere und äußere Ereignisse bewusst wahr und sehen den Kontext, in dem diese Ereignisse geschehen.

Es ist soweit, Sie haben heute Sitzungsdienst am Amtsgericht Hintertupfingen. Aus Ihrer Tasche ziehen Sie Ihre Gesetzessammlung und Kommentare, ein Buch voller praktischer Tipps, aus dem Sie gelernt haben, wie eine solche Sitzung abläuft und welche Handlungsmöglichkeiten Sie haben (siehe unten), und natürlich die ausgeliehene schwarze Robe. Die hellroten Handakten sind Sie schon mit Ihrem Ausbilder durchgegangen. Gleich im ersten Fall geht es um eine offenbar notorische Schwarzfahrerin mit mehreren Seiten BZR-Einträgen voller BtM-Delikten, Beschaffungskriminalität und natürlich Beförderungserschleichungen. Sie hat derzeit zwei laufende Bewährungen. Ihnen war gar nicht klar, dass das überhaupt möglich ist. Ihr Ausbilder hat bei der Besprechung gesagt, so eine müsse endlich ihre Lektion lernen und dass es unter diesen Umständen unrealistisch sei, noch einmal auf Bewährung zu plädieren.

Aber nun, in der Hauptverhandlung, sitzt dort eine sehr zerknirschte Angeklagte, die zum ersten Mal seit Langem eine feste Arbeit, einen Platz in einer betreuten Wohngruppe und einen neuen Bewährungshelfer hat, der bestätigt, dass sich in ihrem Leben vieles geändert habe und sie mittlerweile clean sei. Die angeklagten Schwarzfahrten, erzählt die Angeklagte, habe sie unternommen, um ihrer Schwester nach einem schweren Unfall auszuhelfen. Fahrkarten habe sie sich zu der Zeit mangels Arbeit wieder einmal nicht leisten können. Leider sei sie fast jeden Tag erwischt worden, manchmal sogar auf dem Hin- und Rückweg, aber niemand sonst habe ihre Schwester versorgen können. Sie sagt, dass sie fürchtet, wegen der Anzeigen alles wieder zu verlieren, was sie sich seitdem endlich habe aufbauen können.

Sie sind völlig verblüfft. In der Handakte sah die Angeklagte wie jemand aus, der aus Prinzip keine Fahrkarten kauft und auch sonst tief in der Kleinkriminalität steckt, und nun das! So eine Situation haben Sie mit Ihrem Ausbilder nicht besprochen. Wie sollen Sie nun plädieren? Es sind viel zu viele Schwarzfahrten für eine Geldstrafe, aber wenn die Angeklagte zu einer Freiheitsstrafe verurteilt wird, werden auch die anderen beiden Bewährungen aufgehoben und müssen auf einen Schlag abgesessen werden.

Sich öffnen

In der Gegenwart angekommen, bemerken Sie alle körperlichen Empfindungen, Gedanken und Gefühle. Sie können sie beobachten und sie abwägen, ohne direkt darauf reagieren zu müssen. Was immer da auch gerade in Ihnen geschieht, Sie bewerten es weder als gut noch als schlecht und bemühen sich auch nicht darum, die Gefühle loszuwerden oder umbiegen zu wollen. Sie nehmen sie vielmehr einfach hin: Sie akzeptieren sie.

Die ungewöhnliche Situation der Angeklagten hat Sie in ein Dilemma geworfen. Sie spüren Ihren Herzschlag, wie er in Ihren Schläfen pocht. Der Schwester auszuhelfen, ist ein nobles Motiv, aber es könnte vorgeschoben sein. Woher sollen Sie überhaupt ahnen, was sie sich wirklich dabei gedacht hat? Die vielen Vorstrafen weisen auf eine nicht gerade gesetzestreue Vergangenheit hin. Andererseits beteuert ihr Bewährungshelfer, wie die Angeklagte sich verändert habe. Ihr Hals fühlt sich trocken an. Sie wünschten, Sie hätten wenigstens ansatzweise mit Ihrem Ausbilder besprochen, was Sie tun sollen, wenn sich der Fall als ganz anders entpuppt. Sie haben nur Notizen, die auf der Annahme aufbauen, dass es nicht noch einmal Bewährung geben kann. Ihr Gewissen meldet sich: Wäre der Resozialisation der Angeklagten in irgendeiner Weise gedient, wenn sie hinter Gitter müsste? Ist es nicht viel wahrscheinlicher, dass sie nicht nur ihre Arbeit verliert, sondern im Gefängnis wieder drogenabhängig würde und alle Mühe umsonst gewesen wäre? Die Unsicherheit in Ihnen ist groß; wie kann man von Ihnen verlangen, jetzt auf die Schnelle neue Notizen zusammenzukritzeln und dann mehr oder weniger frei ein anderes Plädoyer zu halten, obwohl Sie hier sowieso zum allerersten Mal stehen?

Sie spüren das Gedankenchaos in Ihrem Kopf. Ihre Gefühle schwappen hin und her. Sie bemerken auch, dass Sie sich für den Ausgang dieses Verfahrens sehr verantwortlich fühlen, obwohl am Ende natürlich die Strafrichterin das Urteil fällt. Mental treten Sie einen Schritt zurück und beobachten sich selbst für eine Weile, während die verschiedenen Stimmen in Ihrem Kopf durcheinanderschnattern. Ihnen wird langsam klar, dass Ihre Verunsicherung gar nicht so viel mit dem Fall selbst zu tun hat, sondern damit, dass es sich wie eine Zumutung anfühlt, nicht nur zum ersten Mal plädieren zu müssen, sondern dabei obendrein improvisieren zu müssen, weil Ihre Notizen wider Erwarten nicht zum Fall passen. Sie blicken auf den restlichen Aktenstapel und erkennen, dass das durchaus bei jedem einzelnen dieser Fälle heute so sein könnte, denn die Handakte enthält eben immer nur das Nötigste. Ihnen kommt der Unmittelbarkeitsgrundsatz in den Sinn. Könnte das der Grund sein, wieso sich das Gericht einen persönlichen Eindruck verschaffen muss? Ihnen geht nach und nach ein Licht auf. Ihr Lampenfieber vor freiem Sprechen ist kein besonders guter Grund, stur auf etwas zu plädieren, das ungerecht und nicht hilfreich für die Angeklagte wäre.

Tun, was wichtig ist

Wie geht man eine Situation an, die nicht nach Plan verläuft? Um dennoch das Richtige tun zu können, muss man erst mal für sich festlegen, welche Ziele und Werte man gerade verfolgt. Das kann sich zwar auf relativ abstrakter Ebene abspielen, wie Sie es möglicherweise noch aus dem Ethikunterricht kennen, aber oft fließen ausgesprochen handlungsorientierte Punkte ein, die Ihre unmittelbare Zukunft betreffen.

In Ihrem Sitzungsdienst kann es sein, dass Ihnen ein hochrangiges Gut, wie die Gerechtigkeit des Justizsystems, vorschwebt, aber sehr wahrscheinlich denken Sie vor allem daran, dass Sie Ihre Rolle als Staatsanwältin oder Staatsanwalt möglichst souverän meistern möchten. Vielleicht haben Sie Angst, etwas Falsches zu sagen oder einen Fehler zu machen, für den Sie die Strafrichterin zurechtweisen oder später Ihr Ausbilder eine schlechte Bewertung geben könnte. Sich aufgeregt zu fühlen, weil etwas Unerwartetes geschehen ist und Ihre Reaktion darauf beurteilt wird, ist weitverbreitet. Die meisten Menschen sind schon einmal angepflaumt worden, weil sie spontan nicht optimal gehandelt haben. Aber was für eine Situation das auch immer war, sie liegt in der Vergangenheit. Wir alle haben Gefühle, aber wir sind nicht unsere Gefühle. Sie zwingen uns nicht zu einem bestimmten Verhalten. An dieser Stelle über sich und Ihre Vorbereitung hinauszuwachsen, um Ihre Aufgabe sachgemäß zu erfüllen, ist genau der Sinn der Übung.

Wenn Sie nun also überlegen, was Ihre Handlungsmöglichkeiten sind, fällt Ihnen ein, dass Sie um eine Unterbrechung bitten könnten, um Ihren Ausbilder anzurufen. Sie könnten aber auch abwägen, ob Sie dessen Hilfe überhaupt benötigen. Ihr Ausbilder hat gesagt, dass es „unter diesen Umständen" unrealistisch wäre, noch einmal Bewährung zu fordern. Aber die Umstände haben sich als anders entpuppt. Die Angeklagte hat inzwischen eine ungewöhnlich positive Sozialprognose, professionelle Unterstützung an ihrer Seite und sie ist geständig und macht einen reumütigen Eindruck. Ohne Kenntnis ihrer Vorstrafen würde man nicht lange zögern, nur eine Geldstrafe oder sogar eine Verwarnung mit Strafvorbehalt zu beantragen. Doch der BZR-Auszug ist zu lang dafür. Sollen denn Schwarzfahrten nun der Anlass sein, dass die Angeklagte von ihren Vorstrafen doch noch eingeholt wird und ins Gefängnis muss? Auch das erscheint Ihnen nicht richtig. Am meisten wäre der Angeklagten mit einer Bewährungsstrafe geholfen. Das einzig „Seltsame" daran ist, dass Sie bislang noch nie einem Fall begegnet sind, in dem jemand gleich zwei laufende Bewährungen gleichzeitig hatte. Sie schlagen im § 47 Abs. 1 StGB den Umgang mit kurzen Freiheitsstrafen nach und entschließen sich, Ihrem Judiz zu folgen: Sie plädieren auf zwei Monate auf Bewährung und begründen Ihren Vorschlag mit der Vielzahl der Taten im Verhältnis zu der sehr guten Sozialprognose. Während Sie frei zum Gericht sprechen, spüren Sie, dass Sie diese Entscheidung auch gegenüber Ihrem Sie ausbildenden Staatsanwalt werden vertreten können. Die Strafrichterin folgt Ihrem Vorschlag und die Angeklagte sieht unendlich erleichtert aus. Sie haben es geschafft!

Dirigieren Sie Ihr Referendariat

Gefühlen von Ungewissheit im Referendariat können Sie übrigens auch dadurch begegnen, dass Sie Ihre Stationen mitbestimmen. Das geht nicht nur in der Wahlstation, sondern schon von Anfang an.

In aller Regel können Sie bei Ihrer Stammdienststelle Wünsche abgeben, für welches Dezernat Sie eingeteilt werden möchten. Warten Sie nicht ab, sondern hören Sie sich um und sehen Sie sich schon vor Beginn der Station (ja, auch schon vor der ersten!) den Geschäftsverteilungsplan des jeweiligen Gerichts bzw. das Organigramm der Behörde an. Dort können Sie nachschauen, wer in Ihrem Interessensgebiet Ihre potentielle Ausbilderin oder Ihr Ausbilder werden könnte und dann *rufen Sie dort an.* Ja, wirklich. Dort erfahren Sie auch direkt, ob Ihre Wunschperson einen sympathischen Eindruck macht und ab dem relevanten Monat Zeit für Ihre Ausbildung hat. Sehr wahrscheinlich erzählt Ihre zukünftige Ausbilderin oder Ausbilder Ihnen auch gleich etwas über die tägliche Arbeit dort.

Von Punkt zu Punkt

Leistungssportler lernen im Mentaltraining, ihre Aufmerksamkeit stets auf den nächsten Punkt, das nächste Tor, das nächste Hindernis zu lenken, um nicht vor der schieren Größe der Herausforderung einzuklappen. Das können auch Sie. Es ist zwar sinnvoll, zu Beginn des Referendariats ein paar Weichen zu stellen, z. B. eine Bewerbung fürs Auswärtige Amt oder eine Außenhandelskammer frühzeitig einzureichen, damit Sie berücksichtigt werden können; davon abgesehen ist es jedoch nützlich, in erster Linie bei der Aufgabe zu bleiben, die Sie gerade vor sich haben. Noch wichtiger ist das, wenn die schriftlichen Prüfungen anstehen. Auch hier gilt: von Klausur zu Klausur denken. Wenn Sie gerade eine Sachenrechtsklausur schreiben, ist das nicht der Moment, um sich wegen Verwaltungsrecht die Haare zu raufen. Bleiben Sie ganz in der Gegenwart und arbeiten an dem, was jetzt unmittelbar vor Ihnen liegt. Sie sind auf einem guten Weg. Viel Erfolg und ruhig Blut!

Zum Weiterlesen

Flaxman/Bond/Livheim, Achtsam und erfolgreich im Beruf, Mit ACT die psychische Gesundheit am Arbeitsplatz stärken, Coaching fürs Leben, Paderborn 2015

Frenkel/Krupop/Oblinger-Peters, Mit Sportpsychologie durch Grenzsituationen, Psychologische Flexibilität am Beispiel des Extremsports, essentials, Wiesbaden, Heidelberg 2023

Kabat-Zinn, Gesund durch Meditation, Das große Buch der Selbstheilung mit MBSR, Knaur.Leben, München 2019

Theiß, Sitzungsdienst des Staatsanwalts, 13. Aufl., Jura kompakt, München 2024

7. Rechtsreferendariat mit Kind
Die Herausforderungen des Zweiten Staatsexamens meistern

RAin Angelika Stürzer

Der zweijährige Vorbereitungsdienst mit anschließendem Zweiten Staatsexamen ist für jede Referendarin und jeden Referendar zeitintensiv und nervenaufreibend. Doch was, wenn neben Arbeitsgemeinschaften, Pflichtklausuren, Sitzungsdienst und Stationsarbeit auch noch ein oder mehrere Kinder versorgt werden müssen – ohne dass die Examensvorbereitung dabei zu kurz kommt? Wie sieht es mit der Vereinbarkeit von Familie und Referendariat aus und ist es überhaupt möglich, den Vorbereitungsdienst mit Kind(ern) abzuleisten?

Bereits an der zeitlichen Herausforderung, Pflichtveranstaltungen und eigenverantwortliches Lernen unter einen Hut zu bekommen, scheitern viele. Von den psychischen Herausforderungen der anstrengenden Examensvorbereitung ganz abgesehen.

Mehr dazu im Aufsatz „Wer hat Angst vorm Referendariat?" von Dipl.-Psych. Ass. iur. Alica Mohnert, Mag. iur., LLM (CUPL/中国政法大学) (S. 54 ff.).

Nebenbei ein oder mehrere Kinder großzuziehen, gleicht einer Mammutaufgabe. Denn Kinder können den ohnehin schon fragilen Terminplan des Referendariats ganz schön ins Wanken bringen. Neben Kinderkrankheitstagen, Kita-Schließungen wegen Personalausfall oder Kinderarztterminen, die spontan aufgefangen werden müssen, soll schließlich auch die gemeinsame Spiel- und Kuschelzeit mit den Kindern nicht zu kurz kommen. Und hierfür bietet das Rechtsreferendariat nur wenig Spielraum. Pflichtklausurtermine sind einzuhalten, Einführungs- und Speziallehrgänge wahrzunehmen und Stationsarbeit abzuleisten. Auf Verständnis, Entgegenkommen oder individuelle Lösungsmöglichkeiten von AG-Leitungen oder der Referendargeschäftsstelle hofft man oftmals vergebens.

Eltern sein oder Eltern werden während des Rechtsreferendariats ist sicherlich keine leichte Aufgabe. Und es wird einem von

Zeit zu Zeit so vorkommen, als wäre der Vorbereitungsdienst und die Examensvorbereitung mit Kindern kaum zu bewältigen. Aber es gibt einige Hilfsmittel, die einem das Referendariat mit Kindern erleichtern und zu einem gelungenen Zweiten Staatsexamen führen können.

Das Teilzeit-Referendariat

Seit dem 1. Januar 2023 sind die Bundesländer gesetzlich verpflichtet, das Rechtsreferendariat bei Vorliegen besonderer Umstände auch in Teilzeit anzubieten. Der Vorbereitungsdienst wird dabei auf zweieinhalb Jahre gestreckt und durch verschiedene Modelle mehr Lernzeit im Selbststudium ermöglicht. Die Teilnahmepflicht an den Arbeitsgemeinschaften während der regelmäßigen Dienstzeit bleibt hingegen bestehen.

Unter anderem Eltern soll es damit ermöglicht werden, Kinderbetreuung und Examensvorbereitung besser miteinander zu vereinbaren. Gem. § 5b Abs. 6 DRiG kann der Vorbereitungsdienst auf Antrag in Teilzeit abgeleistet werden, wenn die Betreuung oder Pflege mindestens eines Kindes unter 18 Jahren dies erfordert. Wie das Teilzeit-Referendariat im Detail ausgestaltet ist, unterscheidet sich je nach Bundesland, in dem das Rechtsreferendariat abgeleistet werden soll:

<table>
<tr><th>Bundesland</th><th>Rechtsgrundlage</th><th>Regelung
(Stand: Oktober 2025)</th></tr>
<tr><td>Brandenburg</td><td>§ 5 Abs. 6 Satz 2–4 DRiG</td><td rowspan="4">Reduzierung des regelmäßigen Dienstes um ein Fünftel, angemessene Verteilung der sechsmonatigen Verlängerung auf die gesamte Zeitspanne des Vorbereitungsdienstes</td></tr>
<tr><td>Hamburg</td><td>§ 40a HmbJAG</td></tr>
<tr><td>Mecklenburg-Vorpommern</td><td>§ 21b JAG M-V</td></tr>
<tr><td>Schleswig-Holstein</td><td>§ 8a JAG</td></tr>
<tr><td>Niedersachsen</td><td>§ 7a NJAG, § 33a NJAVO</td><td rowspan="3">Reduzierung des regelmäßigen Dienstes um ein Fünftel, angemessene Verteilung der sechsmonatigen Verlängerung auf die Pflichtstationen</td></tr>
<tr><td>Rheinland-Pfalz</td><td>§ 6 Abs. 2 Satz 4 JAG</td></tr>
<tr><td>Thüringen</td><td>§ 43 ThürJAPO</td></tr>
</table>

<table>
<tr><th>Bundesland</th><th>Rechtsgrundlage</th><th>Regelung
(Stand: Oktober 2025)</th></tr>
<tr><td>Bremen</td><td>§ 42 Abs. 5 Satz 3 JAPG</td><td rowspan="2">Modell 1: Reduzierung der regulären Dienstzeit in den Ausbildungsstationen um ein Fünftel, Einschieben des Verlängerungszeitraums nach dem achten Monat der Rechtsanwaltsstation unter Zuweisung zu einer oder mehrerer Ausbildungspflichtstationen
Modell 2: keine Reduzierung der Dienstzeit während der Ausbildungsstationen, vollständige Freistellung vom Dienst während eines Freistellungszeitraums nach dem achten Monat der Anwaltsstation ohne Zuweisung an eine Ausbildungsstation („Blockzeitmodell“)</td></tr>
<tr><td>Hessen</td><td>§ 29a JAG</td></tr>
<tr><td>Bayern</td><td>§ 53a JAPO</td><td>Reduzierung des regelmäßigen Dienstes um ein Fünftel, zusätzliche sechsmonatige Ausbildung bei einer oder zwei Ausbildungsstellen im Anschluss an die Rechtsanwaltsstation</td></tr>
<tr><td>Baden-Württemberg</td><td>§ 48a JAPrO</td><td>Verringerung des regelmäßigen Dienstes im Rahmen der Stationsausbildung um ein Fünftel, Verlängerung des Vorbereitungsdiensts im Anschluss an die Pflichtstation Rechtsanwalt II um sechs Monate</td></tr>
<tr><td>Berlin</td><td>§ 5b Abs. 6 Satz 4 DRiG, § 14 Abs. 1 JAG</td><td>Reduzierung des regelmäßigen Dienstes um ein Fünftel, dreimonatige Verlängerung vor der schriftlichen Prüfung und eine weitere dreimonatige Verlängerung vor der mündlichen Prüfung</td></tr>
<tr><td>Nordrhein-Westfalen</td><td>§§ 32a, 35b Abs. 1–2 JAG NRW</td><td>Modell 1: Reduzierung der Dienstzeit bei der Einzelausbildung unter Reduzierung der zu erstellenden Pflichtarbeiten, freie Verwendung des Verlängerungszeitraums bei einer der Stationen vor Anfertigung der Aufsichtsarbeiten</td></tr>
</table>

Bundesland	Rechtsgrundlage	Regelung (Stand: Oktober 2025)
		Modell 2: keine Reduzierung der Dienstzeit, vollständige Freistellung vom Dienst während des Verlängerungszeitraums ohne Zuweisung an eine Ausbildungsstelle
Sachsen	§ 36a Abs. 1 SächsJAPO	Reduzierung des regelmäßigen Dienstes um ein Fünftel, zusätzliche sechsmonatige Ausbildung (Praxisstation) im Anschluss an die Verwaltungsstation
Saarland	§ 24a JAG, § 16a JAO	Reduzierung des regelmäßigen Dienstes um ein Fünftel, anschließend an die Ausbildungsstation zwei weitere Pflichtstationen von jeweils drei Monaten

Mutterschutz, Elternzeit & Co.

Der gesetzliche Mutterschutz umfasst sechs Wochen vor dem errechneten Geburtstermin und acht Wochen nach der Geburt. Ab Eintritt des Mutterschutzes erhält die Mutter Mutterschaftsgeld in Höhe des vorherigen Gehalts von der Krankenkasse und dem Arbeitgeber. An der Höhe der Bezüge aus dem Referendariat ändert sich während dieses Zeitraums also nichts.

Sowohl Müttern als auch Vätern stehen im Referendariat bis zu drei Jahre Elternzeit zu. Um den finanziellen Nachteil auszugleichen, kann auf Antrag bis zu 24 Monate Elterngeld bezogen werden. Das Elterngeld richtet sich nach dem Durchschnittseinkommen der letzten zwölf Monate vor Beginn des Mutterschutzes bzw. der Geburt und muss spätestens drei Monate nach der Geburt beansprucht werden. Es kann zwischen den Eltern variabel aufgeteilt werden.

Darüber hinaus erhält man ab Geburt des Kindes Kindergeld sowie auf Antrag einen monatlichen Familienzuschlag, der mit den Bezügen des Referendariats ausbezahlt wird und in seiner Höhe vom jeweiligen Bundesland abhängt.

Wichtig ist es, sich bereits während einer Schwangerschaft im Referendariat Gedanken über den möglichen Wiedereinstieg zu machen. Denn man muss genau dort wieder einsteigen, wo man aufgehört hat. In einigen Bundesländern beginnt das Referendariat jedoch nur an zwei Terminen im Jahr, sodass Stationen nicht wunschgemäß angeboten werden. Die Länge der Elternzeit kann daher nicht nach Belieben gewählt werden, sondern muss sich beim Wiedereinstieg an der jeweiligen Station orientieren, in der man sich zum Beginn des Mutterschutzes befunden hat.

Gute Organisation ist das A und O

Arbeitsgemeinschaft am Vormittag, Klausurenkurs am späten Nachmittag, mehrtägige Blockveranstaltungen oder Sitzungsdienst mit ungewissem Ende. Das Rechtsreferendariat hält terminlich so einige Überraschungen bereit. Umso wichtiger ist es, anhand des Terminplans möglichst weit im Voraus die Kinderbetreuung für festgelegte Termine wie Einführungslehrgänge, Pflichtveranstaltungen oder Klausurtermine zu organisieren.

Da Eltern im Referendariat noch immer zur Minderheit gehören, sollte man sich am besten frühzeitig mit der zuständigen Referendargeschäftsstelle in Verbindung setzen, um Anliegen rund um den Wiedereinstieg mit Baby oder Kinderkrankheitstage, Elternzeit und die Reduzierung der Dienstzeit zu klären. Als Mutter sollte man sich darüber hinaus über Möglichkeiten zum Stillen oder Milchabpumpen informieren und die Anwesenheit des Kindes während Pflichtveranstaltungen erörtern.

Etwaige Besonderheiten können dann den zuständigen Arbeitsgemeinschaftsleitungen und den zugeteilten Richterinnen und Richtern, Staatsanwältinnen und Staatsanwälten, usw. mitgeteilt werden. Gerade bei der praktischen Stationsarbeit, wie dem Sitzungsdienst, kann man auf Entgegenkommen hinsichtlich des zeitlichen Umfangs hoffen.

Ohne Unterstützung geht's nicht

Um den Herausforderungen der Examensvorbereitung gerecht zu werden, sollten Sie sich Folgendes besonders zu Herzen nehmen: „Es braucht ein ganzes Dorf, um ein Kind großzuziehen."

Zwar haben in unserer modernen Gesellschaft nur die wenigsten ihr „Dorf" noch in greifbarer Nähe. Aber gerade zur Unterstützung bei der Kinderbetreuung kann es heutzutage auch durch die Erzieher und Erzieherinnen in der Kita, die Nachbarn, Babysitter, Freunde und Bekannte oder die eigene Familie aufgefangen werden. Denn ganz ohne Unterstützung ist das Referendariat mit Kind nicht zu bewältigen.

Noch vor dem (Wieder-)Einstieg in das Referendariat sollten Sie sich ihr „Dorf" schaffen und alle relevanten Belange rund um das Thema Kinderbetreuung klären. Da Kinder gut und gerne jeden noch so durchdachten Plan spontan umschmeißen, sollte man möglichst immer gute Unterstützung als Backup haben und hinsichtlich des eigenen Zeitmanagements flexibel bleiben.

Tschüss schlechtes Gewissen

Hat man bereits das Erste Staatsexamen in der Tasche, kennt man es gut: das schlechte Gewissen, das während der Examensvorbereitung immer wieder an einem knabbert. Dieses schlechte Gewissen müssen Sie getrost beiseiteschieben. Denn Kinder schleppen, gerade wenn sie eine Betreuungseinrichtung besuchen, zahlreiche Krankheiten mit nach Hause, mit denen man sich oft selbst ansteckt.

Krankheitstage gehören daher genauso zum Alltag wie Krabbelgruppen, Turnkurse oder die Spielzeit an freien Tagen zuhause. Lernpausen sind wichtig und richtig, um die anstrengende Zeit vor den Prüfungen des Zweiten Staatsexamens durchzustehen. Achtstündige Lerntage können und sollen dabei nicht der eigene Anspruch sein. Stattdessen müssen Sie die knappe Lernzeit bestmöglich und effektiv nutzen. Darum: Handy weg, ran an den Stoff und volle Konzentration! Schon zwei Stunden ohne Ablenkung bringen viel.

Auch wenn einen der Balanceakt zwischen Elternsein und Vorbereitungsdienst während der Examensvorbereitung manchmal beinah zerreißt, ist Entschlossenheit und Vertrauen in sein juristisches Können und gute Elternschaft essenziell. Und der Mut, nicht alles zu lernen, egal was die anderen zu und über einen sagen. Der Stoff des Zweiten Staatsexamens ist unendlich – Sie können (und müssen) nicht alles können.

Basics sind die halbe Miete

Um der Stoffmenge einigermaßen gerecht zu werden, sollten Sie sich vor allem auf die Basics und den gekonnten Umgang mit den Kommentaren konzentrieren. Denn sitzen juristische Argumentationstechniken, präzise Fallbearbeitung und die richtige Methodik, kann damit einiges an fehlendem Wissen wettgemacht werden. Bei Spezialproblemen hilft im Zweiten Staatsexamen oft der Kommentar weiter.

Während der Examensvorbereitung ist das regelmäßige Schreiben von Klausuren essenziell, um den eigenen Wissensstand abzufragen, Basics zu trainieren und das Zeitmanagement zu verbessern. Anhand von Klausurkorrekturen kann der aktuelle Leistungsstand eingeschätzt und gezielt an Fehlern gearbeitet werden.

Den zeitlichen Engpässen kann durch ein (kommerzielles) Repetitorium begegnet werden. Crashkurse bringen oft Licht ins Dunkel des unendlichen Stoffs und zeigen die notwendige Schwerpunktsetzung auf. Durch Repetitorien können auch minder qualitative Arbeitsgemeinschaften oder die Abwesenheit bei Veranstaltungen aufgefangen werden. Die eigenen Stärken und Schwächen aufgezeigt zu bekommen, beruhigt die Nerven und durch vorgefertigte Zusammenfassungen des Stoffes bleibt mehr Zeit fürs Kind.

Ja, die Examensvorbereitung mit Kind ist langwierig und kostet Nerven. Und der Spagat zwischen Elternsein und Vorbereitungsdienst ist groß. Doch nichts motiviert mehr, als nach einem anstrengenden Lerntag von strahlenden Kinderaugen begrüßt zu werden. Durch Kinder lernt man, mehr im Moment zu leben und kann die wertvolle Zeit außerhalb der Jura-Bubble viel mehr schätzen. Es ist möglich, bei effektiver Nutzung der knappen Lernzeit und guter Unterstützung das Zweite Staatsexamen erfolgreich zu bestehen und trotzdem wertvolle Momente mit den Kindern zu verbringen. Man muss nur mutig sein und an sich glauben – die eigenen Kinder tun das ohnehin!

Zum Weiterlesen

Stürzer, Referendariat mit Kind – Quick Tipps und Tricks zur Vorbereitung auf das 2. Staatsexamen, https://jurios.de/2024/07/15/referendariat-mit-kind-quick-tipps-und-tricks-zur-vorbereitung-auf-das-2-staatsexamen/

Stürzer, Referendariat mit Kind – Zwischen Krabbelgruppe, Sitzungsdienst und Examensvorbereitung, https://jurios.de/2023/07/17/referendariat-mit-kind-zwischen-krabbelgruppe-sitzungsdienst-undexamensvorbereitung/

RefPod-Folge „# 41 Ref mit Kind – Lernen vom Zeitmanagement-Profi“, https://open.spotify.com/episode/1Rr0iAdjuCLqf6FBxGckXu?si=APlX34BeRNSHNKYqltAmvg

8. Entspannt zu einem erfolgreichen Examen

Worauf es wirklich ankommt

RiLG Christian Walz

Vorab: Mit den nachfolgenden Tipps verdiene ich kein Geld. Das scheint mir ein einigermaßen wichtiger Hinweis zu sein in einer Zeit, in der unzählige Repetitorien, „Coaches" und Unternehmen das Thema „Examen" immer mehr kommerzialisieren. Viele denken: „Wenn so viele angehende Juristinnen und Juristen so viel Geld für ein privates Repetitorium ausgeben, um dessen ‚Geheimtipps' kennenzulernen – dann muss an diesen Tipps ja echt was dran sein!" Wer so denkt, fällt auf einen uralten Marketing-Gag herein. Wo wir bei meinem ersten Tipp sind, der mir so wichtig ist, dass ich ihn vor die Klammer ziehe: Fallen Sie auf so was bitte nicht herein! Nur weil Ihre Arbeitsgemeinschaften kostenlos sind und nur weil AG-Leitende nicht hunderte von Euros für eine Stunde nehmen, heißt das nicht, dass ihre Ratschläge schlecht sein müssen. Das Gegenteil ist der Fall.

Nachfolgend finden Sie einige seriöse Tipps, die vielleicht nicht so marktschreierisch daherkommen wie manche Instagram-Reels, die behaupten, innerhalb von 60 Sekunden das große Examensgeheimnis zu lüften. Dafür funktionieren sie. Und sie beruhen auf meiner langjährigen Erfahrung als AG-Leiter und Prüfer sowie auf unzähligen (Podcast-)Gesprächen, die ich mit anderen AG-Leitenden und Prüfenden geführt habe.

Es gibt nur eine pauschale Regel

„Ohne Anklageschrift ist die Klausur mangelhaft.", „Die Formalia machen 30 Prozent der Note aus.", „Wer den ‚Porsche-Fall' nicht kennt, wird im Zivilrecht nicht zweistellig schreiben können." – Wissen Sie, was all diese und ähnliche Aussagen gemeinsam haben? Sie sind in ihrer Pauschalität alle falsch, zum Teil sogar schlichtweg gelogen. Aus guten Gründen haben Prüfende einen Beurteilungsspielraum. Die Bewertung einer Klausur ist immer das Ergebnis einer umfassenden Gesamtwürdigung. Der Tenor ist falsch? Ich kenne Fälle, in denen trotzdem ein Prädikat erreicht wurde, weil die Klausuren eben insgesamt – unter Berücksichtigung *aller* ihrer Teile – überdurchschnittlich waren. Die Bewertung einer Klausur ist zu komplex und zu einzelfallabhängig, um auch nur halbwegs brauchbare allgemeine Bewertungsregeln aufzustellen. Probieren Sie es doch einmal aus, indem Sie selbst anfangen, Klausuren zu korrigieren – z. B. als Nebenjob an der Uni oder in Ihrer privaten AG. Sie werden dann schnell verstehen, dass man den Bewertungsprozess nicht pauschalisieren kann.

Das Bedürfnis danach ist aber natürlich nachvollziehbar. Und eine pauschale Regel bei der Bewertung von Klausuren gibt es tatsächlich: Es gibt keine pauschalen Regeln. Für manche mag das frustrierend klingen. In Wahrheit ist es aber ein Grund zur Erleichterung: Sie brauchen sich von den eingangs erwähnten „Bewertungsautomatismen" nicht verrückt machen zu lassen. Vertrauen Sie darauf, dass die Prüfenden *alle* Teile Ihrer Klausuren würdigen und bewerten. Wenn also mal an der einen Stelle etwas schiefgegangen ist, nicht direkt den Kopf hängen lassen. Das kann an anderer Stelle wieder gutgemacht werden.

Prüfende sind keine Endgegner

Wo wir bei den Prüfenden angekommen wären: Wer sind die eigentlich? Juristinnen und Juristen aus der Praxis, die hochqualifiziert sind; die meisten von ihnen befinden sich in Beförderungsämtern (Amtsgerichtsdirektoren, Vorsitzende Richterinnen, Präsidentinnen usw.). Es dürfte sich vielleicht herumgesprochen haben, dass man durchs Prüfen nicht reich wird. Übrigens ist das entgegen mancher Gerüchte auch kein „Karrierebooster". Warum man „trotzdem" prüft? Weil den Prüfenden – wie mir auch – die Ausbildung und der Nachwuchs ein Herzensthema sind.

Ich habe noch nie einen Prüfer oder eine Prüferin getroffen, die oder der Spaß daran hatte, schlechte Noten zu geben. Es ist viel arbeits- und zeitaufwändiger eine schlechte Klausur zu korrigieren als eine gute. Ich wiederhole meinen Tipp von oben: Fangen Sie an, selbst Klausuren zu korrigieren! Sie werden sich über jede gute Klausur zusammen mit den Bearbeitenden freuen; und bei den weniger guten Klausuren werden Sie versuchen, das Beste draus zu machen. So wie die Prüfenden, die später Ihre Klausuren bewerten werden. Sie und Ihre Prüfenden verfolgen in Wahrheit dasselbe Ziel.

Formalia nerven, lohnen sich aber

Wenn ich mich festlegen müsste – was ich zum Glück ja nicht muss, zumal sich auch hier pauschale Aussagen verbieten –, wodurch Klausuren am häufigsten keine höheren Punkteränge erreichen, würde ich sagen: Fehler bei den Formalia und fehlende Begründungstiefe. Fangen wir mit Ersterem an: Für das Zweite Staatsexamen muss man (z. B. in Nordrhein-Westfalen) etwa über 25 Formulare auswendig können: Urteilsentwürfe im Zivil-, Straf- und Verwaltungsprozess, Anwaltsschriftsätze aus Klägerin- und Beklagtensicht in allen Rechtsgebieten, Anklageschriften, Verwaltungsbescheide und, und, und. Das ist eine ganze Menge. Und, ganz ehrlich: Ich finde das auch ziemlich langweilig.

Aber jetzt die guten Nachrichten: Diese Formalia werden mit praktisch 100-prozentiger Sicherheit im Examen abgefragt werden und einen Teil Ihrer Examensnote ausmachen. Wer sich in der Vorbereitung die Mühe macht, das auswendig zu lernen, tut unmittelbar etwas für seine Klausuren und wird einen Vorteil haben. Ob tatsächlich Maklerrecht drankommt – das weiß keiner. Dass man aber einen Urteilsentwurf mitsamt der entsprechenden Formalia abliefern muss – das ist sicher. Daran sollten Sie denken, wenn Sie sich das nächste Mal vom Pauken der Formalia angeödet fühlen: Wenn Sie das können, haben Sie schon etwas für Ihre Klausurnoten geleistet. Übrigens ist auch das etwas, was das Zweite vom Ersten Examen erheblich unterscheidet.

Überzeugen Sie!

Kommen wir zum zweiten Punkt, bei dem oftmals Verbesserungspotential liegt: die Begründungstiefe. Eine der häufigsten Randbemerkungen bei Klausurenkorrekturen: *„Im Ergebnis richtig, aber Begründung zu oberflächlich."* Für das richtige Ergebnis bekommen Sie regelmäßig nicht alle, überwiegend sogar nicht einmal die meisten Punkte – das Ergebnis steht ja aus klausurtaktischen Gründen oftmals sogar schon fest (z. B. dürfte in einer Urteilsklausur die Klage in aller Regel zulässig sein, weil man sonst nichts zur Begründetheit schreiben müsste). Wichtiger als das Ergebnis ist die Begründung. Man will von Ihnen sehen, dass Sie auslegen, argumentieren und abwägen können – weil das alles wichtige Kompetenzen sind, die eine Juristin in der Praxis auszeichnen. Und wenn Sie das beherzigen – ich sage es noch mal: auslegen, argumentieren, abwägen –, ist das Ergebnis letztlich zweitrangig. Denn jedes folgerichtig und überzeugend begründete Ergebnis ist richtig – ganz egal, ob es nun auf der Linie der BGH-Rechtsprechung, der (übrigens für die Prüfenden nicht bindenden) Lösungshinweise oder der persönlichen Auffassung des Prüfers liegt.

Um eine entsprechende Begründungstiefe zu erreichen, sollten Sie sich angewöhnen, wirklich alles zumindest kurz zu begründen. Bei Problemschwerpunkten sollten Sie länger verweilen und nicht einfach – etwa aus Verlegenheit, weil einem gerade nichts einfällt – drüber „hinweg huschen". Versuchen Sie, sich in die jeweiligen Positionen hineinzuversetzen, Argumente sowohl für die eine als auch für die andere Sicht zu finden und diese gegeneinander abzuwägen. Orientieren Sie sich in der Argumentation an den drei wichtigsten Auslegungsregeln: Wortlaut, Systematik, Sinn und Zweck. Wenn Ihnen der Sinn und Zweck einer Regelung nicht bekannt ist, schauen Sie in die zugelassenen Kommentare! In den ersten Randnummern der Kommentierung zu einer Vorschrift finden Sie dazu häufig wichtige Hinweise.

Und nicht zuletzt: Versuchen Sie doch wirklich mal, Ihre Leserin von Ihrer Ansicht zu überzeugen! In vielen Klausuren werden Argumente einfach lustlos abgespult – wie ein Schuljunge, der ein auswendig gelerntes Gedicht monoton runterleiert. Herausragende Klausuren zeichnen sich hingegen auch dadurch aus, dass sie mit jeder Zeile ihren Leser von ihrer Ansicht wirklich zu überzeugen versuchen, indem sie sich spürbar mit dem Sachverhalt auseinandersetzen und nah am Fall argumentieren, anstatt nur Argumente aus der Retorte zu verwenden („Die Maßnahme ist verhältnismäßig, weil das Interesse an einer Effektivität der Gefahrenabwehr überwiegt" – gähn). Auch das ist übrigens eine Kompetenz, die für Ihr späteres Berufsleben sehr wichtig sein wird.

Erwarten Sie das Unerwartete

An dieser Stelle kommt häufig die Frage: Aber woher soll ich die ganzen Argumente denn kennen? Antwort: Nirgendwoher. Das ist ja der „Witz". Im Examen geht es in weiten Teilen nicht um Präsenzwissen, sondern um juristische Methodik. Wie gesagt: Auslegen, argumentieren, abwägen. Jeweils bezogen auf den konkreten Fall. Da Sie den Fall vorher nicht kennen, können Sie auch die Argumente vorher nicht kennen. Das müssen Sie insbesondere bedenken, wenn Sie mit Skripten lernen, die im Wesentlichen aus einer kasuistischen Zusammenfassung der Klausuren der letzten Jahre und Jahrzehnte bestehen.

Viele Referendarinnen und Referendare lernen mit diesen Skripten das Referendariat über und haben auf diese Weise recht schnell Erfolg in den AG-Klausuren. Kein Wunder – die AG-Klausuren sind ja in der Regel mindestens zwei Jahre alt und haben längst Eingang in die Skripte gefunden. Hier möchte ich Sie vor einem Irrglauben bewahren: Denken Sie bitte nicht, dass das im Examen auch so funktioniert. Ihren Examensfall werden Sie so vorher in keinem Skript, Lehrbuch oder Rep gelernt haben.

Examensklausuren sind darauf angelegt, Sie vor ein Problem zu stellen, das für Sie bis dato unbekannt war. Man will ja nicht wissen, ob Sie ein bestimmtes Skript oder einen bestimmten Rep-Fall auswendig gelernt haben. Man will wissen, ob Sie die juristische Methodik sauber auf einen unbekannten Fall anwenden können – wieder etwas, das für Sie im Berufsleben essenziell sein wird.

Deshalb sollten Sie sich so früh wie möglich mit folgendem Gedanken anfreunden: Es wird in den Klausuren Momente geben, in denen Sie wie ein Ochs vorm Berg stehen. Jetzt aber bitte nicht in Panik verfallen, weil diese Situation in Examensklausuren ganz normal ist! Das soll so sein! Jetzt die Ruhe bewahren und mit offenem Geist an die Sache rangehen und dann – Sie ahnen es – auslegen, argumentieren und abwägen. Warum das gute Nachrichten sind? Weil es bedeutet: Sie müssen weder die aktuelle Rechtsprechung noch alle Fälle aus den Examensdurchgängen der letzten zwei Jahrzehnte auswendig lernen. Trainieren Sie lieber Ihre Methodik, z. B. durch regelmäßiges Klausuren-Schreiben.

Warum tun Sie sich das eigentlich alles an?

Verstehen Sie mich bitte nicht falsch: Das Examen und die Examensvorbereitung sind hart. Keine Frage. Aber wer sich von kommerziellen Anbietern nicht verunsichern lässt, die Formalia diszipliniert lernt und sich auf die Methodik statt auf bloßes Auswendiglernen konzentriert – für den wird das Examen zwar nicht weniger anspruchsvoll, aber es verliert viel von seinem Schrecken.

Aber: Warum tun Sie sich das eigentlich alles an? Klar, Sie wollen das Zweite Staatsexamen – und dann? Darf ich fragen: Macht Jura Ihnen eigentlich... Spaß? Ich bin ganz ehrlich: Ich hatte wenig bis keinen Spaß an Jura in der Examensvorbereitung. Und ich habe mehr als einmal mit dem Gedanken gespielt aufzuhören. Heute bin ich sehr dankbar dafür, dass ich drangeblieben bin.

Man vergisst bei all dem Examensstress häufig, dass Jura – bei Lichte betrachtet – ein richtig schönes Fach ist. Sie lernen die Regeln im „Spiel des Lebens", an die sich in unserem Staat alle zu halten haben. Als Juristin können Sie Konflikte lösen, sowohl Verträge als auch Gesetze entwerfen und Straftaten verfolgen. Sie werden in den juristischen Berufen unweigerlich Verantwortung übernehmen, Einfluss auf das Verhalten anderer ausüben und auf diese Weise das Zusammenleben in unserem Rechtsstaat aktiv mitgestalten. Das ist sinnstiftend und erfüllend. Und übrigens auch sehr begehrt. Jeder von uns wurde schon von Freundinnen, Familie und sogar irgendwelchen „Drittbekannten" mal angefragt, ob wir bei einer juristischen Frage weiterhelfen könnten. Das führt Ihnen jedes Mal vor Augen: Viele wären froh, wenn sie das könnten, was Sie können.

Darum noch mal: Warum tun Sie sich das eigentlich alles an? Meine persönliche Antwort stand irgendwann fest: Weil ich Richter werden wollte. Mit diesem Ziel vor Augen war ich auch an grauen Lerntagen motiviert und habe Rückschläge, die es in jeder Examensvorbereitung zuhauf gibt, viel besser verarbeitet.

Lassen Sie sich bei all dem Examensstress deshalb nicht den Blick dafür verstellen, worauf es wirklich ankommt: Dass das Examen kein Selbstzweck ist, sondern eine Station auf Ihrem Weg in einen Beruf, in dem Sie Verantwortung übernehmen, die Gesellschaft mitgestalten und den Rechtsstaat vertreten werden. Und wenn Sie irgendwann zurückblicken, werden Sie genauso froh sein wie ich, dass Sie drangeblieben sind.

Zum Weiterlesen

Eicker, Typische Fehler, die Referendare bei der Examensvorbereitung vermeiden sollten, JA 2022, 141

9. Die besten „Kommentar-Hacks“
Bessere Noten durch erfolgreiche Kommentarnutzung

RiLG Christian Walz

In der Theorie müssen Sie für das Zweite Examen noch einmal deutlich mehr wissen als fürs Erste. Der gesamte Stoff aus dem Ersten Examen bleibt ja relevant und der neue Stoff aus dem Zweiten Examen kommt noch oben drauf. Aber ob Sie praktisch wirklich „mehr“ im zweiten Examen wissen müssen – das dürfte fraglich sein: So spielt die Darstellung von Streitständen kaum noch eine Rolle, manche Rechtsgebiete wie z. B. das Staatsorganisationsrecht haben praktisch keine Bedeutung mehr, in Urteilsklausuren ist der Lösungsweg oft klausurtaktisch vorgezeichnet (siehe dazu meinen Beitrag zum Urteilsstil in diesem Buch) – und vor allem: Sie dürfen endlich Gesetzeskommentare in den Klausuren verwenden! Gesetzeskommentare sind – richtig benutzt – leistungsfähige juristische Datenbanken, die Ihnen die Klausurbearbeitungen ganz erheblich erleichtern können. Nicht falsch verstehen: Das Zweite Staatsexamen bleibt sehr anspruchsvoll. Doch die schiere Stoffmenge wirkt deutlich weniger überwältigend, wenn Sie den Umgang mit den Kommentaren sicher beherrschen.

Die Kommentarnutzung im Zweiten ist ein Segen und Sie tun gut daran, das möglichst frühzeitig zu erkennen. Denn die Arbeit mit den Kommentaren will genauso gelernt sein wie das Klausurenschreiben. Nur auf diese Weise entwickeln Sie ein Gespür dafür, welche Informationen wo zu finden sind, in welcher Tiefe sie behandelt werden und wie Sie dieses Wissen in den Klausuren gezielt für sich nutzen können. Wer das nicht lernt, lässt möglicherweise Gold auf der Straße liegen. So wie einige Referendarinnen und Referendare, die vollkommen niedergeschlagen aus einer öffentlich-rechtlichen Rechtsanwaltsklausur zum Staatshaftungsrecht rausgegangen sind – weil sie nicht wussten, dass die Klausurlösung im „Grüneberg“ zu finden gewesen wäre, wo praktisch das gesamte Staatshaftungsrecht kommentiert ist.

In diesem Beitrag sind die besten „Kommentar-Hacks“ versammelt – darunter sind Fundstellen zu verstehen, die in Klausuren einen echten Mehrwert bieten können, aber vielen Referendarinnen und Referendaren wenig bis gar nicht bekannt sind. Offenkundige Fundstellen gehören also nicht dazu (Sie wissen, dass der Sachmangelbegriff im Kaufrecht bei § 434 BGB kommentiert ist). Zuerst starten wir aber mit den wichtigsten allgemeinen Tipps zur Kommentarnutzung:

Sechs allgemeine Tipps zur Kommentarnutzung

1. Sie brauchen immer noch (mindestens) „gesundes Halbwissen".
Die Kommentare sind kein Allheilmittel. Wer glaubt, er könne im Ernstfall alles im Kommentar nachlesen, irrt – dafür fehlt schlichtweg die Zeit. Um in den Klausuren innerhalb der Bearbeitungszeit fertig zu werden, sollten Sie gängige Definitionen und Schemata in den Klausuren auswendig können. Alles, was darüber hinausgeht, brauchen Sie aber nicht auswendig zu wissen – insoweit reicht ein Gespür dafür, wo Sie was im Kommentar finden. Ein „gesundes Halbwissen" ist insgesamt ausreichend, aber auch erforderlich. Beispiel: Sie sollten „Heimtücke" i.S.v. § 211 Abs. 1 StGB ohne Blick in den Kommentar in Ihren Examensklausuren definieren können. Ob und falls ja, unter welchen Voraussetzungen Heimtücke auch dann angenommen werden kann, wenn der Täter dem Opfer offen feindselig gegenübertritt, brauchen Sie hingegen vorher nicht zu wissen. Diesen Problemfall können Sie bei Bedarf einfach im Kommentar nachlesen (Fischer, 72. Aufl. 211 §,2025 StGB Rn. 35c).

2. Das richtige Ergebnis ersetzt keine Argumentation.
Den Kommentaren können Sie oft nur das richtige Ergebnis entnehmen; dafür bekommen Sie aber in den Klausuren nicht alle – oft nicht einmal die meisten – Punkte. Entscheidend ist nämlich, dass Sie Ihr Ergebnis auch folgerichtig mit juristischer Methodik begründen. Auch hier können Ihnen die Kommentare aber Argumentationsmaterial liefern: Die ersten Randnummern einer Kommentierung enthalten häufig wichtige Hinweise zum Sinn und Zweck einer Vorschrift – das können Sie im Rahmen der teleologischen Auslegung verwerten. So können Sie z. B. bei Grüneberg, 84. Aufl. 2025, § 311b BGB Rn. 2 nachlesen, dass die für das Zweite Examen sehr wichtige Formvorschrift des § 311b Abs. 1 BGB Warn-, Beweis-, Gültigkeits- und Beratungsfunktion hat – argumentieren Sie das

nächste Mal damit, wenn Sie auf ein Problem im Zusammenhang mit § 311b Abs. 1 BGB stoßen!

3. Die Prüfungsämter wissen (natürlich), dass Sie Kommentare benutzen dürfen – und preisen das bei Erstellung Ihrer Klausuren ein.
Das mag zunächst trivial klingen. Sie sollten sich aber bewusst sein, dass es besondere „Kommentar-Klausuren" gibt – das sind solche Klausuren, die auf den ersten Blick vielleicht mehr oder wenig unlösbar erscheinen. In Wahrheit kann man sie aber mit den Kommentaren gut in den Griff bekommen. Genau diese Kompetenz möchten die Prüfungsämter in solchen Konstellationen bei Ihnen abfragen. Beispiel: In einer jüngeren Examensklausur lag ein Schwerpunkt auf der Frage, ob für die Zerstörung eines 50 Jahre alten Baumes der Wert eines Baumes in diesem Alter im Wege des Schadensersatzes zu ersetzen ist. Hier sollte man erkennen, dass die Kosten für den alten Baum so hoch sind, dass § 251 Abs. 2 S. 1 BGB anzuwenden ist und der Schädiger nur die Kosten für den Erwerb und die Anpflanzung eines jungen Baumes zu ersetzen hat. Hätten Sie das gewusst? Ich auch nicht. Aber ich hätte im Stichwortverzeichnis unter „Baum" nachgeschlagen, wo ich direkt zu Grüneberg, 84. Aufl. 2025, § 251 BGB Rn. 11 weitergeleitet worden wäre – und hier hätte ich die Klausurlösung gefunden. Das führt direkt zum nächsten Tipp:

4. Nutzen Sie die Stichwortverzeichnisse.
Das vorgenannte Beispiel sollte Ihnen auch vor Augen führen, dass Sie sich nicht zu schade sein sollten, die Stichwortverzeichnisse zu benutzen. Von manchen werden diese Stichwortverzeichnisse zu Unrecht als „Idiotenwiese" verschrien – „idiotisch" wäre allein, dieses sehr nützliche Hilfsmittel in Klausuren nicht zu benutzen.

5. Verlieren Sie sich nicht in den Kommentaren.
Manche neigen dazu, bei der Recherche im Kommentar ins „Schmökern" zu geraten und zu viel Zeit zu verlieren. Hüten Sie sich davor, und zwar gerade in strafrechtlichen Klausuren. Sie sollten sich eine zeitliche Grenze – z. B. von 5 bis 10 Minuten – setzen. Wenn Sie innerhalb dieser Zeit die gesuchte Information nicht gefunden haben, lösen Sie den Punkt mit Ihrem „gesunden Halbwissen" (siehe oben) bzw. Ihrer juristischen Methodik (Auslegung!).

6. Die Kommentare liegen leider nicht immer „richtig".
Die Kommentare vertreten nicht immer die herrschende Meinung. So meint Thomas/Putzo, 46. Aufl. 2025, § 771 ZPO Rn. 21, dass der berechtigte Besitz an beweglichen Sachen kein Interventionsrecht i.S.v. § 771 ZPO sei. Es fehlt aber ein Hinweis auf die gegenteilige – herrschende – Meinung des BGH. Das kann einerseits frustrierend sein, weil Ihre Lösung idealerweise mit der herrschenden Meinung übereinstimmt, die in aller Regel den Klausuraufgaben zugrunde liegt. Andererseits ist das aber dann doch nicht so schlimm, wie einige befürchten: denn die im Kommentar vertretene Auffassung ist in jedem Fall vertretbar und darf nicht als falsch/schlechter bewertet werden. Insbesondere in diesen Fällen ist ohnehin eine folgerichtige und überzeugende Argumentation entscheidender (die Sie sowieso nicht im Kommentar finden).

Soviel zum Vorgeplänkel, hier sind nun die besten „Hacks" für die gängigen Kommentare, die in den meisten Bundesländern zugelassen sind:

Grüneberg, BGB, 84. Aufl. 2025

- Wichtige Hinweise zur Beweislastverteilung finden Sie meistens am Ende der allgemeinen Kommentierung zu einer Vorschrift (z. B. § 985 Rn. 16). Manchmal finden sich die Ausführungen auch zu Beginn der Kommentierung (z. B. § 536 Rn. 5) oder mitten drin (dann aber in der Regel gut gekennzeichnet durch das vorangestellte Inhaltsverzeichnis, z. B. § 280 Rn. 34 ff.).
- § 134 Rn. 22: Schwarzarbeit.
- § 147 Rn. 8 ff.: Kaufmännisches Bestätigungsschreiben.
- § 156 Rn. 3: Ebay-Fälle.
- Einl v § 241 Rn. 7 ff.: Gefälligkeitsverhältnisse.
- Vorb v § 249 Rn. 105 ff.: Drittschadensliquidation.
- Vorb v § 249 Rn. 112 ff.: Kommentierung zu § 116 SGB X.
- Vorb v § 249 Rn. 130 ff.: Anscheinsbeweis, insb. auch im Straßenverkehr.
- § 249 Rn. 23 ff.: Schadensersatz bei Kfz-Schäden (4-Stufen-Modell des BGH).
- § 260 Rn. 3 ff.: Anspruchsgrundlagen für Auskunftsansprüche (auch aus § 242 BGB).

- §276 Rn. 37 ff.: Stillschweigender Haftungsausschluss.
- § 280 Rn 66 ff.: Rechtsanwaltshaftung.
- Überbl v § 311 Rn. 16 ff.: Gemischte Verträge.
- § 328 Rn. 13 ff.: Vertrag mit Schutzwirkung zugunsten Dritter.
- § 781 Rn. 2 ff.: Konstitutives und deklaratorisches Schuldanerkenntnis.
- § 823 Rn 45 ff.: Verkehrssicherungspflichten, beachte auch die umfangreiche Kasuistik ab Rn 217 ff.
- Überbl v § 903 Rn. 4 ff.: Staatshaftungsrecht (Enteignung, enteignender Eingriff, enteignungsgleicher Eingriff, öffentlich-rechtliche Aufopferung – beachte auch die Kommentierung zu § 839 BGB).
- § 903 Rn. 13: Nachbarliches Gemeinschaftsverhältnis.
- § 906 Rn. 37 ff.: Nachbarrechtlicher Ausgleichsanspruch analog § 906 Abs. 2 S. 2 BGB.
- Einl v § 1297 Rn. 9 ff.: Nichteheliche (faktische) Lebensgemeinschaft.
- Weite Teile des Arbeitsrechts sind kommentiert bei:
  - Einf v § 611, insb. Rn. 7 ff. (Arbeitnehmerbegriff), 41 ff. (Teilzeitarbeitsverhältnis und TzBfG), 76 (betriebliche Übung).
  - § 611 Rn. 105 ff. (Gleichbehandlungspflicht), 126 ff. (Urlaubsanspruch nach BUrlG), 152 ff. (innerbetrieblicher Schadensausgleich).
  - § 616 Rn. 16 ff. (Entgeltfortzahlung nach EFZG).
  - Vorb v § 620 Rn. 28 ff. (Kündigung insb. nach dem KSchG), 79 f. (Mutterschutz).
  - Anhang zu § 630: Kommentierung zu § 109 GewO (Arbeitszeugnis).
  - Im „Grüneberg“ sind auch AGG, ProdHaftG und GewSchG kommentiert.

Thomas/Putzo, ZPO, 46. Aufl. 2025

- Tenorierungen werden durch Unterstreichungen hervorgehoben (siehe z. B. für die Vollstreckungsabwehrklage § 767 Rn. 12).
- § 33 Rn. 6, 10 ff.: Petitorische Widerklage, streitgenössische und isolierte Drittwiderklage.
- Vorb § 50 Rn. 11 ff.: Gesetzliche und gewillkürte Parteiänderungen.

- § 91a Rn. 31 ff.: Einseitige Erledigungserklärung.
- § 100 Rn. 15: Kostentenor nach der Baumbach'schen Kostenformel.
- Vorb v § 284 Rn. 18a: Voraussetzungen der sekundären Darlegungslast.
- Vorb v § 284 Rn 25 ff.: Beweislastverteilung nach Gefahren-/Verantwortungsbereichen (dazu auch Grüneberg, § 280 BGB Rn. 37).
- § 286 Rn. 7 f.: Verwertung von rechtswidrig erlangten Beweismitteln (heimliche Tonaufnahmen, Dashcam-Aufzeichnungen).
- § 286 Rn. 12 ff.: Anscheinsbeweis (dazu auch Grüneberg, Vorb v § 249 BGB Rn. 130 ff.).
- § 343 Rn. 3 f., § 344 Rn. 3: Hauptsache- und Kostentenor nach Einspruch gegen Versäumnisurteile.
- § 448 Rn. 4: Parteivernehmung/-anhörung bei Gesprächen unter vier Augen.
- § 709 Rn. 4: Tenorierung der vorläufigen Vollstreckbarkeit gegen Sicherheitsleistung.
- § 711 Rn. 3b: Tenorierung der Abwendungsbefugnis.
- Im „Thomas/Putzo" ist auch das FamFG und das GVG kommentiert.

Fischer, StGB, 72. Aufl. 2025

- Am Ende der Kommentierung zu den einzelnen Straftatbeständen findet sich in der Regel ein eigener Abschnitt zu den Konkurrenzen. Das ist nicht nur hilfreich, um die Konkurrenzen richtig zu bewerten, sondern vor allem können Sie damit überprüfen, ob Sie möglicherweise einen einschlägigen Straftatbestand übersehen haben.
- § 13 Rn. 36 ff.: Eigenverantwortliche Selbstgefährdung und einverständliche Fremdgefährdung.
- § 15 Rn. 11 ff.: Bedingter Vorsatz und Abgrenzung zur bewussten Fahrlässigkeit.
- § 16 Rn. 36: Erlaubnistatbestandsirrtum.
- § 18 Rn. 4: Auflistung erfolgsqualifizierter Delikte.
- § 18 Rn. 7 ff.: Erfolgsqualifizierter Versuch.
- § 20 Rn. 13 ff.: BAK-Berechnung für Beurteilung der Schuldfähigkeit (Richtwerte bei Rn. 19 ff.).
- § 316 Rn. 19 ff.: BAK-Berechnung für Beurteilung der Trunkenheit als Tatbestandsmerkmal (Richtwerte bei Rn. 24 ff.).

- Vor § 25 Rn. 4: Abgrenzung Täterschaft und Teilnahme.
- Vor § 32 Rn. 3 ff.: Rechtfertigungsgründe neben §§ 32, 34 (insb. Einwilligung, Festnahmerecht, Pflichtenkollision).
- Vor § 32 Rn. 14 ff.: Entschuldigungsgründe neben §§ 17, 33, 35 (insb. übergesetzlicher Notstand).
- § 46 Rn. 77 ff.: Kasuistische Aufzählung unzulässiger Strafzumessungserwägungen.
- Vor § 52 Rn. 2 ff.: Natürliche und rechtliche Handlungseinheit bei Konkurrenzen.
- Vor §§ 211–217 Rn. 5 ff., 13 ff., 18 ff., 32 ff.: Beginn und Ende des Lebens, Selbsttötung und Sterbehilfe.
- § 249 Rn. 2 f.: Abgrenzung Raub und räuberische Erpressung.

Schmitt/Köhler, StPO, 68. Aufl. 2025

- Für die strafrechtlichen Revisionsklausuren ist es eine sehr große Hilfe, dass in der Regel am Ende jeder Kommentierung zu einer Verfahrensvorschrift in einem eigenen Absatz die revisionsrechtlichen Folgen eines Verstoßes dargestellt werden.
- Einl Rn. 55 ff.: Beweisverwertungsverbote.
- Einl Rn. 141 ff.: Prozessvoraussetzungen und -hindernisse.
- § 337 Rn. 20 f.: Obersatz für die Prüfung der Sachrüge.
- Im „Schmitt/Köhler“ sind auch GVG, EMRK und StrEG kommentiert.
- Im „Schmitt/Köhler“ finden sich auch die Richtlinien für das Strafverfahren und das Bußgeldverfahren (RiStBV), siehe insb. Nr. 89 (Bescheidung des Antragstellers und Mitteilung an Verletzten), Nr. 110 (Form und Inhalt der Anklageschrift), Nr. 234 (Besonderes öffentliches Interesse an der Strafverfolgung nach § 230 Abs. 1 StGB).
- Schließlich ist im „Schmitt/Köhler“ die Anordnung über Mitteilungen in Strafsachen (MiStra) abgedruckt.

Kopp/Ramsauer, VwVfG, 26. Aufl. 2025

- Einführung I Rn. 105 ff.: Erlass und Arten von Verwaltungsvorschriften.

- § 1 Rn. 58 ff.: Beliehene, Verwaltungshelfer und private Unternehmer als „Behörde".
- § 29 Rn. 45 ff.: Kommentierung zu den Informationsfreiheitsgesetzen.
- § 35 Rn. 170 ff., § 41 Rn. 47 ff.: Bekanntgabe, Wirksamkeit und Anfechtbarkeit von Verkehrszeichen.
- § 36 Rn. 88 ff.: Anfechtbarkeit von Nebenbestimmungen.
- § 40 Rn. 162: Definitionen „Gefahr" sowie (in der Fußnote) „gewerberechtliche Unzuverlässigkeit" im Sinne des Polizei- und Ordnungsrechts.
- § 43 Rn. 24 ff.: Wirksamkeit von VAen gegenüber Rechtsnachfolgern.
- § 48 Rn 33 ff. § 49 Rn. 17 ff.: Verhältnis der §§ 48, 49 VwVfG zu speziellen Regelungen des Fachrechts.
- § 49a Rn. 27 ff.: Allgemeiner öffentlich-rechtlicher Erstattungsanspruch.
- § 49a Rn. 29 ff.: Allgemeiner Folgenbeseitigungsanspruch.

Kopp/Schenke, VwVfG, 31. Aufl. 2025

- Vorb § 40 Rn. 4: Übersicht Klagen und Anträge vor den Verwaltungsgerichten.
- Vorb § 40 Rn. 6 f.: Organstreitigkeiten, insb. Kommunalverfassungsstreitigkeiten.
- Vorb § 40 Rn. 8a: Allgemeine Leistungsklage.
- Vorb § 40 Rn. 17: Die einzelnen Sachentscheidungsvoraussetzungen.
- § 40 Rn. 3: Übersicht aufdrängende Sonderzuweisungen.
- § 40 Rn. 15a ff.: Zweistufentheorie und Zulassung zur Benutzung öffentlicher Einrichtungen.
- Anh § 41: Kommentierung zu §§ 17, 17a GVG.
- § 42 Rn. 22: Anfechtbarkeit von Nebenbestimmungen.
- § 42 Rn. 45 ff.: Konkurrentenklagen.
- § 42 Rn. 96 ff.: Baurechtlicher Nachbarschutz.
- Anh § 42: Kommentierung zu §§ 35, 35a VwVfG.
- § 68 Rn. 10 ff.: Reformatio in peius.
- § 113 Rn. 63 ff.: Nachschieben von Gründen.
- § 113 Rn. 80 ff.: Allgemeiner Folgenbeseitigungsanspruch.
- § 113 Rn. 95 ff.: Fortsetzungsfeststellungsklage.

- § 114 Rn. 7 ff.: Ermessensfehlerlehre.
- § 114 Rn. 23 ff.: Unbestimmte Rechtsbegriffe mit Beurteilungsspielraum.
- Anh § 164 Rn. 14: Streitwertkatalog.

Zum Weiterlesen

Bohnen, Die Kommentarnutzung im Assessorexamen – Fluch oder Segen?, JA 2013, 450

Rulfs, Erfolgreiche Kommentarnutzung im zweiten Examen, JA 2024, 672

10. Zehn Dinge, die ich gerne vor dem Start gewusst hätte

Eine Checkliste für das Referendariat

Dr. Jannina Schäffer

Das Rechtsreferendariat ist eine herausfordernde, aber auch spannende Zeit. Zwischen Praxis, Arbeitsgemeinschaft und der Vorbereitung auf das Zweite Staatsexamen stellt sich oft die Frage: Wie kann ich die zwei Jahre optimal nutzen? Und welche Fehler sollte ich unbedingt von Anfang an vermeiden? Hätte ich damals gewusst, was ich heute weiß, hätte mir das einiges an Stress erspart. Deshalb hier meine Checkliste mit den zehn wichtigsten Dingen, die ich gerne vor dem Start ins Ref gewusst hätte.

1. Ihnen wird die Zeit davonlaufen.

Wie auch immer Sie das Referendariat angehen, früher oder später wird Ihnen die Zeit davonlaufen. Das ist dem Aufbau des Referendariats geschuldet und hat weniger mit Ihrer Fähigkeit (oder Unfähigkeit) zu tun, sich gut zu organisieren. Aus dem Studium sind Sie es gewohnt, dass Klausuren – und sogar das Examen – fast beliebig geschoben werden können. Meistens nach hinten, um doch noch mehr Zeit zum Lernen zu haben. Das ist im Rechtsreferendariat nicht mehr möglich. Der Zeitrahmen von zwei Jahren ist fix gesetzt.

Mehr zu den Unterschieden zwischen Studium und Ref im Artikel „Alles zurück auf null“ von ORR Dr. Sebastian Schuh (S. 19 ff.).

Daraus folgt automatisch: Sie werden an allen Ecken und Enden in Zeitnot geraten. Sei es bei der Abgabe eines Urteilsentwurfs für Ihre Ausbilderin oder Ihren Ausbilder; bei der Vorbereitung auf Ihren ersten Sitzungsdienst; beim Verfassen von Übungsklausuren in der AG oder beim Lernen auf die Klausuren des Zweiten Staatsexamens. Umgekehrt bedeutet das für Sie: Versuchen Sie alles so früh wie möglich zu erledigen, denn ganz zu Beginn des Refs haben Sie noch die meiste Zeit.

2. Die Examensvorbereitung beginnt am ersten Tag.

Aus Tipp 1 folgt automatisch Tipp 2: Beginnen Sie auch mit der gezielten Vorbereitung auf das Zweite Staatsexamen möglichst früh. Das umfasst:

- das Wiederholen des materiellen Rechts aus dem Ersten Examen,
- das Aneignen des neuen Prüfungsstoffes (vor allem Prozessrecht und Formalia) für das Zweite Staatsexamen,
- das Verfassen von Übungsklausuren.

Sie werden es nicht schaffen, all das in die letzte Station vor dem Zweiten Examen zu packen. Und selbst wenn das möglich wäre, müssten Sie auch in dieser Station einen praktischen Ausbildungsteil erbringen, der es Ihnen unmöglich macht, sich ausschließlich auf die Examensklausuren vorzubereiten.

3. Erstellen Sie sich einen Lernplan.

Das wiederum führt zu Tipp 3: Erstellen Sie sich direkt im ersten Monat einen Lernplan. Verschaffen Sie sich bereits in der Zivilstation einen Überblick über den Lernstoff aller Klausuren. Werfen Sie dazu einen Blick in Ihre Ausbildungsordnung und schlagen Sie die examensrelevanten Themen im Inhaltsverzeichnis Ihrer Lehrbücher oder Skripte nach. Gruppieren Sie den Stoff nach Rechtsgebiet und Thema und verteilen Sie diesen auf die Wochen und Tage, die Ihnen zum Lernen zur Verfügung stehen. Sie könnten auf die Idee kommen, in der Strafstation nur Strafrecht und in der Verwaltungsstation nur Verwaltungsrecht zu lernen. Das ist jedoch gefährlich und führt dazu, dass Sie den Stoff der allerersten Station eventuell nicht mehr präsent im Kopf haben oder aber bzgl. des Lernstoffes der allerletzten Station in Zeitverzug kommen. Es kann deswegen sinnvoll sein, die Rechtsgebiete „durcheinander" zu lernen. Beginnen Sie mit den Basics und vertiefen Sie diese – wenn noch Zeit bleibt – zu einem späteren Zeitpunkt. Das stellt dann automatisch auch eine Wiederholung des Stoffes dar. Planen Sie außerdem genügend „Puffer" ein. Einerseits für Freizeit und Erholung, zum anderen für den Fall, dass Sie einmal krank werden. Ihr Lernplan sollte streng, aber realistisch sein.

Mehr zum Erstellen eines Lernplans im Artikel „Lernen im Rechtsreferendariat“ von Ri’inLG Juliane Schrader (S. 40 ff.).

4. Der frühe Vogel...

Das Referendariat ist eine streng formalistische Angelegenheit. Dazu gehört auch, dass es für jede Kleinigkeit Ausschlussfristen gibt. Für Sie ist das vor allem bei der Bewerbung für einen Referendariatsplatz und für die Zuteilung zu den Stationen relevant. Im Hinblick auf besonders begehrte Stationen bedeutet das leider, dass man sich teilweise schon vor dem Beginn des Referendariats auf einen Platz bewerben muss. Bei den meisten Ausbildungsplätzen liegen die Fristen zwar nicht ganz so früh, Sie sollten sich trotzdem bereits in den ersten Monaten Ihres Referendariats über alle weiteren Stationen Gedanken machen. Meistens findet man die Bewerbungsfristen auf der Website der Behörde, des Unternehmens oder der Kanzlei. Falls nicht, kann eine kurze Mail Klarheit schaffen. Ein Beispiel: Ich wollte eine Station in einer JVA und eine Station in der ARD-Rechtsredaktion verbringen. Für beide Stationen war ich mit sechs Monaten Vorlauf aber viel zu spät dran. Schade!

5. Gezieltes Klausurtraining ist unerlässlich

Die Klausuren des Zweiten Staatsexamens machen Ihre Note – je nach Bundesland – zu ca. zwei Dritteln aus. Das bedeutet, die Fähigkeit, unter Zeitdruck komplexe Fälle strukturiert zu lösen, ist entscheidend für Ihren Erfolg. Wer regelmäßig Übungsklausuren schreibt, gewöhnt sich an die neuen Anforderungen des Zweiten Examens und entwickelt eine sichere Herangehensweise. Nehmen Sie an allen AG-Klausuren teil, die Ihnen angeboten werden; besuchen Sie darüber hinaus einen Klausurenkurs (entweder angeboten von Ihrem Gerichtsbezirk oder kommerziell bei einem Repetitorium). Nutzen Sie die Möglichkeit, Ihre Klausuren auch tatsächlich benoten zu lassen, um Ihren Wissensstand realistisch einschätzen zu können. Am Anfang fallen die Noten schlecht aus? Das ist ganz normal! Verzichten Sie nicht auf die Übung, nur weil Sie das notwendige Wissen hierfür noch nicht vollständig gelernt haben. Ein sinnvoller Kompromiss können z. B. sog. „Open-Book-Klausuren“

sein, bei denen sie über die im Examen erlaubten Hilfsmittel hinaus auch auf Ihre Aufschriebe und Skripte zurückgreifen dürfen.

Besonders wichtig ist, den Umgang mit den Kommentaren zu trainieren. Um deren volles Potential ausschöpfen zu können, müssen Sie die einschlägigen Stellen schnell finden. Nutzen Sie die zugelassenen Kommentare deswegen auch schon für die Übungsklausuren.

Mehr zum Umgang mit den Kommentaren finden Sie im Artikel „Die besten Kommentar-Hacks“ von RiLG Christian Walz (S. 77 ff.).

6. Mieten und leihen, statt kaufen!

Das Lernmaterial für das Referendariat kann nochmal richtig ins Geld gehen. Das liegt vor allem an den Kommentaren. Theoretisch brauchen Sie ab Tag eins Zugriff auf aktuelle Kommentare, um die praktische Arbeit in den Stationen und Ihre Übungsklausuren meistern zu können. Das Problem: Nach zwei Jahren benötigen Sie für Ihr Zweites Examen wiederum einen aktuellen Satz Kommentare. So entstehen Kosten von ca. 1.200 Euro. Ich empfehle Ihnen deswegen:

- in der praktischen Ausbildung mit den Kommentaren Ihrer Ausbilderin oder Ihres Ausbilders zu arbeiten (die meisten Gerichte haben außerdem eine eigene Bibliothek),
- während der Station in einer Bibliothek zu lernen, die die Kommentare vorrätig hat (Unibibliothek oder Gerichtsbibliothek),
- für zuhause gebrauchte Kommentare (Vorauflage) zu kaufen (z. B. bei ebay, rebuy, Kleinanzeigen, in Unigruppen oder über die Fachschaften),
- die aktuellen Kommentare für das Examen zu mieten (dazu gibt es inzwischen mehrere kommerzielle Anbieter).

Auch viele Lehrbücher und Skripte lassen sich günstig gebraucht online erstehen oder aus der Bibliothek ausleihen.

7. Das Outfit für den Sitzungsdienst

In der Strafstation werden Referendarinnen und Referendare für den Sitzungsdienst eingeteilt. Sie werden als Vertreterin oder Vertreter der Staatsanwaltschaft an Gerichtsverhandlungen teilnehmen. Das ist für sich genommen schon sehr aufregend und insbesondere der freie Vortrag im Rahmen des Plädoyers bereitet vielen Kopfzerbrechen.

Mehr dazu im Artikel „Der staatsanwaltschaftliche Sitzungsdienst" von StA Dr. Lorenz Bode (S. 111 ff.).

Vor lauter inhaltlichen Fragen denken die meisten Referendarinnen und Referendare kaum an ihr eigenes Outfit. Als Vertreterin oder Vertreter der Staatsanwaltschaft müssen Sie eine schwarze Hose, eine weiße Bluse oder ein weißes Hemd und Männer zudem eine weiße Krawatte tragen. Eine weiße Bluse oder ein weißes Hemd haben die meisten noch im Schrank. Doch eine weiße Krawatte besitzt absolut niemand. Kaufen Sie sich diese direkt zu Beginn der Station (z. B. günstig bei Amazon). Eine schwarze Robe erhalten Sie leihweise von Ihrer Dienststelle. Kaufen Sie sich auf keinen Fall schon im Ref eine eigene Robe. Das geht nur unnötig ins Geld.

8. Die Stationsnoten sind nicht so wichtig...

... ein Satz, den die Ausbilderinnen und Ausbilder vermutlich nicht so gerne hören. Aber er ist wahr: Im Vergleich zur Note im Zweiten Examen sind die einzelnen Stationsnoten kaum relevant. Über Ihre berufliche Zukunft (vor allem in der Justiz und in Großkanzleien) entscheidet primär immer noch die Examensnote – also insbesondere, ob Sie ein Prädikatsexamen schaffen. Viele Referendarinnen und Referendare machen sich deswegen viel zu viele Sorgen über Ihre Stationsnoten. Diese sind aber insbesondere deswegen „weniger wert", weil sie sehr subjektiv vergeben werden, es keine allgemeingültigen Kriterien für die Vergabe gibt und diese tendenziell „zu gut" ausfallen. Sollten Sie sich in den Stationen deswegen überhaupt nicht anstrengen? Nein, so ist das natürlich nicht gemeint. Nutzen Sie die Stationen, um sich praxisrelevantes

Wissen anzueignen, aber behalten Sie das Ziel – also das Staatsexamen – dabei immer im Blick. Wenn Sie bei der Stationsarbeit Abstriche machen müssen, um genügend Zeit zum Lernen zu finden, ist das ein Risiko, das zumindest ich persönlich immer wieder eingehen würde.

9. Verzichten Sie nicht auf Ihren Urlaub!

Am Ende meines Referendariats hatte ich viele ungenommene Urlaubstage. Wieso? Weil immer irgendwas dazwischenkam. Am Anfang des Referendariats wollte ich nichts verpassen und habe deswegen auf Urlaub verzichtet. In den Einführungswochen einer jeden Station durfte man bei uns keinen Urlaub nehmen (das ist in den meisten Bundesländern so). Viele Monate scheiden also von Anfang an für den Urlaub aus – das sollte man wissen und bei der Urlaubsplanung berücksichtigen. Und gegen Ende des Referendariats wollte ich keinen Urlaub mehr nehmen, weil ich Tag und Nacht für das Zweite Examen gelernt habe. Rückblickend weiß ich natürlich, dass das ungesund war. Verzichten Sie nicht auf Ihre Urlaubstage und gönnen Sie sich regelmäßig Zeiten zur Erholung.

10. Nutzen Sie alle Möglichkeiten!

Das Referendariat bietet Ihnen die einmalige Gelegenheit, in alle juristischen Berufsbilder hineinzuschnuppern. Nutzen Sie diese Möglichkeiten und gestalten Sie Ihr Referendariat aktiv mit. Das Ref muss nicht nur aus didaktisch schlechten Arbeitsgemeinschaften, fiesen Ausbilderinnen und Ausbildern sowie langweiligen Stationen bestehen. Sie haben es in der Hand, die zwei Jahre zu den besten Ihres Lebens zu machen. Freunden Sie sich mit Ihren Kolleginnen und Kollegen an, finden Sie Freundinnen und Freunde fürs Leben oder zumindest ein starkes Netzwerk für den Berufseinstieg. Verbringen Sie mehrere Monate im Ausland oder machen Sie die Wahlstation bei einem Unternehmen, einer Kanzlei oder einer Behörde, die Sie schon immer interessiert hat. Ich habe meine Wahlstation beispielsweise bei einem Legal-Tech-Start-up verbracht, das eine Jura-App programmiert hat. Je exotischer, desto besser! Nehmen Sie auf dem Weg zum Zweiten Staatsexamen alles mit, was geht. Besuch in einer JVA? Hin da! Nachtfahrt mit der Polizei? Cool! Leichenöffnung in der Gerichtsmedizin? Spooky, aber interessant! Alkohol-Test? Gefährlich! Hausdurchsuchung? Hoffentlich keine Messie-Wohnung!

B. Das erwartet Sie in den Stationen

1. Von Pferdefällen und Diktiergeräten
Das erwartet Sie in der Zivilstation
Dr. Jannina Schäffer

In allen Bundesländern (außer Hamburg, dem Saarland und Schleswig-Holstein) beginnt das Rechtsreferendariat mit der Zivilstation. Sie werden vier bzw. fünf Monate bei einer Zivilrechtlerin oder einem Zivilrechtler an einem Amtsgericht oder Landgericht verbringen und nebenher eine zivilrechtliche Arbeitsgemeinschaft besuchen. In den meisten Bundesländern beginnt die Station mit einem Einführungslehrgang, in dem Sie zunächst intensiv in der Theorie vorbereitet werden. Soweit zu den Formalia.

Die Zivilstation bildet den Auftakt des Referendariats – deswegen ist alles noch neu und aufregend. Die erste Station stellt aber natürlich auch eine besonders große Herausforderung dar. Viele Referendarinnen und Referendare haben Angst davor, ins kalte Wasser geworfen zu werden. In den Bundesländern, die mit einem theoretischen Einführungslehrgang beginnen, wird der Einstieg zumindest etwas abgemildert, da man die wichtigsten Grundlagen der Zivilprozessordnung zunächst in einer Klassenzimmer-Atmosphäre beigebracht bekommt. Trotzdem ist der Einstieg nicht zu unterschätzen. Denn Ihre Ausbilderin oder Ihr Ausbilder wird Ihnen üblicherweise bereits ab der ersten Woche Akten zur Bearbeitung mitgeben. Wenn Sie Glück haben, dürfen Sie sich erstmal in Ruhe einlesen und die Richterin oder der Richter wird sich Zeit nehmen, grundlegende Anforderungen an ein zivilrechtliches Urteil mit Ihnen zu besprechen. Früher oder später müssen Sie dann aber Ihr erstes Zivilurteil verfassen.

Mehr zur Urteilsklausur im Artikel „Lernen in der Zivilstation" von Ri'LG Juliane Schrader (S. 100 ff.).

In diesem Beitrag möchte ich Ihnen einen kurzen Überblick darüber geben, was Sie in der Zivilstation erwartet.

Die Arbeitsgemeinschaft in Zivilsachen

Ihre Arbeitsgemeinschaft findet üblicherweise wöchentlich an einem festen Tag statt und wird von einer Praktikerin oder einem Praktiker geleitet. Diese Person wird mit Ihnen – ähnlich wie an der Uni – zunächst die theoretischen Grundlagen der ZPO durchgehen und diese dann mit Ihnen anhand von alten Übungsklausuren besprechen. In den meisten Bundesländern wird Ihnen bereits ab der Zivilstation ein Klausurenkurs angeboten. Nehmen Sie dieses Angebot wahr und sehen Sie die Noten in den Übungsklausuren nicht als Strafe, sondern als Möglichkeit, Ihren Leistungsstand realistisch einzuschätzen.

Mehr Zum Urteilsstil im Aufsatz „Der Urteilsstil“ von RiLG Christian Walz (S. 47 ff.).

Aber Achtung: In einigen Bundesländern gibt es für die Arbeitsgemeinschaften Noten. Diese AG-Noten fließen zwar nicht in die Endnote des Zweiten Staatsexamens ein, sie werden aber in Ihrer Ausbildungsakte festgehalten und sind unter anderem dann wichtig, wenn Sie sich im weiteren Verlauf des Referendariats bei besonders begehrten Stellen (z. B. dem Auswärtigen Amt) bewerben. Deren Bedeutung für Arbeitgeber (mit Ausnahme der Justiz) nach dem Zweiten Staatsexamen ist eher gering.

Die Arbeitsgemeinschaft in Zivilsachen ist außerdem die erste Möglichkeit, um Ihre neuen Kolleginnen und Kollegen kennenzulernen. Nutzen Sie diese Chance, um eine Lerngruppe zu bilden, zu netzwerken oder Freundinnen und Freunde fürs Leben zu finden. Denken Sie daran: Die juristische Welt ist klein. Sie werden Ihren Kolleginnen und Kollegen also auch später im Beruf immer mal wieder begegnen.

Die praktische Ausbildung am Zivilgericht

Nach dem Einführungslehrgang werden Sie einer Zivilrichterin oder einem Zivilrichter zugeteilt. Zwar dürfen hierbei üblicherweise Ortswünsche geäußert werden (wobei insbesondere die Wohnortnähe des Gerichts in die Entscheidung einfließt), im Ergebnis haben Sie aber keinen Einfluss darauf, wo genau Sie landen. Auch mit der Ausbilderin oder dem Ausbilder kann man Glück oder Pech haben. Manche Richterinnen und Richter gehen in dieser Rolle auf und stehen Ihnen als fantastische Mentorinnen und Mentoren zur Seite. Andere übernehmen die Ausbildung von Referendarinnen und Referendaren eher widerwillig.

Üblicherweise verbringen Sie zwei Wochentage bei Ihrer Ausbilderin oder Ihrem Ausbilder und begleiten die Richterin oder den Richter zu Verhandlungen. Die genaue Ausgestaltung der Station hängt von Ihrer Ausbilderin oder Ihrem Ausbilder ab. Eine aktive Rolle dürfen Sie dabei meistens erst gegen Ende der Zivilstation einnehmen. Nämlich dann, wenn Ihr Richter oder Ihre Richterin Ihnen erlaubt, selbst eine Verhandlung zu leiten. – Ja, das ist möglich und eine tolle Übung! Nehmen Sie dieses Angebot unbedingt wahr bzw. fragen Sie Ihre Ausbilderin oder Ihren Ausbilder aktiv nach geeigneten Fällen und der Option, die Verhandlung selbst zu leiten. Achtung: Machen Sie sich zuvor mit dem Diktiergerät vertraut!

Üblicherweise besteht Ihre praktische Arbeit aber darin, Urteilsentwürfe für Ihre Richterin oder Ihren Richter anzufertigen. Nachdem Sie der mündlichen Verhandlung beigewohnt haben, gibt Ihnen Ihre Ausbilderin oder Ihr Ausbilder die Akte mit nach Hause und erwartet meist innerhalb einer Woche die Anfertigung des zivilgerichtlichen Urteils. Wie das rein formal aussehen muss, haben Sie in der AG bereits gelernt. Jetzt geht es darum, das theoretische Wissen in der Praxis umzusetzen.

Mehr zum Verfassen einer Urteilsklausur im Aufsatz „Lernen in der Zivilstation“ von VRi.inLG Juliane Schrader (S. 100 ff.).

Ihre Urteilsentwürfe werden von Ihrer Ausbilderin oder Ihrem Ausbilder korrigiert, mit Ihnen besprochen und auch bewertet. Sie erhalten am Ende der Zivilstation ein Zeugnis über Ihre Leistungen. Welche Bedeutung dieses bei der späteren Jobsuche hat, ist umstritten. In der Justiz schaut man genauer auf die AG- und Stationszeugnisse. Andere Arbeitgeber interessiert vor allem die Endnote im Zweiten Staatsexamen.

Außerdem haben Sie in der Zivilstation oft die Möglichkeit, Aktenvorträge vor Ihrer Ausbilderin oder Ihrem Ausbilder zu halten und sich dadurch auf den Aktenvortrag in der mündlichen Prüfung des Zweiten Staatsexamens vorzubereiten. Falls Ihnen Ihre

Richterin oder Ihr Richter von selbst keinen Aktenvortrag anbietet, trauen Sie sich auch hier nachzufragen. Den Aktenvortrag so oft wie möglich zu üben, ist immer eine gute Idee.

Diese Klausurtypen gibt es im Zivilrecht

Sowohl in den Übungsklausuren während der Station als auch im Zweiten Staatsexamen erwarten Sie mehrere zivilgerichtliche Klausuren. Einen der Klausurtypen haben wir hier bereits erwähnt: Das Abfassen eines zivilgerichtlichen Urteils. Im Zivilrecht gibt es neben dieser Urteilsklausur aber auch noch andere Klausurtypen, auf die Sie sich vorbereiten müssen. Das sind: Die Anwaltsklausur, die Kautelarklausur und die Relationsklausur.

- Bei der **Urteilsklausur** versetzen Sie sich in die Lage der entscheidenden Richterin oder Richters. Sie erhalten einen Aktenauszug und müssen ein erstinstanzliches Zivilurteil oder einen Beschluss anfertigen.
- In der **zivilgerichtlichen Anwaltsklausur** nehmen Sie die Perspektive einer Rechtsanwältin oder eines Rechtsanwalts ein. Sie bekommen einen Sachverhalt geschildert und müssen anhand des Mandantenbegehrens entscheiden, welches Vorgehen zweckmäßig ist. Meistens ist ein Klageschriftsatz oder ein Klageerwiderung anzufertigen.
- Die **Kautelarklausur** ist letztendlich ebenfalls eine Anwaltsklausur; allerdings mit der Besonderheit, dass sie von rechtsgestaltenden Elementen geprägt ist. Sie müssen einen Vertrag (z. B. einen Miet- oder Gesellschaftsvertrag oder AGB) entwerfen.
- Die **Relationsklausur** gibt es nicht in jedem Bundesland. Bei der Relation handelt es sich um die Gedankenarbeit der Richterin oder des Richters, die oder der eine Klage im Hinblick auf Schlüssigkeit, Erheblichkeit und Beweisbarkeit überprüft und das Ergebnis in einem Relationsgutachten darstellt.

In der Zivilstation erwarten Sie zunächst viele neue Herausforderungen – die erste eigene Verhandlung und der erste eigene Urteilsentwurf können sich zunächst überwältigend anfühlen. Trotzdem sollte man die Chance nutzen, einen umfassenden Blick auf die richterliche Arbeitsweise zu erhalten und gleichzeitig das extrem examensrelevante Anfertigen einer Urteilsklausur zu üben. Viel Erfolg!

Zum Weiterlesen

Eine Liste mit Lehrbuchempfehlungen für das Rechtsreferendariat finden Sie in unserem kostenlosen Zusatzmaterial auf www.utb.de/doi/suppl/10.36198/9783838564845

AG-Zivilrecht – der Podcast von Christian Kohnert für die Zivilstation, https://www.ag-zivilrecht.de/

Wendrich, 10 Tipps für eine erfolgreiche Zivilstation, https://anwaltsblatt.anwaltverein.de/de/themen/kanzlei-praxis/zivilstation-10-tipps

Schultz, Der erfolgreiche Einstieg in die Zivilstation: Leitung einer mündlichen Verhandlung, https://www.beck-stellenmarkt.de/ratgeber/karriere/studium-berufsstart-weiterbildung/der-erfolgreiche-einstieg-die-zivilstation

Scheffel, Rechtsreferendariat: Meine Zivilstation am Amtsgericht/Landgericht, https://jurios.de/2023/11/08/rechtsreferendariat-meine-zivilstation-am-amtsgericht-landgericht/

2. Lernen in der Zivilstation
Wie bereite ich mich auf die Urteilsklausur vor?
VRi.inLG Juliane Schrader

In der Zivilstation am Amts- oder Landgericht werden Sie vor allem lernen, wie Sie einen Sachverhalt aus einer Akte aufbereiten und verfahrensabschließende Entscheidungen schreiben, vor allem Urteile. Es lohnt sich sehr, hier früh aktiv mitzuarbeiten. Diese Aufgabe wird Ihnen nicht nur mit hoher Wahrscheinlichkeit im Staatsexamen abverlangt werden, Sie lernen hier auch strukturelle Grundlagen, die für andere Bereiche des Referendariats von Relevanz sind.

Dieses Kapitel soll Ihnen helfen, diese Aufgabe praxisorientiert und sinnvoll vorzubereiten. Im Fokus sollen also nicht die fachlichen Feinheiten liegen, sondern es soll die Frage „Worauf kommt es wirklich an?" mit Aspekten der Lernmethodik verbunden werden.

Der am meisten unterschätzte Tipp: Lesen Sie viele Urteile und schauen Sie sich an, wie unterschiedlich in der Praxis trotz strenger Formalia formuliert wird. Und damit sind nicht 30-seitige BGH-Urteile gemeint, sondern erstinstanzliche Urteile. Digitale Datenbanken erlauben z. B. eine gezielte Suche nach landgerichtlichen Entscheidungen, die § 7 StVG betreffen. Das Beispiel ist nicht zufällig gewählt, denn es fällt wenigen leicht, den Urteilsaufbau in Straßenverkehrsrechtsfällen aus dem Gesetz abzuleiten.

Urteilsstil, Relation und Formalia – wofür das Ganze?

Wenn Sie sich auf diese Aufgabe, die Ihnen auch im Verwaltungsrecht, im Zwangsvollstreckungsrecht, im Aktenvortrag und sogar im Strafrecht wieder begegnen wird, vorbereiten, sollte Sie die Frage nach dem Zweck des Gelernten begleiten. Nicht selten ist zu beobachten, dass gerade formelle Aspekte eher auswendig gelernt werden, so zum Beispiel Konstellationen für Kostenentscheidungen, der Aufbau eines Urteils oder typische Formulierungen in der Beweiswürdigung.

Also gar nichts auswendig lernen? Wer sich ein wenig mit Lernpsychologie und insbesondere den neurobiologischen Grundlagen des Lernens befasst, wird schnell erkennen, dass es einen Unterschied macht, ob man etwas stetig wiederholt und es sich dadurch merkt oder ob man es konzeptionell versteht und auf neue Aufgabenstellungen überträgt. Auswendiggelerntes ist flüchtiger und zweidimensionaler als verstandene Konzepte. Aber es kann Ihr Arbeiten durch schnelle Verfügbarkeit und als assoziatives Gerüst beschleunigen, insbesondere in der Klausursituation. Typische Formulierungen auswendig zu lernen, ist also genauso empfehlenswert, wie sich eine Liste mit den Ausnahmen von einem prozessualen Grundsatz einzuprägen, wenn dies das Verständnis nicht ersetzt, sondern voraussetzt. Die Grundregel lautet also nicht „nur auf Verständnis lernen“, sondern: vor allem und zuerst verstehen, dann auswendig lernen.

Prozessgrundsätze – nicht nur Zusatzfrage, sondern Grundlage

Ein wichtiges Element für Ihr Verständnis von prozessualen Fragen sind die Prinzipien, die dem jeweiligen Prozessrecht zugrunde liegen. Ein häufiges Phänomen: Diese Grundsätze werden getrennt vom Stoff gelernt, aufgereiht auf den ersten zwei Karteikarten eines riesigen Stapels und vielleicht noch versehen mit ein zwei Beispielen. Übersehen wird dabei, dass diese prozessualen Grundsätze die argumentative Grundlage für die Probleme und Sonderfragen bieten, die Sie auf den weiteren Karteikarten mühsam und detailliert niedergelegt haben. Sie gehören also nicht auf Ihre ersten Karteikarten, sondern eigentlich auf jede. Jeder Aspekt des Verfahrens sollte sich der Frage stellen, wozu es diese Regelung gibt und welchem prozessualen Grundsatz sie Rechnung trägt. Wenn Sie das nicht auf jede Karte schreiben möchten, kommt stattdessen eine Übersicht in Betracht, die Poster, Schreibtischunterlage oder Bildschirmschoner werden kann. Haben Sie die Grundsätze im Blick – und wenn Sie sie mit Fenstermarkern an Ihr Fenster schreiben. Jeder Lernschritt sollte von einem Blick auf diese Übersicht und der Frage „Wozu?“ begleitet sein.

Ein sauberer Start: Die Urteilseinleitung

Die Urteilseinleitung bietet Ihnen aus lernstrategischer Sicht einige einfache Stellschrauben, die Sie gut üben und verinnerlichen können. Seien Sie hier penibel mit grammatikalischen Üblichkeiten, Aufbau und Präzision bei der Übernahme der für Rubrum und Tenoreinleitung erforderlichen Sachverhaltsangaben. Sie können hier effizient arbeiten, indem Sie diesen Teil der Klausurbearbeitung von Anfang an ernst nehmen und schon zu Beginn des Referendariats so verinnerlichen, das er Ihnen später keinen Aufwand mehr bereitet. Wie auch in anderen Bereichen der Urteilsabsetzung dienen die Formalitäten einem Zweck. Nehmen Sie sich in Ihrer Zivilstation die Zeit, sich z. B. mit der Frage auseinanderzusetzen, wozu ein Rubrum dient.

Der Tenor: Das Ergebnis steht vorn

Der Urteilstenor ist der Kern der gerichtlichen Entscheidung und der Teil des Urteils, der vollstreckt werden soll – und auch so formuliert sein muss, dass er vollstreckt werden kann und eindeutig verständlich ist. Dieser Teil des Urteils ist der Inbegriff der judikativen Staatsgewalt und hat unmittelbare Folgen (unter Umständen auch schon vor der Rechtskraft) für die Parteien. Es haben sich feststehende Formulierungen etabliert, die dem Anspruch der Eindeutigkeit und Vollstreckbarkeit gerecht werden. Legen Sie sich eine Sammlung mit Tenorierungsbeispielen an und eine Liste mit Fehlern oder Ungenauigkeiten, die Ihnen bei der Tenorierung in Übungsklausuren unterlaufen sind. Fehler in diesem Abschnitt können dazu führen, dass Ihre Entscheidung nicht vollstreckbar wäre und damit im schlimmsten Fall als unbrauchbar angesehen wird. Nehmen Sie jede Kritik und jeden Verbesserungsvorschlag in diesem Bereich daher besonders ernst.

Der Tatbestand – Präzise, kurz und vollständig

Führen Sie sich vor Augen, dass Ihr Urteil einem Dritten ohne Aktenkenntnis aus sich heraus verständlich sein soll. Der Tatbestand stellt den Sachverhalt in aufbereiteter Form dar und setzt letztlich die Anträge in einen sachlichen Kontext. Die Struktur lehnt sich hieran an. Ändern sich z. B. die Anträge im Prozessverlauf, so gehören die Umstände, die dazu geführt haben, vor die neuen Anträge. Es gilt also: kurz und knapp, aber ohne Auslassungen erforderlichen Sachvortrags. Das heißt, dass sämtlicher Akteninhalt, der für die Entscheidung (Blick nach oben, den Tenor kennt der Leser schon) unerheblich ist, weggelassen wird. Hier wird schon deutlich, dass der Tatbestand sich besser schreibt, wenn man die rechtliche Lösung schon im Blick hat.

Zur Übersichtlichkeit werden Tatsachen und Meinungen voneinander getrennt und die Tatsachen nach streitigem und unstreitigem Vortrag sortiert. Diese Fleißarbeit an der Akte sieht man im Urteil nur als Ergebnis. Wozu dieses enge formale Korsett? Natürlich könnte man hier auch Prosa schreiben, aber die Struktur hilft geübten Leserinnen und Lesern, auch komplexe Sachverhalte zügig zu erfassen. Dies mag Sie auch versöhnlich damit stimmen, dass hier pingelig darauf geachtet wird, dass Tempus und Modus zweckmäßig eingesetzt werden. Man will Sie damit nicht drangsalieren, sondern die Regeln – z. B. Unstreitiges im Indikativ Imperfekt, Streitiges im Konjunktiv I – sind quasi ein „Code". Glauben Sie mir, langjährige Übung wird dazu führen, dass auch Sie mit der Wahl von Modus und Tempus unweigerlich eine prozessuale Bewertung verknüpfen werden. Im Laufe der Jahre wird es Ihnen immer leichter fallen, wesentliche Aspekte einer Entscheidung zügig zu erfassen.

Die Begründung der Zulässigkeit

Während man Ihnen zu allen anderen Abschnitten der Urteilsabfassung nur raten kann, sich zahlreiche erstinstanzliche Urteile anzuschauen, so muss dies für die Zulässigkeit mit Einschränkungen gelten. Hier sind Urteile in der Praxis häufig sehr kurz gefasst und bereiten prozessuale Fragen nicht in der Weise auf, wie es von Ihnen in einer Klausur erwartet wird. Die Grundregel ist gleichwohl: Was unproblematisch ist, bleibt in der Darstellung knapp oder außen vor.

Es lohnt sich, für einige Standardkonstellationen Formulierungen vorzubereiten und zu versuchen, diese regelmäßig in derselben Weise in Klausuren zu verwenden – und gegebenenfalls in

Stichpunkten auch auswendig zu lernen. Auch hier gilt wieder: Zuerst Verständnis aufbauen und dann können Ihnen solche Textbausteine in der Klausur Sicherheit geben und wertvolle Zeit sparen.

Die Begründung der Begründetheit

Dies gilt auch für die Passage der Begründetheit, die mit hoher Wahrscheinlichkeit in vielen Klausuren gefragt ist und im materiellrechtlichen Teil der Klausur einen wesentlichen Unterschied zur staatlichen Pflichtfachprüfung darstellt: die Beweiswürdigung. Im zweiten Examen wird hier ein Schwerpunkt Ihrer praktischen Arbeit mit der Akte liegen. Sie subsumieren nicht nur, sondern erarbeiten hier den zu subsumierenden Sachverhalt. Obersätze für diese Prüfung – etwa zum Maßstab der richterlichen Überzeugungsbildung, zu Abweichungen im Rahmen der Anwendung von § 287 ZPO oder zur Würdigung eines Sachverständigengutachtens – können Sie sich bei der (empfehlenswerten) Lektüre zahlreicher Urteile gezielt abgucken und ebenfalls in Ihre Textbausteinsammlung übertragen.

Die Überzeugungskraft Ihrer Begründung in diesem Abschnitt hängt neben der materiellrechtlichen Bewertung von sauberer und nachvollziehbarer Struktur und damit letztlich auch von einer präzisen Anwendung des Urteilsstils ab.

Mehr zum Urteilsstil im Aufsatz „Der Urteilsstil" von RiLG Christian Walz(S. 47 ff.).

Kosten und Vollstreckung

Hier wird es im wahrsten Sinne berechenbar. Nehmen Sie sich früh im Referendariat Zeit, die Grundprinzipien des Kostenrechts und der vorläufigen Vollstreckbarkeit zu verstehen. Wieder ein Blick auf die Grundsätze: Wer verliert, zahlt, und zwar in dem anteiligen Verhältnis, in dem er, gemessen am Gebührenstreitwert, unterlegen ist. Außerdem gilt (mit wenigen Ausnahmen) der Grundsatz der Einheit der Kostenentscheidung. Wenn das sitzt, können Sie sich Sonderkonstellationen wie gestuften Gebührenstreitwerten und der Baumbach'schen Kostenformel widmen. Wie lernen Sie das ganz praktisch? Nehmen Sie sich einen Haufen Spielgeld aus dem alten Monopoly-Spiel und spielen Sie es mit der Privat-AG in verschiedensten Konstellationen des teilweisen Unterliegens in unterschiedlichen Verhältnissen durch.

Und wenn Sie schon dabei sind, verfrachten Sie das Spielgeld nicht sofort wieder in den Keller bei den Eltern. Nehmen sich als nächstes das Prinzip der vorläufigen Vollstreckung vor. Fragen Sie wieder: „Wofür das Ganze?“ Es geht um den Schutz vor fehlender Liquidität und letztlich vor Insolvenzfolgen – und zwar in beide Richtungen. Der erstinstanzlich erfolgreiche Gläubiger soll schnell an sein Geld kommen, denn er möchte nicht riskieren, dass das Berufungsverfahren, das eventuell Jahre dauert, ihm die Befriedigung sperrt und der Schuldner zwischenzeitig insolvent wird. Gleichermaßen soll aber auch der Schuldner davor geschützt werden, dass der Gläubiger Geld eintreibt und in der Zeit, bis das Berufungsverfahren den Titel kassiert, vermögenslos wird. Die Tenorierungen hierzu werden im Examen nicht selten erlassen. Wenn sie gefragt sind, sollten sie aber nicht viel Zeit fressen und sitzen. Fangen Sie also früh an, diese Prinzipien zu verstehen und Sicherheit zu entwickeln.

Last but not Least: Üben und Reflektieren

Sie wissen wahrscheinlich schon aus dem Ersten Examen: Zeiteinteilung, Formulierung und die Herangehensweise an Sachverhalte sollte man üben. Schreiben Sie so früh wie möglich regelmäßig Probeklausuren, möglichst unter „echten“ Bedingungen. So lernen Sie z. B. den Umgang mit Kommentaren in der Klausursituation, bekommen ein Gefühl für die Formulierung von Tatbeständen und für Ihre Zeiteinteilung. Hier werden Sie auch ganz praktischen Fragen begegnen: Schreiben Sie z. B. besser zuerst den Tatbestand oder erst die Entscheidungsgründe? Gehen Sie die Lösungsskizze vor oder nach dem Abfassen des Tatbestands an?

Das sind zum Teil auch Typfragen. An dieser Stelle sei aber darauf hingewiesen, dass letztlich alle drei Elemente miteinander zusammenhängen. Am geschicktesten – aber das erfordert Übung – dürfte es sein, sich schon beim Lesen des Aktenstücks eine Relation als Aktenauszug grob zu erstellen, dann eine erste Lösungsskizze zu verfassen und dann den Tatbestand zu schreiben, bevor man die Lösungsskizze noch einmal überprüft und auf Plausibilität mit dem Aktenstück und Kongruenz abklopft. Durch solch ein Wechselspiel zwischen Aktenstück und Entscheidung sollte es Ihnen gelingen, eine „runde“ Entscheidung zu formulieren, in der auch im Tatbestand der Fokus auf dem liegt, was für die Entscheidung relevant ist.

Zum Weiterlesen

Eine Liste mit Lehrbuchempfehlungen für das Rechtsreferendariat finden Sie in unserem kostenlosen Zusatzmaterial auf www.utb.de/doi/suppl/10.36198/9783838564845

Biermann, Tipps für die zivilrechtliche Assessorklausur, JA 2023, 1028

Arz, Die Zulässigkeit der Klage im Zivilprozess, JuS 2022, 321

Arz/Gemmer, Von der Relation zum Zivilurteil: Eine praktische Anleitung, JA 2020, 608

Dobmeier/Pohl, Der Weg zu einem erfolgreichen Zweiten Juristischen Staatsexamen – Teil I: Vermeidung typischer Fehler bei der Bearbeitung von zivilrechtlichen Klausuren, in: JA 2022, 847

Klamser, Die bessere Zivilrechtsklausur im Zweiten, JA 2014, 526

AG-Zivilrecht – der Podcast von Christian Kohnert für die Zivilstation, https://www.ag-zivilrecht.de/

Rolke, Mein erstes Zivilurteil, https://jurios.de/2023/10/24/rechtsreferendariat-mein-erstes-zivilurteil/

RefPod-Folge „# 3 Tenorierung im Zivilurteil – worauf kommt es an?“, https://open.spotify.com/episode/0vETVqloe21x0BYOqZvNaV?si=v0Qu-47DT3qj1wO7WQ4Fsg

3. Gangster, Gauner und Ganoven? Das erwartet Sie in der Strafstation

StA Dr. Lorenz Bode und StA Dr. Simon Pschorr

True Crime – das erwartet Sie in der Strafstation. Ja, Sie haben richtig gelesen. Wahre Verbrechen, ungeschminkt und echt. Nicht serienmäßig aufbereitet. Wer sich darauf psychisch vorbereitet, wird sich auf die Strafstation freuen. Denn Strafrecht ist praxisnah am spannendsten. Und genau darum geht es bei der Strafstation. Wenn eine Station in der Lage ist, Sie an die Licht- und Schattenseiten der praktischen Tätigkeit in Justiz und Anwaltschaft heranzuführen, dann die Strafstation. Lerntage und Bibliotheksnächte sollten Sie in dieser Zeit weitgehend streichen. Es geht stattdessen vors Strafgericht, auf Polizeifahrt und ins Gefängnis.

Doch der Reihe nach. Sie sind jetzt schon seit einiger Zeit Referendarin oder Referendar und haben damit einen ersten Eindruck von der Praxis. In der Regel folgt die Strafstation auf die Zivilstation, bei der Sie schon erste Prozesserfahrungen, aber vor allem den zivilprozessualen Paragrafendschungel kennen (und lieben?) gelernt haben. Jeder Stationswechsel bedeutet auch einen Fokuswechsel und natürlich immer einen kleinen Neustart. Mit der Strafstation legen Sie das Glasperlenspiel des Beibringungsgrundsatzes beiseite und steigen tief in die Amtsermittlung ein.

Ausbildung bei der Staatsanwaltschaft

Die Strafstation sollte besser Staatsanwaltsstation heißen, denn die praktische Ausbildung übernimmt in dieser Zeit meist die Staatsanwaltschaft. Ihnen wird in der Regel eine Staatsanwältin oder ein Staatsanwalt als Praxisausbilder zugewiesen. Und auch den Begleitunterricht absolvieren Sie bei einer Beamtin oder einem Beamten der Staatsanwaltschaft (wie es übrigens auch im Rubrum des Strafurteils korrekterweise heißt). In einigen Bundesländern werden einzelne Referendarinnen und Referendare (freiwillig oder unfreiwillig) auch einem Strafrichter zugeteilt.

Von Zweigstellen abgesehen, befinden sich die Staatsanwaltschaften stets am Sitz des Landgerichts. Wer also vorher seine

Zivilstation am Land- oder Amtsgericht Wuppertal verbracht hat, kommt danach höchstwahrscheinlich zur Staatsanwaltschaft Wuppertal in die Ausbildung. Eine Ausbildung bei den Strafgerichten ist jedoch nicht ausgeschlossen. Hier erhalten Sie Einblick in die Hauptverhandlung, erleben Urteilsberatungen und fassen Strafurteile ab. Weil die meisten Prüfungsformen des Staatsexamens auf der staatsanwaltlichen Tätigkeit aufbauen, nutzen Sie bei einer Zuteilung zu einer Richterin oder einem Richter aber bitte unbedingt die Gelegenheit, die Anklageschriften genau zu studieren und die Sitzungsvertretung zu deren Genese zu befragen.

Zwischen Ermittlungsakte und Sitzungsdienst

Sie fragen sich vielleicht, worin Ihre neue Aufgabe besteht. Die Antwort: Staatsanwältin oder Staatsanwalt sein! Das klingt banal, vielleicht auch abgehoben, aber – gemessen an den Aufgaben, die Sie übernehmen – ist das eine zutreffende Antwort. Der Gesetzgeber hat es so festgelegt: § 142 Abs. 3 GVG (Bitte jetzt lesen!). Sie werden von Ihrer Ausbildungsperson nicht nur mit spannenden Akten versorgt, sondern nehmen als Sitzungsvertretung der Staatsanwaltschaft auch an der strafgerichtlichen Hauptverhandlung teil. Und das, jedenfalls im Außenverhältnis, mit allen Rechten und Pflichten, die der Staatsanwaltschaft zustehen; etwa die Möglichkeit, auf ein Rechtsmittel zu verzichten oder einer Verfahrenseinstellung zuzustimmen. Das heißt: Sie sind vollwertige Sitzungsvertretung. Was es hierbei im Detail alles zu beachten gilt, dazu später mehr. Nutzen Sie die Chance, über die Pflichtdienste hinaus freiwilligen Sitzungsdienst zu machen. Ihr Examen wird es Ihnen danken. Das Wunderschöne daran: Hauptverhandlung bedeutet Strafrecht live – das gesprochene Wort ist hier Ihr mächtiges Werkzeug, die Spontaneität auf sicherem rechtlichem Boden Ihre Stärke. Trauen Sie sich, Ihre eigene Rechtsauffassung zu vertreten und freien Herzens zu plädieren. Der einzige Fehler, den Sie machen können, ist kein Plädoyer zu halten.

Einen „Sitzungsrenner“, also eine Blanko-Vorlage für Ihr Plädoyer finden Sie in unserem kostenlosen Zusatzmaterial auf www.utb.de/doi/suppl/10.36198/9783838564845.

Ganz anders sieht es bei der Ermittlungsakte aus. Dort erwartet Sie Fallarbeit. Sie bearbeiten Strafverfahren, wie die Dezernentinnen und Dezernenten auch. Dabei kann Ihre Aufgabe auf bestimmte Ermittlungsmaßnahmen beschränkt sein, etwa der Entwurf eines Antrags auf Erlass eines Haftbefehls, oder Sie dürfen – meist im fortgeschrittenen Verlauf der Ausbildung – die Abschlussentscheidung treffen und die Anklageschrift verfassen. Dafür müssen Sie eine womöglich unübersichtliche Akte strukturieren, Wesentliches von Unwesentlichem unterscheiden und den Tatverdacht identifizieren lernen. Diese Kompetenzen benötigen Sie für die Anklageklausur.

Augenöffnende Zusatztermine: Polizeifahrt, Gefängnisbesuch und Alkoholtest

Zur Ausbildung in der Strafstation gehören auch der Begleitunterricht und die sogenannten Zusatztermine. Während im Begleitunterricht – also den AGs – vor allem die besondere Verknüpfung von materiellem Recht in strafprozessualem Gewand erlernt werden muss, sind die Zusatztermine vor allem dazu da, Ihren Horizont zu erweitern. Denn Strafrecht und das Strafverfahren versteht nur, wer auch alle seine Facetten von Beginn bis zum Ende kennengelernt hat.

Mehr noch: Polizei wie Vollzugsbehörden sind Akteure des Strafverfahrens mit eigener Agenda. Schon deshalb ist es wichtig, auch diesen Bereich und die Perspektiven der Menschen, die dort arbeiten, zu kennen. Der Termin für die Polizeifahrt – die Streife – dürfte dabei in nahezu allen Bundesländern zum Standard gehören. Wenn Sie die Chance haben: Machen Sie eine Nachtschicht mit. Das ist hart und dreckig, aber zeigt den Alltag der Polizei am eindrücklichsten.

Zum Standardrepertoire gehört auch der Alkohol- oder besser gesagt Trinktest, der meistens in Kooperation mit der Polizei durchgeführt wird. Weniger gängig, aber umso eindrücklicher dürfte der Gefängnisbesuch sein. Aber hier ist – wie so oft im Referendariat – Eigeninitiative hilfreich. Man kann bei seiner Ausbilderin oder seinem Ausbilder anfragen oder die AG-Repräsentanz kann eine gemeinsame Gefängnisführung organisieren. Den sogenannten schmutzigen Hinterhof der Strafrechtspflege dürften vorher die Wenigsten besichtigt haben. Hier können Sie sehen, wie Strafe und Freiheitsentzug auf Menschen wirkt, was es also heißt, eine unbedingte Freiheitsstrafe zu fordern oder zu verhängen und – so die Hoffnung – vielleicht auch das eine oder andere Vorurteil gegenüber Gefangenen abbauen.

Rechtsstaat aus nächster Nähe

Die Strafstation lohnt sich. Nicht nur für True-Crime-Fans, sondern auch für alle, die unser Strafrechtssystem einmal aus der Nähe erleben wollen. Es ist etwas qualitativ anderes, ob Sie im Rahmen der Hauptverhandlung gegenüber dem Angeklagten oder einem Opferzeugen Ihre Rechtsauffassung vertreten müssen oder ob Sie die dritte Meinung zum Rücktritt vom unbeendeten Versuch in der Bibliothek herleiten. Zudem können Ermittlungsmaßnahmen wie Hausdurchsuchungen mit besonderen Eingriffen in grundrechtlich geschützte Positionen verbunden sein.

An diesen schwerwiegenden Maßnahmen muss sich ein Rechtsstaat messen lassen (nicht zuletzt vor dem BVerfG und EGMR). Schließlich geht es um Menschen und deren Schicksale. In diesem Bewusstsein zu handeln, ist eine Herausforderung, an der Sie wachsen können. Dabei hilft die Erkenntnis, dass sich viele Referendarinnen und Referendare vor Ihnen dieser Herausforderung bereits erfolgreich gestellt haben. Daher keine Panik, sondern rein in die Robe und viel Erfolg in den Schranken des Strafgerichts!

Zum Weiterlesen

strafstation.berlin – Der Podcast der Staatsanwaltschaft Berlin für Referendarinnen und Referendare, https://strafstation.berlin/

AG Strafrecht – der Podcast von Christian Kohnert für die Strafstation, https://ag-strafrecht.eu/

Schäffer, Rechtsreferendariat: Die Strafstation am Amtsgericht, https://jurios.de/2023/09/21/rechtsreferendariat-die-strafstation-am-amtsgericht/

4. Der staatsanwaltschaftliche Sitzungsdienst

Eine etwas andere Handreichung

StA Dr. Lorenz Bode

Zum staatsanwaltschaftlichen Sitzungsdienst gibt es bereits eine Menge Literatur. Die reicht über Kurzberichte und Skripte bis hin zu ganzen Lehrbüchern. Nicht Wenige schließen daraus, dass diese bisweilen eher kurze Phase vor Gericht eine besondere Herausforderung, gar ein Problem darstellt. Warum sonst schreibt man so viel darüber? Spannend, herausfordernd und abwechslungsreich ist der Sitzungsdienst gewiss. Aber ein Problem nur dann, wenn man – abgesehen vom juristischen Handwerkszeug, das passend sein sollte – ein unpassendes Mindset mitbringt.

Ich will damit sagen: Angst, falsche Zurückhaltung und Ehrfurcht sind schlechte Berater. Was Sie in dieser Live-Phase des Strafrechts brauchen, ist Courage. Anders als in vielen Skripten üblich, ist mein Beitrag zum staatsanwaltschaftlichen Sitzungsdienst daher nicht in typische Abläufe gegliedert (etwa: Vorbereitung, Ablauf der Hauptverhandlung und Nachbereitung). Stattdessen orientiert er sich bewusst am eben genannten Mindset, das nötig ist, um gut und sicher durch den Sitzungsdienst zu kommen. Das ist es nämlich, was meines Erachtens in den meisten Skripten und Lehrbüchern zu kurz kommt. Für vertiefte Rechts- und Sachausführungen verweise ich daher auf das bereits bestehende Literaturangebot. Es empfiehlt sich, dieses gemeinsam mit meiner Handreichung – die gespickt ist mit kleinen Praxistipps – zu lesen; so komplettiert die Lektüre die Sicht und bietet einen umfassenden Einblick in die Materie. Auf diese Weise meistern Sie den Sitzungsdienst mit Erfolg, und zwar unabhängig davon, ob Sie Strafrechtsliebhaberin bzw. -liebhaber sind oder nicht.

Einen sog. „Sitzungsrenner“, also eine Blanko-Vorlage für Ihr Plädoyer finden Sie in unserem kostenlosen Zusatzmaterial auf www.utb.de/doi/suppl/10.36198/9783838564845

Angst ist der falsche Berater

Zivilcourage ist das, was laut Wikipedia Menschen täglich in verschiedenen Formen abverlangt wird. Für den staatsanwaltschaftlichen Sitzungsdienst brauchen Sie Sitzungscourage. Die ist gar nicht so weit weg von der Zivilcourage. Im Alltag helfen Sie vielleicht mit Zivilcourage in der Bahn einem Menschen, der belästigt wird. In der Hauptverhandlung eilen Sie dagegen mit Sitzungscourage dem Rechtsstaat zur Hilfe. Sie sind als Sitzungsvertreterin oder Sitzungsvertreter der Staatsanwaltschaft dafür zuständig, die Anklage zu vertreten und über die Rechtsstaatlichkeit des Verfahrens zu wachen (dazu bitte Nr. 123 ff. der Richtlinien für das Strafverfahren und das Bußgeldverfahren lesen).

1. Praxistipp: Ihre Rolle ist gesetzlich verankert: Gemäß § 142 Abs. 3 GVG kann Referendarinnen und Referendaren *„die Wahrnehmung der Aufgaben eines Amtsanwalts und im Einzelfall die Wahrnehmung der Aufgaben eines Staatsanwalts unter dessen Aufsicht übertragen werden"*. Sie werden damit zur vollwertigen Sitzungsvertretung – nicht Aushilfe, nicht Gehilfe, kein Ersatz.

Dafür braucht es Mut, eben Sitzungscourage. Aber was heißt das konkret? Nehmen Sie die Rolle als Sitzungsvertretung an und – vor allem – wahr.

2. Praxistipp: Strafverhandlungen sind grundsätzlich öffentlich. Es spricht nichts dagegen, sich vor der eigenen Verhandlung zunächst interessehalber in eine andere Verhandlung zu setzen und dort die Abläufe und das Vorgehen erfahrener Kolleginnen und Kollegen zu studieren. Dabei gibt es nicht die eine richtige Vorgehensweise. Alle haben – das werden Sie schnell feststellen – einen eigenen Stil.

Finden und leben Sie Ihren Stil. Ausgestattet mit den Handakten (samt Bundeszentralregisterauszügen) und einem aktuellen Gesetzeskommentar gehen Sie dann in Ihre eigene Sitzung. Mehr brauchen Sie im Grundsatz nicht.

3. Praxistipp: Wenn es nicht schon zur Pflichtübung gehört, bereiten Sie einen sogenannten Strafvorschlag vor, den Sie Ihrer

Ausbilderin oder Ihrem Ausbilder vorab zur Kenntnis geben. Das gibt ein sicheres Gefühl für die Hauptverhandlung, insbesondere mit Blick auf das Plädoyer.

Es ließe sich noch so viel sagen – etwa über die richtige Kleidung (die Robe bekommen Sie gestellt, ein weißes Hemd mit weißer Krawatte bzw. eine weiße Bluse müssen Sie kaufen) oder das auswendig gelernte Wissen zur Gesamtstrafenbildung oder den Ablauf der Hauptverhandlung. Das ist an dieser Stelle aber weder hilfreich noch notwendig. Die Hauptverhandlung ist keine mündliche Examensprüfung.

4. Praxistipp: Es kann immer wieder zu unvorhergesehenen Situationen in der Hauptverhandlung kommen. Zum Beispiel könnte gefragt werden, ob Sie Stellung zum Beweisantrag der Verteidigung nehmen möchten. Wer sich in solchen Situationen unsicher, gar überrumpelt fühlt, hat zwei Möglichkeiten: Erstens können Sie den oder die Vorsitzende um eine kurze Unterbrechung bitten, um Rücksprache mit der Ausbilderin oder dem Ausbilder zu halten oder um eine Stellungnahme vorzubereiten. Zweitens können Sie von der Stellungnahme schlicht absehen.

Lassen Sie sich nicht übers Ohr hauen

Wichtig ist, dass man im Gerichtssaal mit den Beteiligten stets klar und deutlich kommuniziert. Noch wichtiger ist aber, dass man sich nicht überreden (oder etwas plakativer ausgedrückt: übers Ohr hauen) lässt. Das gilt gerade dann, wenn es um Einstellungsentscheidungen geht. Gericht und Verteidigung können bisweilen ein starkes Interesse daran haben, ein Verfahren aus Opportunitätsgründen einzustellen, wofür aber Ihre Zustimmung erforderlich ist (siehe § 153 Abs. 2 StPO). Anfragen wie: *„Nun kommen Sie schon, Ihren Ausbilder kenne ich, der macht das mit."* oder *„Das ist bei uns hier übliche Praxis."* sind zwar nicht angebracht, kommen aber vor. Beeindrucken lassen darf man sich davon nicht.

5. Praxistipp: Einstellungen gibt es auch vor Gericht. Ob Sie jedoch einer Einstellung aus Opportunitätsgründen zustimmen, ist Ihre Entscheidung. Und sie hat Außenwirkung (bitte lesen

Sie dazu § 144 GVG). Sie sollten diese Entscheidung daher nicht leichtfertig und möglichst nur in Absprache mit der Ausbilderin oder dem Ausbilder treffen (siehe erneut § 153 Abs. 2 StPO: „*Die Entscheidung ergeht durch Beschluß. Der Beschluß ist nicht anfechtbar.*"). Vor allem bedenken Sie: Nicht ohne Grund wurde von der zuständigen Dezernentin oder dem zuständigen Dezernenten – statt einer Einstellung des Ermittlungsverfahrens – Anklage erhoben respektive ein Strafbefehl beantragt.

Dabei ist der Umgang mit den Prozessbeteiligten stets höflich, aber bestimmt sowie auf professioneller Ebene zu pflegen. Auch wenn man den Verteidiger, die Richterin oder gar die oder den Angeklagte(n) kennt: Ein gelebtes Freund-Feind-Schema wirkt nicht nur unprofessionell, sondern ist auch rechtsstaatswidrig.

6. Praxistipp: Jedenfalls dann, wenn ein verwandtschaftliches Verhältnis zum Angeklagten besteht, sollte man das, wenn möglich, schon bei der Sitzungseinteilung offenlegen.

Eines sollten Sie immer tun: nach Ihrer Überzeugung handeln. Zur Sitzungscourage gehört es auch, sich eigene Gedanken zu machen, eine eigene Ansicht zu haben und diese – gegebenenfalls mit Nachdruck – zu vertreten.

7. Praxistipp: Machen Sie sich stets bewusst: Es gibt keine Beweisregel dahingehend, dass man die Einlassungen des Angeklagten aktiv widerlegen muss. Das gilt für die Staatsanwaltschaft und das Gericht. Sie können einzelfallabhängig der oder dem Angeklagten schlicht nicht glauben und seine Einlassungen als Schutzbehauptungen einordnen. Sie müssen ihm aber nicht das Gegenteil beweisen.

Passen Sie sich den (geänderten) Umständen an

Insofern sollten Sie nicht wegsehen, sondern gegebenenfalls das Gericht auch auf Fehler hinweisen – Stichwort: Garant für die Rechtsstaatlichkeit des Verfahrens. Das ist nicht ehrenrührig. Übrigens genauso wenig, wie als Staatsanwaltschaft einen Freispruch zu beantragen.

8. Praxistipp: Hauptverhandlungen sind das blühende Leben. Ein Fall kann sich ändern. So auch dessen rechtliche oder tatsächliche Bewertung. Wenn Sie am Ende der Hauptverhandlung überzeugt sind, dass ein Freispruch erfolgen muss, dann beantragen Sie diesen – ganz egal, was Sie mit Ihrer Ausbilderin oder Ihrem Ausbilder vorher besprochen haben. Nur Sie (und nicht die Ausbilder) haben den Eindruck der Hauptverhandlung. Grob fehlerhaft wäre es, wenn Sie entgegen der eigenen Überzeugung versuchten, einen Freispruch zu verhindern, etwa indem Sie auf eine Einstellung des Verfahrens aus Opportunitätsgründen hinwirken.

Passend dazu noch der Strafbefehl: Sie können nicht nur den Erlass eines Strafbefehls in der Sitzung beantragen (bitte § 408a StPO lesen), sondern anstelle der Anklageschrift können Sie einen Strafbefehl auch bereits in der Handakte finden. Kein Grund zur Sorge. Machen Sie sich Folgendes bewusst: Alle haben das Recht auf eine Hauptverhandlung. Der Einspruch gegen einen Strafbefehl ist also per se nichts Verwerfliches. Im Gegenteil.

9. Praxistipp: Beim Einspruch gegen einen Strafbefehl können Sie sich beim Strafmaß am Strafmaß aus dem alten Strafbefehl orientieren. Wenn sich in der Hauptverhandlung nichts Neues (zugunsten des Angeklagten) ergibt, warum sollten Sie ohne Not davon abweichen?

Am Ende der Hauptverhandlung werden schließlich zwei weitere Punkte relevant. Gemeint sind die Frage nach dem Rechtsmittelverzicht sowie der Sitzungsbericht. Den Sitzungsbericht fertigen Sie an. Er ist für die Behördenleitung wie auch für den zuständigen Dezernenten oder die zuständige Dezernentin eine wichtige Informationsquelle und ein Beleg ihrer Arbeit als Sitzungsvertretung.

10. Praxistipp: Der Sitzungsbericht ersetzt vorläufig das Urteil. Dementsprechend sorgfältig sollte er angefertigt sein und insbesondere die Entscheidung des Gerichts – inklusive etwaiger Nebenentscheidungen – genau dokumentieren.

Eng damit verbunden ist die Frage nach dem Rechtsmittelverzicht. Wer hat auf Rechtsmittel verzichtet? Die Antwort auf diese Frage gehört ebenfalls in den Sitzungsbericht. Ob Sie auf Rechtsmittel verzichten, hängt vor allem davon ab, was Sie mit Ihrer Ausbilderin oder Ihrem Ausbilder vorher besprochen haben.

11. Praxistipp: In der Regel werden Sie im Innenverhältnis nicht befugt sein, einen Rechtsmittelverzicht zu erklären. Wenn Sie in puncto Rechtsmittelverzicht vorher nichts mit Ihrer Ausbilderin oder Ihrem Ausbilder besprochen haben, gehen Sie bitte von dieser Regel aus.

Klingt doch alles nicht so schwierig, oder?

12. Praxistipp: Selbst wenn es mal schwierig wird, sind Sie nicht allein und – das müssen Sie sich bewusst machen – als Sitzungsvertretung der Staatsanwaltschaft in einer eher komfortablen Situation: Alle wissen, dass Sie nur die Handakten und nicht das Verfahren geführt haben. Und alle wissen: Die Durchführung der Hauptverhandlung ist Kerngeschäft des Gerichts, das am Ende auch entscheiden und es im wahren Wortsinn richten muss.

Eine Bitte zum Schluss: Haben Sie Mut. Haben Sie Sitzungscourage! Schauen Sie nicht nur auf Paragrafen, sondern auch auf die Menschen, die da vor und mit Ihnen im Verhandlungssaal sitzen. Dabei sollte eine tiefergehende Erkenntnis aus dem Sitzungsdienst sein: Unser Strafrecht wird im Gerichtssaal lebendig. Es geht um menschliche Schicksale, nicht mehr nur um Namen oder Buchstaben in Akten und Klausuren. Und weil das so ist, braucht es dort keine Juraautomaten, keine Selbstgerechten, keine Hardliner oder Law-and-Order-Fetischisten, sondern Juristinnen und Juristen, die menschlich und auf dem Boden des Rechts geblieben sind.

Zum Weiterlesen

strafstation.berlin – Der Podcast der Staatsanwaltschaft Berlin für Referendarinnen und Referendare, https://strafstation.berlin/

AG Strafrecht – der Podcast von Christian Kohnert für die Strafstation, https://ag-strafrecht.eu/

Theiß, Sitzungsdienst des Staatsanwalts, C.H. Beck, 13. Aufl., 2024

Baumert, Staatsanwaltschaftlicher Sitzungsdienst, Nomos, 5. Aufl., 2023

Galina P. Rechtsreferendariat: Alles, was du zum Sitzungsdienst in der Strafstation wissen musst!, https://jurios.de/2023/06/15/rechtsreferendariat-alles-was-du-zur-sitzungsvertretung-in-der-strafstation-wissen-musst/

5. Die prozessuale Einkleidung und ihre Tücken
Tipps für Anklage- und Revisionsklausur

StA Dr. Simon Pschorr

Während in materieller Hinsicht in den Strafrechtsklausuren des Zweiten Staatsexamens nichts Neues droht, müssen Sie sich im Referendariat mit der prozessualen Einkleidung des altbekannten Stoffs anfreunden. Die zwei häufigsten Klausurformen werden Ihnen hier vorgestellt.

Die Anklage – wo schon der Sachverhalt fehlt

Die Anklageklausur soll auf die Arbeit als Strafverfolger vorbereiten. Die Realität hält für Sie viele Verfahren und wenig Zeit bereit, weshalb diese Klausurform der praktischen Tätigkeit wohl am nächsten kommt. Die im zweiten Staatsexamen selten 20 Seiten übersteigenden Aktenstücke kondensieren alle wesentlichen Informationen, die sich tatsächlich in mehreren Bänden umfangreicher Ermittlungsarbeit verstecken. Das heißt: Informationsidentifikation und -selektion gehört hier zur Prüfungsaufgabe.

Der Prüfungsmaßstab, der die Klausur bestimmt, ist in § 170 Abs. 1 StPO verankert: Der im Sinne des Gesetzes „genügende Anlass zur Erhebung der öffentlichen Klage" heißt hinreichender Tatverdacht. Liegt er vor, ist (Legalitätsprinzip § 152 Abs. 2 StPO) Anklage zu erheben. Ganz regelmäßig schließen die Bearbeitungsvermerke bzw. Prüfungsfragen eine Einstellung aus Opportunität (§§ 153 ff. StPO) oder die Beantragung eines Strafbefehls bzw. eines beschleunigten Verfahrens aus. Der praktische Prüfungsteil besteht deshalb entweder aus der Fertigung der Anklage, einer Einstellungsverfügung nach § 170 Abs. 2 StPO oder der Kombination beider Abschlussarten.

Die Klausur verlangt zur Vorbereitung des praktischen Prüfungsteils – beachten Sie immer Fragestellung und Bearbeitungsvermerk – meist ein A-Gutachten, das der Prüfung aller in Betracht kommenden Strafbarkeiten (achten Sie auf die gefragten Beschuldigten) dient, sowie ein B-Gutachten, in dem mit dem Ermittlungsabschluss und der Anklageerhebung verbundene prozessuale Fragestellungen zu erörtern sind. Hier sind – neben dem konkreten Anklagesatz – die meisten Punkte zu holen.

Wohin mit dem Verdacht? – der Aufbau des A-Gutachtens

Schwierigkeiten haben Referendarinnen und Referendare regelmäßig mit dem Aufbau des A-Gutachtens: Wohin mit dem Tatverdacht? Die Antwort lautet wie so oft: Kommt drauf an. Dem Grunde nach gilt: Der Tatverdacht füllt den gesetzlichen Tatbestand in tatsächlicher Hinsicht aus, weshalb für jedes gesetzliche Tatbestandsmerkmal gesondert zu prüfen ist, ob Beweismittel dergestalt vorliegen, dass seine Bejahung wahrscheinlicher ist als seine Verneinung.

Nun macht es allerdings keinen Sinn, den Verdacht hinsichtlich einer Handlung mehrfach zu prüfen, wenn sie mehrere Tatbestandselemente erfüllen muss, um einen Straftatbestand zu verwirklichen. Wenn der beschuldigten Person etwa eine gefährliche Körperverletzung durch Tritt mit dem beschuhten Fuß (§ 224 Abs. 1 Nr. 2 StGB) vorgeworfen wird, dann ist schon im Rahmen der Verletzungshandlung zu erörtern, ob die Täterschaft der Tathandlung „Zutreten" hinreichend verdächtig ist. Sodann muss der hinreichende Tatverdacht das gefährliche Werkzeug betreffend erörtert werden, also ob die Täterschaft überwiegend wahrscheinlich schwere Stiefel trug oder ihr wuchtige Tritte gegen Kopf oder Weichteile nachgewiesen werden können. Bei der Prüfung des Qualifikationsmerkmals *mittels* kann auf die Prüfung des Tatverdachts betreffend die Handlung verwiesen werden.

Mit etwas Eleganz können Sie die Prüfungsschritte verbinden: Zunächst kann etwa mit der Aussage der geschädigten Person hinreichend wahrscheinlich erwiesen werden, dass sie von der Täterschaft mit schweren Stiefeln schmerzhaft getreten wurde. Sodann kann subsumiert werden, dass Tritte üble, unangemessene Behandlungen darstellen, die – ausgeführt mit schweren Stiefeln – erhebliche Verletzungen verursachen können und damit die Voraussetzungen des § 224 Abs. 1 Nr. 2 StGB erfüllen.

Hinreichender Tatverdacht verlangt zwei Komponenten: eine tatsächliche und eine rechtliche. So ist für jedes Merkmal zunächst zu prüfen, ob hinreichende, im Strengbeweisverfahren einführbare Beweismittel vorliegen, um eine Handlung oder Unterlassung einschließlich tatbestandsrelevanter Erfolge auf objektiver Tatbestandsebene sowie die innere Tatseite überwiegend wahrscheinlich nachzuweisen. Eine echte Beweiswürdigung widerstreitender Beweismittel wird kaum verlangt, scheuen die Prüfungsämter doch die unterschiedlichen (allesamt vertretbaren) Lösungswege. Allerdings können nur verwertbare Beweismittel einen Tatverdacht begründen, weshalb jedenfalls solche unberücksichtigt bleiben müssen, die einem (selbständigen oder unselbständigen) Beweisverwertungsverbot unterliegen. Vielmehr gilt es regelmäßig, die „gemeinsame" Wahrheit herauszufiltern. Im zweiten Schritt ist das Tatsächliche unter den gesetzlichen Tatbestand zu subsumieren, mithin anhand der Definition zu überprüfen, ob die Voraussetzungen des Tatbestandsmerkmals (vollständig) erfüllt sind. Ist die Täterschaft (umfassend) geständig, verkürzt sich der erste Schritt auf den Verweis auf das Geständnis. Liegt die Subsumption auf der Hand, kann der zweite Schritt im Feststellungsstil erfolgen.

Dieses zweischrittige, merkmalsbezogene Aufbauprinzip ist grundsätzlich für alle Beschuldigten gesondert zu wiederholen, wobei Sie mit der Haupttäterschaft beginnen. Sollten mehrere Personen als Mittäter an einem Geschehen beteiligt und einzelne Tatbeiträge nicht trennscharf zu isolieren sein, so ist auch zulässig, alle Beteiligten gemeinsam zu prüfen und im Rahmen der Tathandlung des ersten in Betracht kommenden Tatbestandes zu prüfen, ob ein hinreichender Tatverdacht gegen alle Beteiligten besteht, aufgrund eines gemeinsamen Tatplans täterschaftliche Tatbeiträge geleistet zu haben, die dann gegenseitig zuzurechnen und rechtlich (einheitlich für alle) zu prüfen sind.

Wichtig: Bitte vermeiden Sie eine tatbestandsunabhängige, vorweggezogene Prüfung des „hinreichenden Verdachts" in Bezug auf ein gesamtes Tatgeschehen. Der Tatverdacht bezieht sich nie auf ein Geschehen, sondern immer auf die (strafrechtlich relevante) Tat(handlung) der konkreten Täterschaft. Anders gesagt: Nur A kann der gefährlichen Körperverletzung durch Tritt mit dem beschuhten Fuß gegen den Kopf von B verdächtig sein; es kann keinen „hinreichenden Verdacht" geben, dass ein Tritt gegen den Kopf des B stattgefunden hat.

Haben Sie Schwierigkeiten damit, einen ungeordneten Sachverhalt zu subsumieren, so lohnt es sich, als ersten Schritt einen Entwurf des konkreten Anklagesatzes zu fertigen. Darin müssen alle Tatsachen enthalten sein, die den objektiven und subjektiven Tatbestand der maßgeblichen Strafnormen ausfüllen. Weiterhin müssen alle zur Konkretisierung der prozessualen Tat erforderlichen Informationen aufgenommen werden: Tatzeit, Tatort (ja, mit genauer Anschrift!) und Tatbeteiligte müssen für jede eigenständige prozessuale Tat so präzise wie möglich ausgewiesen sein.

Was muss alles in das B-Gutachten?

Im B-Gutachten müssen Sie alle relevanten prozessualen Fragestellungen – ausgenommen erforderliche Strafanträge, die schon den hinreichenden Tatverdacht bestimmen und deshalb ins A-Gutachten gehören – beantworten. Zunächst gilt es, das sachlich und örtlich zuständige Gericht zu ermitteln, wenn Anklage geboten ist. Sodann müssen alle Entscheidungen getroffen werden, die mit dem Ermittlungsabschluss einhergehen:

- Liegt ein Fall der notwendigen Verteidigung gem. § 140 StPO vor und muss (mangels Wahlverteidigung) eine Pflichtverteidigung bestellt werden?
- Besteht dringender Tatverdacht, liegt ein Haftgrund gem. § 112 StPO vor und ist die Untersuchungshaft verhältnismäßig?
- Ist die Täterschaft eines Verkehrsdelikts dringend verdächtig und kommt eine Fahrerlaubnisentziehung gem. §§ 69, 69a StGB in Betracht, könnte die Fahrerlaubnis vorläufig gem. § 111a StPO zu entziehen sein.
- Ein Klausurklassiker nahe an der Realität: Müssen Beweissicherungsmaßnahmen ergriffen werden – etwa die richterliche Vernehmung (noch) aussagebereiter Zeugen mit Zeugnisverweigerungsrecht (wegen § 252 StPO)?
- Müssen besondere Mitteilungen über den Ermittlungsabschluss (MiStra) gefertigt werden?
- Schließlich: Ist im Falle der Verfahrens(teil-)einstellung ein Einstellungsbescheid gegenüber Verletzten zu erstatten?

Achten Sie darauf, ob die Fragestellung die gutachterliche Erörterung weiterer prozessualer Fragen verlangt. Sie können mit dem B-Gutachten verbunden oder in einem gesonderten „C-Gutachten" verortet werden.

Der praktische Teil

Wird eine Abschlussverfügung verlangt, beinhaltet diese sowohl die konkrete Anklage bzw. Einstellungsverfügung sowie die damit einhergehende Begleitverfügung. Hier lohnt es sich, die ersten Positionen auswendig zu lernen (sich insbesondere den Ermittlungsabschlussvermerk einzuprägen), während die Einzelheiten der notwendigen Abschriften keine zentrale Rolle in der Klausurbewertung spielen. Meist ist die Begleitverfügung mittlerweile erlassen, nachdem sie in der Praxis elektronisch erzeugt wird.

Die Anklage besteht aus:

- dem konkreten Anklagesatz (siehe dazu schon zum A-Gutachten),
- dem abstrakten Anklagesatz,
- den verwirklichten Tatbeständen nach Bezeichnung und Vorschrift und schließlich
- den konkreten Anträgen.

Der abstrakte Anklagesatz gibt den Gesetzeswortlaut der einzelnen Tatbestände wieder, wobei die Begehungsform (etwa „gemeinschaftlich handelnd“ oder „einem anderen Hilfe leistete...“), die Vollendung („versuchte...“) und das Konkurrenzverhältnis („und“ oder „und durch dieselbe Handlung...“) ausgewiesen werden. Bei der Tatbezeichnung bleiben Regelbeispiele minder- und besonders schwerer Fälle (mit Ausnahme der Vergewaltigung) unberücksichtigt, während die Begehungsform („gemeinschaftlicher Diebstahl“) in der Anklage ausgewiesen wird. Die Anträge beinhalten immer zumindest, das Hauptverfahren vor dem zuständigen Spruchkörper erster Instanz (in Klausuren nie das OLG in Staatsschutzsachen) zu eröffnen und die Anklage zuzulassen (§ 199 Abs. 2 S. 1 StPO). Der Antrag, einen Termin zur Hauptverhandlung zu bestimmen, ist überflüssig, aber unschädlich. Wurde im B-Gutachten festgestellt, dass Pflichtverteidigung zu bestellen oder ein Haftbefehl zu erlassen ist, so sind diese Anträge mit dem Eröffnungsantrag zu verbinden. Sollte die Bearbeitungszeit knapp werden: Punkte bringen der konkrete Anklagesatz und die Anträge.

Die Revision – Mehr Sachverhalt als verwertbar

Während die Anklageklausur eine umfassende Berücksichtigung aller (verwertbaren) Beweismittel verlangt, führt eine eigene Beweiswürdigung in der Revisionsklausur regelmäßig zum Nichtbestehen. Das liegt am strikten – und strukturierten – Prüfungskorsett, das §§ 337, 338, 352, 354 StPO vorgeben: In der Revision wird das tatrichterliche Urteil nurauf Rechtsfehler überprüft.

Revisionsrechtliche Prüfungsschritte:

Das Revisionsgericht geht auf der Suche nach Rechtsfehlern Schritt für Schritt vor: Zunächst prüft es die – von Amts wegen zumindest bei einer wirksam erhobenen Revisionsrüge zu beachtenden – Verfahrensvoraussetzungen. Dazu gehören klausurrelevant:

- die sachliche (vgl. §§ 6, 296 StPO), nicht aber die örtliche (vgl. § 338 Nr. 4 StPO), Zuständigkeit,
- die wirksame Anklageerhebung (§§ 199, 200 StPO) und Verfahrenseröffnung (§ 203 StPO),
- Strafanträge für absolute Antragsdelikte,
- der Strafklageverbrauch und
- die Verjährung.
- Im Ausnahmefall: rechtsstaatswidrige Verfahrensverzögerungen und Tatprovokationen.

Im nächsten Schritt werden (ausschließlich wirksam erhobene) Verfahrensrügen geprüft. Absolute Revisionsrügen gem. § 338 StPO haben Vorrang vor relativen Revisionsrügen, auf denen das Urteil gem. § 337 StPO beruhen muss. Große Herausforderung in Praxis wie in der Klausur ist die ordnungsgemäße Rügeform gem. § 344 Abs. 2 S. 2 StPO: Das Revisionsgericht muss in die Lage versetzt werden, die Begründetheit der Verfahrensrüge ausschließlich anhand des Rügevorbringens – ohne Blick in die Akte – zu prüfen, weshalb der gesamte fehlerhafte Verfahrenshergang einschließlich der Folgen des rechtmäßigen Prozessalternativverlaufs vorzutragen ist. Das Hauptverhandlungsprotokoll – und seine negative Beweiskraft (was nicht im Protokoll steht, hat nicht stattgefunden) – liefern Ihnen alle maßgeblichen Beweismittel (§ 274 S. 1 StPO).

Schließlich wird das Urteil auf die Sachrüge hin in materieller Hinsicht geprüft. Zunächst muss es die Darstellungsanforderungen erfüllen. Es muss Sachverhaltsfeststellungen (II. des Urteils) sowohl der objektiven als auch der subjektiven Tatseite einschließlich strafzumessungsrelevanter Tatsachen vorweisen, die aufgrund einer lückenlosen, widerspruchsfreien und mit Denk- und Naturgesetzen vereinbaren Beweiswürdigung (III. des Urteils) getroffen worden sein müssen. Die Verlockung ist groß, hier etwa Zeugenaussagen selbst zu würdigen und damit einen ‚richtigen' Sachverhalt zu identifizieren. Diesen schwerwiegenden Fehler vermeiden Sie, indem Sie ausschließlich die Urteilsgründe in den Blick nehmen und etwa im Hauptverhandlungsprotokoll wiedergegebene Beweisinhalte ignorieren. Die materiell-rechtliche Prüfung des Schuldspruchs (IV. des Urteils) entspricht dem ersten Staatsexamen: Sie subsummieren die tatsächlichen Feststellungen (II. des Urteils) unter die Normen des Strafgesetzbuchs. Auch hier gilt: Der vermeintlich ‚richtige' Sachverhalt kann Ihnen egal sein. Sie wollen nur wissen, ob das Tatgericht *seinen* Sachverhalt rechtlich richtig gewürdigt hat.

Die Prüfung der Strafzumessung verlangt die Erörterung des maßgeblichen Strafrahmens für jede materiell eigenständige Tat (§ 53 StGB). Besonders schwere und minderschwere Fälle spielen hier genauso eine Rolle wie Strafrahmenverschiebungen (§ 49 StGB). Die konkrete Strafzumessung kann das Revisionsgericht ebenfalls nur auf Rechtsfehler prüfen; d.h.:

- Wurden nur zulässige Zumessungserwägungen eingestellt und hat das Tatgericht die zulässigen Kriterien lückenlos und widerspruchsfrei abgewogen?
- Verlassen die verhängten Einzelstrafen den zulässigen Strafrahmen?
- Wurde die Gesamtstrafenbildung anhand zulässiger Erwägungen eigenständig geprüft?
- Die Angemessenheit der Strafe ist – Verletzungen des Schuldgrundsatzes einmal ausgenommen – dementgegen kein Prüfungsgegenstand.
- Die praktisch relevante Überprüfung von Nebenfolgen (etwa der Einziehung) spielt in der Assessorklausur (noch) keine Rolle.

Beachten Sie die Prüfungsperspektive!

Die Revisionsklausur tritt in drei Spielarten auf, wobei die gerichtliche Prüfung die Seltenste ist, weil die notwendigen Revisionsrügen verräterisch wären. Häufiger wird verlangt, die Erfolgsaussichten einer staatsanwaltlichen Revision (zugunsten und zulasten der Angeklagten) zu erörtern. Mit Abstand am Häufigsten verlangt wird die Beurteilung der Erfolgsaussichten einer Revision aus Sicht der Verteidigung. In dieser Klausurform unterliegt neben Verfahrensvoraussetzungen der Schuldspruch einer umfassenden materiellen Prüfung (zugunsten wie zulasten der Angeklagten, kann das Revisionsgericht den Schuldspruch doch auch verschlechtern). Zu Verfahrensrügen und Problemen in der Strafzumessung muss nur dann etwas ausgeführt werden, wenn diese die Angeklagten benachteiligen.

Der praktische Teil der Prüfung fällt vielen Referendarinnen und Referendaren schwer. Nehmen Sie sich Zeit für die Formulierung der Anträge: Sie müssen alle zulässigen und begründeten Revisionsrügen erfassen. Die Konsequenzen unterscheiden sich danach, an welcher Stelle der Fehler im tatrichterlichen Urteil verortet ist:

- Ist eine Prozessvoraussetzung nicht gegeben, ist das Urteil aufzuheben und das Verfahren (insoweit) einzustellen.
- Verfahrensfehler können das gesamte Urteil zu Fall bringen (etwa Verstöße gegen die Sitzungsöffentlichkeit), bemakeln aber regelmäßig (nur) die tatsächlichen Feststellungen hinsichtlich einer abgrenzbaren Tat. Dann ist der Schuldspruch sowie der Strafausspruch mit diesen Feststellungen aufzuheben.
- Materiell-rechtliche Fehler führen zur Aufhebung des Schuld- und Strafausspruchs, ohne die tatsächlichen Feststellungen zu beeinträchtigen.
- Darstellungsmängel in II. des Urteils führen zur Aufhebung des Urteils mit den Feststellungen, während revisible Fehler in der Beweiswürdigung die Feststellungen (nur) hinsichtlich des betroffenen Teils zu Fall bringen.
- Fehler in der Strafzumessung lassen schließlich den Schuldspruch unberührt.

(Lern-)Zeit und Schwerpunktsetzung

Wohl in allen strafrechtlichen Assessorklausuren, aber besonders in der Revisionsklausur ist Zeit rar, Schwerpunktsetzung also unverzichtbar. Sie werden versucht sein, die Zulässigkeitsprüfung auszudehnen. Sie ist einfach strukturiert, die Probleme übersichtlich und bekannt (häufig Fristfragen) und steht am Anfang der Prüfung. Ich habe bewusst bisher nichts zur Zulässigkeit geschrieben: Sie trennt nur selten das Spreu vom Weizen; Punkte gibt es in der Begründetheit zu holen. Wenn Sie Schwierigkeiten mit der Zeit haben, dann denken Sie darüber nach, die Zulässigkeitsprüfung zurückzustellen. Weniger ist mehr!

Die Struktur der Revisionsklausur müssen Sie internalisieren – Zeit auf den Aufbau zu verwenden, ist überflüssig. Dabei hilft Ihnen Übung, Übung, Übung. Daneben fordert Ihnen die Revisionsklausur strafprozessuale Kenntnisse ab; oft eine Wissenslücke. Während Sie nicht umhinkommen werden, die Vorschriften der Strafprozessordnung und insbesondere ihre nicht gerade eingängige Struktur zu studieren, hilft Ihnen der Kommentar, wichtige revisionsrechtliche Fragen zu beantworten: Am Ende der Kommentierung jeder StPO-Vorschrift im Meyer-Gossner/Schmitt finden Sie Informationen zur geeigneten Revisionsrüge, zum Beruhen und den geschützten Rechtskreis.

Zum Weiterlesen

Gräbener, Die sachliche Zuständigkeit der Strafgerichte, JA 2024, 153

Pschorr, Assessorexamensklausur – Strafrecht: Brandstiftungsdelikte, JuS 2024, 61

Russack, Die Revision in der strafrechtlichen Assessorklausur, C.F. Müller, 15. Aufl., 2023

Klumpen/Petzinka, Der souveräne Umgang mit Beweisverwertungsverboten in der staatsanwaltschaftlichen Assessorklausur, JA 2023, 415

Dobmeier/Pohl, Der Weg zu einem erfolgreichen Zweiten Juristischen Staatsexamen – Teil II: Vermeidung typischer Fehler bei der Bearbeitung von strafrechtlichen Klausuren, in: JA 2022, 946

Linke, Die strafprozessuale Revision – Ein Klausurleitfaden – Teil I, JA 2021, 948 und Teil II, JA 2021, 1027

Rabe von Kühlewein, Klausurtechnik und Taktik in der staatsanwaltlichen Assessorklausur, JuS 2019, 436

Weidemann, Fälle mit Lösungen zur strafprozessualen Revision – Zulässigkeit und von Amts wegen zu prüfende Verfahrensvoraussetzungen, JA 2016, 774

Weitner/Schuster, Die Abschlussverfügung, JA 2014, 295 und Die Anklageschrift und das (Hilfs-)gutachten, JA 2014, 612

Dietsch, (Original-)Assessorexamensklausur – Strafrecht: Abschlussverfügung der Staatsanwaltschaft – Die Farbe des Geldes, JuS 2014, 636

6. Welche Kanzlei passt zu mir? In neun Monaten zum Erfolg

RAin Jennifer Schäfer-Jasinski, Mag. iur.

Während des juristischen Vorbereitungsdienstes durchlaufen alle Referendarinnen und Referendare die Anwaltsstation. Wie lange diese dauert, unterscheidet sich je nach Bundesland. Exemplarisch regelt das hessische Gesetz über die juristische Ausbildung (JAG) in § 29 Abs. 2 Nr. 4, dass die Station neun Monate bei einer in Deutschland zugelassenen Rechtsanwältin oder einem Rechtsanwalt, die oder der möglichst auf allgemeinen Rechtsgebieten tätig ist, zu absolvieren ist. Es ist jedenfalls nicht ungünstig, wenn die Anwaltsstation dazu genutzt wird, rechtsgebietsübergreifend tätig zu sein. Immerhin müssen sich sämtliche Prüflinge für das Examen auf eine Fülle an Rechtsgebieten vorbereiten.

Dennoch stellen Sie sich zu Recht die Frage: Welche Kanzlei ist für mich während der Anwaltsstation die richtige? Dabei sind nicht nur die abgedeckten Rechtsgebiete oder Spezialgebiete von Relevanz, sondern auch und vor allem die Kanzleigröße. Die Vielfalt erschwert hier oft den Überblick.

Kanzleigröße und Spezialisierung

Grundsätzlich lässt sich festhalten: je größer die Kanzlei, desto spezialisierter die Anwältin oder der Anwalt. Im Umkehrschluss könnte man meinen, dass je kleiner die Kanzlei desto generalistischer die Tätigkeit. Jein. Bei Einzelanwältinnen und Einzelanwälten dürfte das oft der Fall sein. Die Ausnahme bestätigt jedoch die Regel.

Wann von welcher Kanzleigröße gesprochen wird, ist nicht fest definiert. Weder Umsatz noch die zu bearbeitenden Themen sind ausschlaggebend. Zur groben Orientierung:

- **Großkanzleien** sind oft (aber nicht zwingend) international tätig und haben zahlreiche Standorte. Häufig wird ab über 100 Anwältinnen und Anwältinnen von einer Großkanzlei gesprochen.
- **Mittelständische Kanzleien** agieren meist national mit wenigen Standorten. Üblicherweise arbeiten hier 20 bis 50 Anwältinnen und Anwälte.

- **Anwaltsboutiquen** nehmen eine Sonderstellung ein. Sie sind hochspezialisiert auf ein Rechtsgebiet oder sogar nur eine Nische innerhalb eines Rechtsgebiets. Boutiquen haben meist nicht mehr als 50 Anwältinnen und Anwälte.
- **Kleine Kanzleien**, einschließlich Einzelanwältinnen und Einzelanwälten, arbeiten lokal und ohne größeren organisatorischen Überbau. Es gibt aber auch Spezialistinnen und Spezialisten (z. B. im Sexualstrafrecht), die auch allein bundesweit tätig sind.

Großkanzlei – mittendrin statt nur dabei

Die Gerüchte über Großkanzleien haben auf dem Weg zum Referendariat wohl alle mitbekommen: Arbeitszeiten bis zum Umfallen und das monatliche Geld sei kein Gehalt, sondern ein Schmerzensgeld. Jetzt ist die letzte Gelegenheit gekommen, um zeitlich befristet herauszufinden, wie viel Wahrheit in diesen Behauptungen steckt und ob eine spätere Karriere in einer Großkanzlei für Sie in Betracht kommt.

Als Referendarin oder Referendar erhalten Sie in einer Großkanzlei Einblicke in ein international agierendes Wirtschaftsunternehmen, grundsätzlich mit der Möglichkeit an komplexen und großen Fällen mitzuarbeiten. Aufgrund der grenzüberschreitenden Zusammenarbeit und daher unterschiedlichen Zeitzonen, kann die Arbeit auch mal von den üblichen Arbeitszeiten abweichen. Dafür erhalten Sie im Bestfall jedoch gleichzeitig einen Einblick in die Arbeitsweise von Anwältinnen und Anwälten in anderen Ländern. Der direkte Kontakt zur Mandantin oder zum Mandanten ist in Großkanzleien aber meistens nicht vorgesehen. Dieser ist größtenteils dem jeweiligen Partner oder Partnerin vorbehalten, jedenfalls den höheren Senioritäten. Als Referendarin und Referendar sind Sie eher ein kleines Rädchen im Getriebe und arbeiten Ihrer Partnerin oder Ihrem Partner sowie den anderen Anwälten und Anwältinnen zu.

Betreuung und Ausbildung

Ihre Betreuung übernehmen meistens die jüngeren Anwältinnen und Anwälte, sog. „Associates". Üblicherweise berichten diese, wie es sich direkt nach dem Referendariat in der Kanzlei arbeitet, wodurch die Stationsabsolvierenden den Berufseinstieg bei einer Großkanzlei nochmal besser einschätzen können. Der Kontakt zur Partnerin oder Partner der Praxisgruppe fällt erfahrungsgemäß geringer aus.

Viele Großkanzleien bieten ihren Referendarinnen und Referendaren eine hausinterne Examensvorbereitung an – beispielsweise in Form von Zuschüssen zum Klausurenkurs oder sogar eigenen Seminaren. Das ist praktisch. Außerdem zahlen die meisten Großkanzleien ein großzügigeres Gehalt. Auch wenn das Gehalt in der Anwaltsstation grundsätzlich auf die Unterhaltsbeihilfe angerechnet wird, ist es sicherlich eine Entlastung für den Geldbeutel.

Die Vergütung in der Anwaltsstation wird pro Wochenarbeitstag im Monat angegeben. Beispiel: Bei einem Gehalt von 500 Euro im Monat und einem Arbeitstag pro Woche (also vier Arbeitstagen im Monat) liegt die Vergütung pro Tag bei 125 Euro. Während in internationalen Großkanzleien teilweise bis zu 1.500 Euro pro Wochenarbeitstag gezahlt werden, liegt das Gehalt bei kleineren Kanzleien eher bei 150 bis 400 Euro pro Wochenarbeitstag.

Vergütung	**Kanzleien**
1.500 Euro	Kirkland & Ellis, Latham & Watkins, Milbank, Skadden Arps Slate Meagher & Flom, Takjas Kromer Willkie Farr & Gallagher
1.350 Euro	Paul Hastings, Quinn Emanuel Urquhart & Sullivan, Sidley Austin
1.200–1.300 Euro	Gibson Dunn & Crutcher, Hoyng ROKH Monegier, Freshfields Bruckhaus Deringer, Gütt Olk Feldhaus, Linklaters, Orrick Herrington & Sutcliffe, Ypong

Quelle der Tabelle: Azur 2024

In einer Großkanzlei werden die verschiedenen Rechtsgebiete in Praxisgruppen organisiert. Bei der Bewerbung geben Sie am besten direkt an, für welchen Bereich Sie sich interessieren. Bei Interesse kann es aber auch im Laufe der Station sinnvoll sein, nachzufragen, ob Sie auch noch in einen anderen Fachbereich hineinschnuppern dürfen. Die Aufgaben in den Großkanzleien mögen oft überwiegend in der Prüfung und Erstellung von Dokumenten liegen. In seltenen Fällen stehen aber auch Gerichtsbesuche an.

Mittelständische Kanzlei – regional verwurzelt, professionell vernetzt

Mittelständische Kanzleien sind meistens regional oder überregional tätig. Beraten werden oftmals ebenso regional bzw. überregional tätige Unternehmen. Im Vergleich zu einer Großkanzlei ist die Work-Life-Balance oft ausgewogener. Arbeit gibt es dennoch genug. Ob nun ein Gutachten zu einer Rechtsfrage erstellt, ein Schriftsatz gefertigt oder ein Vertrag geprüft wird: *a lawyer's work is never done.* Was hier, anders als in einer Großkanzlei, selten üblich ist, ist die Arbeit auf Englisch. Das heißt, wer es auch sprachlich lokaler mag, ist hier sicherlich besser aufgehoben.

Auch das Arbeitsumfeld ist in einer mittelständischen Kanzlei grundsätzlich persönlicher. Sämtliche Kolleginnen und Kollegen sind schnell kennengelernt. Das führt oft dazu, dass Sie als Referendarin und Referendar auch mehr über die Kanzleistruktur und -organisation mitbekommen. Viele mittelständische Kanzleien bieten ebenfalls finanzielle Unterstützung beim Lernen an. Eine Vergütung ist meistens vorgesehen – sie liegt jedoch deutlich unterhalb den vergleichbaren Gehältern in Großkanzleien.

Kleine Kanzlei – ganz nah dran

Kleine Kanzleien sind meistens lokal ausgerichtet und generalistisch tätig, es sei denn, es handelt sich um eine Kanzleiboutique. Diese zeichnet sich aufgrund ihrer hohen Spezialisierung aus. Als Referendarin bzw. Referendar sind Sie oftmals direkt in die Fallbearbeitung eingebunden. Sie sitzen also nicht nur an der Quelle, sondern sind teilweise sogar für die Mandantin oder den Mandanten die direkte Ansprechperson. Vom Erstgespräch bis hin zu einer außergerichtlichen oder gerichtlichen Lösung. Die einzelne Mandantin und der Mandant schätzen die Betreuung in einem persönlichen Umfeld. Referendarinnen und Referendare mit Fremdsprachenkenntnissen können diese bei der Beratung direkt einbringen.

Mehr zur Beratung der Mandantschaft im Aufsatz „Wie Sie aus Recht Verständnis machen" von RAin und Notarin Annika Seebach (S. 221 ff.).

Von A bis Z bekommen Sie hier alles mit. Sofern möglich, übernimmt die Referendarin oder der Referendar manchmal sogar (unter Anleitung) die alleinige Vertretung vor Gericht. Sie kämpfen bereits vor der offiziellen Zulassung als Anwältin bzw. Anwalt unmittelbar an der Front für die Mandanten.

Insbesondere bei der Einzelanwaltschaft gilt: *„all in one"*. Die Anwältin oder der Anwalt führen ihre Kanzlei weitgehend allein. Von Anmietung, Büroorganisation, Steuer, Gehaltsauszahlung für Mitarbeitende etc. Vor allem, wenn Sie es in Betracht ziehen, sich später selbstständig zu machen, kann die Wahl einer kleineren Kanzlei echte Vorteile mit sich bringen. Eine Vergütung neben der Unterhaltsbeihilfe ist hier eher unüblich. Dafür erleben Sie vorab schon mal, wie der Berufsalltag unabhängig vom juristischen Know-how als Einzelanwältin bzw. Einzelanwalt aussieht. Dahinter steckt eine Menge Organisation abseits der juristischen Prüfungen. Eine bessere Gelegenheit gibt es dazu weder während des Referendariats noch in den Arbeitsgemeinschaften.

Mehr zum Einstieg in die Selbstständigkeit im Aufsatz: „Vom Referendariat in die Kanzleigründung" von RAin und Notarin Annika Seebach (S. 214 ff.).

„Tauchen" individuell abklären

Wer bis hierhin aufgepasst hat, dem sollte aufgefallen sein, dass noch kein einziges Wort zum „Tauchen" gefallen ist. Tauchen bedeutet, dass ein Teil der Anwaltsstation nicht mit der Arbeit in der Kanzlei verbracht wird, sondern allein mit der Vorbereitung auf das Zweite Staatsexamen. Denn die schriftlichen Prüfungen finden größtenteils im letzten Monat der Anwaltsstation statt (Exemplarisch für Hessen § 48 Abs. 1 JAG). Neben der Stationsarbeit, Arbeitsgemeinschaften und anderweitigen Verpflichtungen ist die Zeit zum konzentrierten Lernen rar. Aus diesem Grund treffen fast alle Referendarinnen und Referendare Vorkehrungen. Egal bei welcher Kanzlei Sie die Anwaltsstation verbringen, es ist immer Verhandlungssache, wie oft Sie tatsächlich anwesend sein müssen. Zu den üblichen Modellen gehört beispielsweise, dass die Referendarinnen und Referendare in den ersten Monaten der Anwaltsstation fast jeden Tag im Büro sind. Die so „gesammelten

Anwesenheitstage“ können dann am Ende der Station wieder abgebaut werden, indem man kurz vor dem Examen komplett frei hat oder z. B. nur noch an einem Tag im Büro ist. Auch Homeoffice-Optionen können dabei helfen, die zeitliche Belastung durch die Stationsarbeit zu reduzieren.

Da es sich beim Tauchen um ein inoffizielles Instrument zur Vorbereitung auf das Examen handelt, gibt es keine offiziellen Regelungen dazu. Daher rate ich Ihnen, die beiderseitigen Erwartungen vor Beginn der Stationszusage dahingehend abzuklopfen.

Eine Station mit Praxisrelevanz und Gestaltungsmöglichkeiten

Egal ob Großkanzlei oder Einzelkämpfer: Die Anwaltsstation bietet viele Chancen und Herausforderungen. Je nachdem, welche Erwartungen, Ziele oder Begleiterscheinungen Priorität genießen, treffen Sie hier Ihre individuelle Wahl.

Um die Chancen zu erhöhen, bei der eigenen Wunschkanzlei unterzukommen, ist es empfehlenswert, die Bewerbungsunterlagen frühzeitig auf den Weg zu bringen. Auch auf Karrieremessen können Kontakte geknüpft werden und bei Gelegenheit schon mal ein Stationsplatz für die nahe Zukunft angefragt werden. Sobald der Beginn des Referendariats feststeht, stehen auch die jeweiligen Startdaten der Stationen fest. Das heißt, Sie können sich schon Monate vorher um eine Anwaltsstation bemühen.

Mehr zur Gestaltung Ihres Lebenslaufs im Aufsatz „Dos & Don’ts für den juristischen Lebenslauf“ von Jana Sáez García (S. 198 ff.).

Klar ist aber: Eine eierlegende Wollmilchsau gibt es auch unter den Kanzleien nicht. In einigen Bundesländern ist es jedoch möglich, die Anwaltsstation zu teilen und so z. B. die eine Hälfte in einer Großkanzlei und die andere Hälfte in einer kleineren Kanzlei zu verbringen. Was außerdem immer möglich ist: das Beste aus der Station zu machen. Im Zweifelsfall wissen Sie nach der Station definitiv, wo Sie später beruflich hinwollen. Oder was Sie beruflich auf keinen Fall machen möchten! Die Station wird durchaus gerne dazu genutzt, mögliche Arbeitgebende auf Herz und Nieren zu prüfen und potenzielle Kolleginnen und Kollegen kennenzulernen. Sofern Sie am Ende der Station tatsächlich an einem Job in dieser Kanzlei interessiert sind, sollten Sie dies auch offen kommunizieren. Nicht selten werden die Referendarinnen und Referendare nach erfolgreichem Bestehen des Zweiten Staatsexamens übernommen und kehren als frisch gebackene Volljuristinnen und Volljuristen zu ihrer Anwaltsstation zurück.

7. Anwaltsklausur leicht gemacht
So meistern Sie die anwaltliche Aufgabenstellung souverän

RAin und Notarin Annika Seebach

Die sogenannte Anwaltsklausur im juristischen Referendariat verlangt von Ihnen, einen anwaltlichen Schriftsatz zu erstellen oder eine Beratungssituation aus Sicht eines Parteivertreters zu lösen. Anders als bei den Richter-, Behörden- und Staatsanwaltsklausuren stehen hier weniger objektive Entscheidungsfindung und umfassende Neutralität im Vordergrund, sondern vielmehr eine konsequente Interessenvertretung sowie taktische Erwägungen. Die konkrete Gewichtung der Anwaltsklausur im Examen variiert je nach Bundesland: Während beispielsweise in Bayern oder Baden-Württemberg verstärkt klassische richterliche Klausuren dominieren, messen Bundesländer wie Hessen oder Nordrhein-Westfalen den anwaltlichen Klausuren traditionell ein größeres Gewicht bei. Dementsprechend sollten sich Referendarinnen und Referendare frühzeitig mit den landesspezifischen Besonderheiten vertraut machen, um sich gezielt und effektiv auf diese Klausurform vorzubereiten.

Bedeutung, Zielsetzung und Charakter der Anwaltsklausur

Die anwaltliche Aufgabenstellung im Referendariat ist eine entscheidende Vorbereitung auf die spätere Berufspraxis. Obwohl ein Großteil der Referendarinnen und Referendare nach dem Zweiten Staatsexamen in den Anwaltsberuf einsteigt, wird dieser Ausbildungsteil von vielen nicht mit der notwendigen Ernsthaftigkeit wahrgenommen. Insbesondere in der Anwaltsstation ist das sogenannte „Tauchen“ üblich, bei dem die Referendare nur wenig aktiv am anwaltlichen Berufsalltag teilnehmen und stattdessen Zeit für das Lernen auf die schriftlichen Prüfungen verwenden. Dies führt jedoch dazu, dass entscheidende praktische Kompetenzen fehlen, die gerade in der Anwaltsklausur verlangt werden. Um die Anwaltsklausur erfolgreich zu meistern, müssen Sie lernen, konsequent die Perspektive des Parteivertreters einzunehmen, taktisch zu argumentieren und mandantenorientiert zu denken. Wer in der Anwaltsstation lediglich passiv bleibt, riskiert, genau diese Fähigkeiten nicht rechtzeitig zu entwickeln.

Die Anwaltsklausur verfolgt vor allem das Ziel, Ihre praxisnahen Fähigkeiten im Bereich der anwaltlichen Tätigkeit zu überprüfen. Dabei geht es nicht primär darum, theoretische Kenntnisse abstrakt zu reproduzieren, sondern vielmehr zu zeigen, dass man in der Lage ist, die Interessen eines Mandanten effektiv und überzeugend zu vertreten. Zentral sind hier insbesondere Fähigkeiten wie das Erstellen klar strukturierter und strategisch sinnvoll aufgebauter Schriftsätze, die Entwicklung überzeugender rechtlicher Argumentationen und die Fähigkeit, taktische Entscheidungen zu treffen. Ziel dieser Klausur ist es, sicherzustellen, dass Sie als potenziell angehende Rechtsanwältinnen und Rechtsanwälte nicht nur über das erforderliche Fachwissen verfügen, sondern auch die speziellen Anforderungen der anwaltlichen Praxis – insbesondere das strategische Denken aus Mandantensicht – beherrschen.

Unterschiede zur Richter-, Behörden- und Staatsanwaltsklausur

Die Anwaltsklausur unterscheidet sich maßgeblich von den Richter-, Behörden- und Staatsanwaltsklausuren im juristischen Staatsexamen. Während Letztere darauf abzielen, objektiv und unparteiisch eine Entscheidung vorzubereiten und zu begründen oder staatliche Ansprüche durchzusetzen, steht bei der Anwaltsklausur klar die parteiliche Interessenvertretung im Vordergrund. Als Rechtsanwältin oder Rechtsanwalt sind Sie gefordert, den Sachverhalt konsequent aus Sicht Ihres Mandanten zu betrachten und entsprechend zu argumentieren, was unter anderem strategische Überlegungen, taktische Schwerpunktsetzungen und gegebenenfalls auch eine selektive Darstellung des Sachverhalts umfasst. Dies erfordert eine andere Herangehensweise und Gewichtung der Argumente: Während beispielsweise bei einer Richterklausur umfassende Neutralität und Ausgewogenheit der rechtlichen Argumentation entscheidend sind, geht es in der Anwaltsklausur vielmehr darum, die Position des eigenen Mandanten möglichst überzeugend und erfolgversprechend darzustellen. Das bedeutet nicht, problematische Aspekte vollständig zu verschweigen, sondern sie bewusst zu adressieren und strategisch zu behandeln – beispielsweise indem sie relativiert, plausibel erklärt oder durch stärker gewichtete positive Argumente kompensiert werden. Sie müssen dabei stets sorgfältig abwägen, welche Argumente besonders stark und überzeugend wirken und daher hervorgehoben werden sollten, während schwächere Aspekte subtil, aber glaubwürdig eingeordnet und unwichtige gar ignoriert werden müssen. Auch im späteren Anwaltsberuf stellt dieses sog. „Filtern" des Sachverhalts einen wichtigen Teil der Arbeit dar.

Die Fähigkeit, diese Perspektive bewusst einzunehmen und zu halten, ist entscheidend und macht den wesentlichen Unterschied zu anderen Klausurtypen.

Inhalt: Schriftsätze

Typische Aufgabenstellungen der Anwaltsklausur betreffen das Erstellen anwaltlicher Schriftsätze. Am häufigsten begegnen Sie hierbei Klausuraufgaben, die die Anfertigung einer Klageschrift oder einer Klageerwiderung verlangen. Dabei geht es darum, den Sachverhalt prägnant, aber vollständig und aus Mandantensicht möglichst günstig aufzubereiten. Ziel ist eine überzeugende Darstellung der rechtlichen Position, verbunden mit der klaren Formulierung konkreter Anträge. Darüber hinaus gehören Berufungsschriften, also die sorgfältige Begründung eines Rechtsmittels gegen erstinstanzliche Urteile, ebenfalls zum Standardrepertoire dieser Klausurart.

In diesen Fällen wird besonderes Augenmerk darauf gelegt, juristisch haltbare Fehler des erstinstanzlichen Gerichts herauszuarbeiten und die Argumentation entsprechend taktisch auszurichten. Auch Anträge auf einstweiligen Rechtsschutz, wie etwa einstweilige Verfügungen oder einstweilige Anordnungen, sind typische Aufgabenstellungen. Hier steht neben der rechtlichen Argumentation vor allem die Eilbedürftigkeit im Fokus: Sie müssen überzeugend begründen, warum ein sofortiges Einschreiten des Gerichts erforderlich ist und dabei sowohl rechtlich präzise als auch taktisch klug vorgehen. Insgesamt testen diese verschiedenen Aufgabenstellungen in der Anwaltsklausur Ihre Fähigkeit, praxisnah, taktisch und mandantenorientiert zu denken sowie rechtliche Argumente zielgerichtet und strukturiert zu präsentieren.

Inhalt: Anwaltliches Gutachten

Eine weitere typische Aufgabe in der Anwaltsklausur ist die Anfertigung anwaltlicher Gutachten zur Erfolgsaussicht von Rechtsbehelfen. In diesen Klausuren wird von Ihnen verlangt, die Chancen und Risiken einer beabsichtigten Rechtsverfolgung oder -verteidigung systematisch aus Mandantensicht zu bewerten. Anders als bei einem rein wissenschaftlichen Gutachten, das primär auf Vollständigkeit und Neutralität abzielt, steht bei einem anwaltlichen Erfolgsaussichtsgutachten vor allem eine realistische Einschätzung der Prozessaussichten und möglicher Risiken im Vordergrund. Ziel dieser Klausurform ist es, zu prüfen, ob Sie in der Lage sind, komplexe Sachverhalte schnell und praxisorientiert rechtlich einzuordnen, Chancen und Schwachstellen der eigenen Position zu erkennen und daraus eine klare Handlungsempfehlung abzuleiten. Entscheidend ist, dass Sie eine prägnante, verständliche und mandantenorientierte Sprache verwenden und am Ende zu einer klaren Empfehlung gelangen.

Inhalt: Beratung der Mandantschaft

Ein ebenfalls wichtiger Bestandteil der Anwaltsklausur ist die Bearbeitung einer mandantenorientierten Beratungssituation. In diesem Aufgabentyp sind Sie gefordert, eine komplexe rechtliche Problemstellung nicht nur juristisch richtig, sondern insbesondere verständlich und praxistauglich aufzubereiten. Der Fokus liegt dabei auf der konkreten Lebenssituation des Mandanten: Es genügt nicht, lediglich abstrakte juristische Einschätzungen zu formulieren, vielmehr muss eine maßgeschneiderte Lösung präsentiert werden, die die individuellen Interessen, Wünsche und Risiken des Mandanten angemessen berücksichtigt. Gefragt ist dabei insbesondere die Fähigkeit, komplexe rechtliche Sachverhalte verständlich und nachvollziehbar zu erläutern, strategische Handlungsempfehlungen auszusprechen und die jeweiligen Konsequenzen transparent aufzuzeigen. Entscheidend für das Gelingen dieser Aufgabe ist somit, dass Sie die Perspektive des Mandanten einnehmen und sich in dessen konkrete Bedürfnisse hineinversetzen können.

Häufige Fehlerquellen und Tipps zur Vermeidung

Ein häufiger Fehler in der Anwaltsklausur ist der sogenannte „Rollenswitch“ – also das unbewusste Verlassen der anwaltlichen Perspektive zugunsten einer neutralen oder richterlichen Haltung. Viele Referendarinnen und Referendare neigen aufgrund ihrer Ausbildung und Gewöhnung an Gutachtenstil und objektive Bewertung dazu, die spezifische Rolle des Parteivertreters nicht konsequent einzuhalten. Schwierigkeiten äußern sich häufig darin, dass Argumente der Gegenseite übermäßig stark dargestellt oder die eigene Position unnötig kritisch hinterfragt wird. Ebenso führt dies dazu, dass taktische und mandantenorientierte Überlegungen in den Hintergrund treten.

Zur Vermeidung solcher Fehler sollten Sie von Anfang an bewusst in die Rolle des Anwalts schlüpfen und diese bis zum Ende konsequent durchhalten. Hilfreich ist dabei eine klare Vorstellung des eigenen Mandanten: Versetzen Sie sich gedanklich in die konkrete Situation Ihres Mandanten hinein und behalten Sie stets dessen Interessen und Ziele im Blick. Es wird eine parteiliche Interessenvertretung verlangt. Ein gezieltes Training anhand praxisnaher Fälle und Schriftsätze sowie die anwaltliche Station im Referendariat helfen dabei.

Eine weitere häufige Fehlerquelle in der Anwaltsklausur besteht darin, dass die Orientierung an den Interessen des Mandanten mangelhaft oder unzureichend erfolgt. Viele Referendarinnen und Referendare konzentrieren sich zu stark auf rein juristische Detailfragen oder abstrakte Argumentationen und vernachlässigen dabei die konkreten Bedürfnisse und Ziele des Mandanten. Dies führt häufig dazu, dass die vorgeschlagenen Maßnahmen zwar rechtlich vertretbar, aber in der Praxis wenig hilfreich oder sogar kontraproduktiv erscheinen.

Um das zu vermeiden, sollten Sie sich stets fragen: „Was will mein Mandant tatsächlich erreichen, und welche Vorgehensweise bringt ihn diesem Ziel am besten näher?“ Die rechtliche Bewertung muss somit eng mit den wirtschaftlichen, persönlichen und strategischen Interessen des Mandanten verknüpft werden. Empfehlenswert ist es, die Interessen des Mandanten zu Beginn der Klausur klar herauszufiltern und sie dann kontinuierlich während der weiteren Bearbeitung zu reflektieren. Wer regelmäßig prüft, ob die juristischen Erwägungen dem Ziel des Mandanten tatsächlich dienen, vermeidet eine rein abstrakte oder unpraktische Bearbeitung und erhöht dadurch die Erfolgsaussichten in der Anwaltsklausur erheblich.

Die Anwaltsklausur im Zweiten Staatsexamen verlangt von Ihnen vor allem eins: die konsequente Einnahme der anwaltlichen Perspektive. Wichtig ist, sich bereits in der Vorbereitung bewusst in die Rolle des Rechtsanwalts hineinzuversetzen und sowohl die typischen Schriftsätze – wie Klageschrift, Klageerwiderung, Berufungsschrift oder Anträge auf einstweiligen Rechtsschutz – als auch anwaltliche Erfolgsaussichtsgutachten oder Beratungssituationen gezielt zu trainieren. Häufige Fehler wie der unbewusste „Rollenswitch" oder eine mangelhafte Orientierung an den Mandanteninteressen können vermieden werden, indem man stets konkret fragt, was der Mandant erreichen möchte, und darauf aufbauend eine strategische, praxisnahe und verständliche Argumentation entwickelt. Wer diese Besonderheiten frühzeitig berücksichtigt, geht gut vorbereitet in die anwaltliche Klausur.

Zum Weiterlesen

Katte von/Danfa, Zweckmäßigkeitserwägungen in der Anwaltsklausur – Klägervertreter (Teil I), in: JA 2016, 847

Katte von/Danfa, Zweckmäßigkeitserwägungen in der Anwaltsklausur – Klägervertreter (Teil II), in: JA 2016, 932

RefPod-Folge „# 53 RA-Klausur 1 (Grundlagen)", https://open.spotify.com/episode/6Jat3MHmX0oaTcCueCOedV

Heinz, Leitfaden Anwaltsstation im Referendariat, https://olg.sachsen-anhalt.de/fileadmin/Bibliothek/Politik_und_Verwaltung/MJ/MJ/olg/pdf/Ausbildungsmappe_Ref/2022/Leitfaden_Rechtsanwaltsstation_Stand_2022.pdf

8. Aktenberge und Behördenmuff? Die Verwaltungsstation hat viel mehr zu bieten

ORR Dr. Sebastian Schuh

Im Referendariat folgt eine Station auf die nächste: Zivilstation, Strafstation, Anwaltsstation, Verwaltungsstation. Zu Beginn mag die Verwaltungsstation für viele Referendarinnen und Referendare als das weniger aufregende Anhängsel des Pflichtprogramms erscheinen. Doch häufig wird diese Einschätzung am Ende positiv widerlegt. Zwar fehlen hier die spektakulären Plädoyers der Strafstation oder der Besuch einer Obduktion. Doch auch die Verwaltungsstation bietet spannende und abwechslungsreiche Aufgaben, die sie zu einem wertvollen und lehrreichen Abschnitt des Vorbereitungsdienstes machen.

Ziele und Einsatzgebiete in der Verwaltungsstation

Die praktische Verwaltungsstation dauert je nach Bundesland drei bis viereinhalb Monate und hat das Ziel, den Referendarinnen und Referendaren den Berufsalltag von Verwaltungsjuristinnen und Verwaltungsjuristen näherzubringen. Sie sollen ein fundiertes Verständnis für die Aufgaben und Arbeitsweisen der öffentlichen Verwaltung entwickeln. Dabei wird nicht nur juristisches Wissen vermittelt, sondern auch ein Verständnis für das Zusammenspiel und die Bedeutung von Recht in der öffentlichen Verwaltung.

Der Vorteil der Verwaltungsstation liegt in der enormen Vielfalt der Einsatzmöglichkeiten: ob bei Verwaltungsgerichten, in Bundes- oder Landesbehörden wie Ministerien, Bezirksregierungen oder Finanzbehörden, in der Bundestagsverwaltung, in städtischen oder kommunalen Verwaltungen oder öffentlichen Einrichtungen wie Krankenkassen, in der Industrie- und Handelskammer, beim Rundfunk oder der Polizei – überall sind Juristinnen und Juristen tätig.

Für diejenigen, die ihre Verwaltungsstation lieber mit einem Ergänzungsstudium verbinden möchten, gibt es die Möglichkeit, das sogenannte Speyer-Semester an der Deutschen Universität für Verwaltungswissenschaften zu absolvieren. Dort können interdisziplinäre Themen vertieft und wertvolle Kontakte geknüpft werden, während man den Studientag bei einem Glas Rotwein im Rabennest ausklingen lässt. Das Speyer-Semester findet zweimal jährlich statt, in der Zeit vom 1. Mai bis 31. Juli und vom 1. November bis 31. Januar und muss sich daher in den zeitlichen Rahmen der Verwaltungsstation des jeweiligen Bundeslandes einfügen (Es besteht vereinzelt auch die Möglichkeit das Semester auf die Rechtsanwalt- oder Wahlstation anrechnen zu lassen.).

Wer das Fernweh nicht bis zur Wahlstation aufschieben möchte und sich für eine internationale Perspektive interessiert, hat zudem die Möglichkeit, die Verwaltungsstation im Ausland zu absolvieren, etwa bei den Außenhandelskammern oder der Ständigen Vertretung der Bundesrepublik in Brüssel (Hier gelten starre Fristen für die Bewerbung!) oder anderen Auslandsstellen über das Auswärtige Amt. Das bietet eine einmalige Gelegenheit, das deutsche Rechtssystem im internationalen Kontext zu erleben.

Mehr zur Auslandsstation im Aufsatz: „Reisepass statt Revision" von RA Furkan Akgün (S. 166 ff.).

Während in einer Kommunalverwaltung der Arbeitsalltag oft stärker durch konkrete Bürgeranliegen geprägt ist, stehen in einem Ministerium strategische und gesamtstaatliche Fragestellungen regelmäßig im Vordergrund. In Landratsämtern und Bezirksregierungen hingegen ist die Arbeit überwiegend von Aufgaben geprägt, die die Umsetzung von Landes- und Bundesvorgaben betreffen. Diese Vielfalt macht deutlich, dass „der juristische Berufsalltag" in der Verwaltung nicht einheitlich ist, sondern je nach Behörde und Aufgabenbereich stark variieren kann.

Die zahlreichen Einsatzmöglichkeiten zeigen auch, dass die Verwaltung allgegenwärtig ist. Tatsächlich ist sie in nahezu allen Lebensbereichen präsent, auch wenn wir uns ihrer oft nicht bewusst sind. Während man privat im Alltag mit dem Strafrecht (hoffentlich) bislang nie in Kontakt getreten ist, so beeinflusst die Verwaltung unser Leben ständig. Schon seit dem Studium des öffentlichen Rechts geht eine Juristin oder ein Jurist mit anderen Gedanken durch die Stadt: Überall Verwaltungsakte! Baugenehmigung, Genehmigung des Schankbetriebs, das Schließen eines Restaurants aufgrund hygienischer Mängel, Verkehrsschilder – die

Vielzahl von Verwaltungsakten, die im Hintergrund unser Leben ordnen, ist kaum zu überblicken.

Egal welcher Behörde man zugeteilt wird, überall sollte man ein vertieftes Verständnis des Behördenaufbaus und der Zusammenarbeit von europäischen Behörden, Bund, Ländern, Kommunen und weiteren Körperschaften des öffentlichen Rechts vermittelt bekommen. Wenn ein konkreter Wunsch besteht, die Verwaltungsstation in einer bestimmten Behörde oder Institution zu absolvieren, sollte man die Initiative ergreifen und frühzeitig (Fristen!) handeln, um der automatischen Zuweisung zuvorzukommen. In den meisten Bundesländern kann so der eigene Einsatzort aktiv mitgestaltet werden. Es lohnt sich also beizeiten zu recherchieren, welche Behörden oder Institutionen für die Verwaltungsstation infrage kommen.

Welche Aufgaben kommen auf mich zu?

In der praktischen Verwaltungsstation erwarten Referendarinnen und Referendare häufig komplizierte Sachverhalte und rechtliche Fragestellungen, die es zu analysieren und zu lösen gilt. Während einige Aufgaben leichter von der Hand gehen, erfordern komplexere Probleme fundiertes Wissen und durchdachte Lösungen. Referendarinnen und Referendare arbeiten in der Regel unter der Betreuung einer Volljuristin oder eines Volljuristen und übernehmen Aufgaben, die typisch für eine Verwaltungsjuristin bzw. einen Verwaltungsjuristen sind.

Ein großer Teil der Arbeit besteht (wie bei vielen Juristinnen und Juristen) aus Schreibtischarbeiten. Hierzu gehört das Erarbeiten von Stellungnahmen zu rechtlichen Fragen, das Prüfen von Verwaltungsakten (z. B. von Baugenehmigungen oder einer waffenrechtlichen Erlaubnis) und die Erstellung von Vermerken oder Rechtsgutachten. Dies gehört regelmäßig zu den Pflichtaufgaben der Referendarin oder des Referendars.

Ein weiteres zeitintensives Aufgabenfeld kann die Begleitung von Verwaltungsverfahren, etwa bei Planfeststellungsverfahren bspw. für Straßenbauvorhaben oder den Flughafenausbau mit Öffentlichkeitsbeteiligungen und Erörterungsterminen, sein. Hier bekommt man ein Gespür dafür, welch große Rolle auch einer scheinbar kurzen gesetzlichen Norm in der Praxis zukommen kann. Hinzu kommen Aufgaben wie Vertragsgestaltungen und -abschlüsse sowie die Begleitung von gerichtlichen Verfahren.

Nachdem Verwaltungsjuristinnen und Verwaltungsjuristen in der täglichen Praxis in engem Austausch mit den Mitarbeitenden der Behörde und ggf. der politischen Leitung stehen, gehören Besprechungen und Außentermine (wie bspw. die Besichtigung von Baugeländen oder Naturschutzgebieten) ebenfalls zum Arbeitsalltag, wobei auch die Teilnahme an politischen Gremien, wie dem Kreisrat eines Landkreises, nicht selten ist.

Examensrelevanz und Horizonterweiterung

Ein ständiger Begleiter in jeder Station ist die Frage, ob das Einsatzgebiet und die Tätigkeit Examensrelevanz besitzen oder nicht. Dies erscheint im Hinblick auf das nahende Examen nachvollziehbar. Die Ausbilderinnen und Ausbilder werden sich zwar stets bemühen, den Referendarinnen und Referendaren geeignete und examensrelevante Aufgaben zu übertragen. Doch auch wenn dies aufgrund des besonderen Tätigkeitsfeldes einmal nicht der Fall sein sollte, so darf man sich stets auch den Zweck der einzelnen Stationen vergegenwärtigen und die Chance nutzen, Einblicke in die praktischen Arbeitsweisen, auch im Hinblick auf eine spätere berufliche Tätigkeit, zu gewinnen und somit seinen Horizont zu erweitern. Letztlich geht es darum, nicht nur Examenswissen zu vertiefen, sondern auch ein echtes Verständnis für die praktische Anwendung des Rechts zu entwickeln.

Die Arbeitsgemeinschaft im öffentlichen Recht

Die praktische Verwaltungsstation wird von einer Arbeitsgemeinschaft begleitet, die theoretisches Wissen für die öffentlich-rechtlichen Examensklausuren vermittelt. So müssen sich Referendarinnen und Referendare mit – je nach Bundesland – neu hinzukommenden Rechtsgebieten wie beispielsweise dem Immissionsschutzrecht auseinandersetzen. Doch genügt hier nach den Ausbildungsordnungen oftmals das Beherrschen der Grundzüge. Den Großteil des materiellen Rechts kennen die Referendarinnen und Referendare hingegen bereits aus dem universitären Studium und der Ersten Juristischen Prüfung. Zudem sind im Unterschied zum Zivil- oder Strafrecht Kenntnisse der verwaltungsgerichtlichen Verfahrensarten bereits vorhanden.

Neben dem Auffrischen und Intensivieren dieser Kenntnisse, sollte ein Schwerpunkt jedoch auf die zahlreichen verschiedenen Aufbereitungsarten gelegt werden. So sollte jede Referendarin und jeder Referendar vor dem schriftlichen Teil des Zweiten Juristischen Staatsexamens in der Lage sein, eine Bescheidsklausur, einen Gerichtsbeschluss, ein Urteil oder einen Beschluss im einstweiligen Rechtsschutz, einen Rechtsanwaltsschriftsatz oder ein Gutachten mit korrektem Aufbau und den wesentlichen Bestandteilen anzufertigen und mit der gebotenen Schwerpunktsetzung darzustellen. Zudem müssen das Anfertigen eines zutreffenden Tenors samt Urteilsstil beherrscht werden.

Mehr zur Behördenklausur im Aufsatz: „Den Bescheid in der Tasche“ von ORR Dr. Sebastian Schuh (S. 147 ff.).

Trotz der hohen Termindichte mit Verpflichtungen der praktischen Station wie auch der Arbeitsgemeinschaft muss stets ausreichend Zeit für das Erlernen, Üben und Wiederholen im Eigenstudium berücksichtigt und eingeplant werden.

Viel mehr als eine bloße „Pflichtstation“

Die Verwaltungsstation sollte keinesfalls nur als „Pflichtstation“ abgehakt werden. Nutzen Sie die Zeit, um tiefere Einblicke in die Praxis der Verwaltung und der Verwaltungsgerichte zu gewinnen. Wer engagiert ist und mit einer offenen Haltung an die Station herangeht, wird überrascht sein, wie spannend und vielseitig die Arbeit in der Verwaltung sein kann.

Planen Sie aber trotz der hohen Termindichte, die mit den Verpflichtungen der praktischen Station sowie der Arbeitsgemeinschaft einhergeht, stets ausreichend Zeit für das eigenständige Erlernen, Üben und Wiederholen ein.

Zum Weiterlesen

Speyer: https://www.uni-speyer.de/studium/ergaenzungsstudium/ergaenzungsstudium-im-referendariat/entsendemoeglichkeiten-im-rechtsreferendariat

Brüssel: https://bruessel-eu.diplo.de/eu-de/service/staev-referendariat/1497264

Auswärtiges Amt: https://www.auswaertiges-amt.de/de/karriere/praktika/referendare-node

Scheffel, Erfahrungsbericht: Meine Verwaltungsstation bei der Industrie- und Handelskammer (IHK), https://jurios.de/2024/03/07/erfahrungsbericht-meine-verwaltungsstation-bei-der-industrie-und-handelskammer-ihk/

Redaktion, Referendariat: Die Verwaltungsstation im Rechtsamt einer Stadt, https://jurios.de/2023/10/19/referendariat-die-verwaltungsstation-im-rechtsamt-einer-stadt/

9. Den Bescheid in der Tasche

Was Sie bei einer Behördenklausur beachten müssen

ORR Dr. Sebastian Schuh

Die Zweite Juristische Staatsprüfung stellt angehende Volljuristinnen und Volljuristen vor eine breite Palette von Klausurtypen. Dazu gehören:

- Verwaltungsgerichtliche Urteils- oder Beschlussklausuren
- Anwaltsklausuren (Schriftsatz, Mandantenschreiben, Rechtsgutachten)
- Behördenklausuren (Ausgangs- oder Widerspruchsbescheid)

Dabei nimmt die Behördenklausur eine besondere Rolle ein. Sie erfordert nicht nur ein sicheres Beherrschen des materiellen Verwaltungsrechts, sondern auch das Verständnis für behördliche Abläufe und die formalen Anforderungen an eine verwaltungsrechtliche Entscheidung.

Gerade in den praktischen Ausbildungsstationen sollten Referendarinnen und Referendare die Gelegenheit nutzen, sich mit der behördlichen Praxis intensiv auseinanderzusetzen, verschiedene Bescheide zu sichten und die Formalien zu verinnerlichen. Auch wenn die Behördenklausur nicht in jedem Examenstermin von den Prüfungsämtern eingefordert wird, sollte sie keinesfalls vernachlässigt werden. Eine gute Vorbereitung kann entscheidende Punkte sichern. Der folgende Beitrag gibt einen Überblick über die Ziele, Anforderungen und den typischen Aufbau dieser Klausurart.

Ein Wechsel der Perspektive

Die zentrale Aufgabe einer Behördenklausur ist es, eine praxisgerechte behördliche Entscheidung oder Stellungnahme zu entwerfen. Dabei müssen Referendarinnen und Referendare eine verwaltungsrechtliche Problemstellung korrekt erfassen, d.h., den Sachverhalt analysieren, die einschlägigen Normen anwenden und eine in der Praxis tragfähige Entscheidung formulieren.

Auch wenn die materiell-rechtliche Prüfung weiterhin den Großteil der Punkte einer Klausur einbringt, darf die Bedeutung der formalen Kriterien nicht unterschätzt werden. Eine routinierte Handhabung der Formalien ist ein entscheidender Vorteil im Examen.

Die Aufgabenstellungen in Behördenklausuren können unterschiedlich sein. Oftmals wird jedoch Folgendes gefordert:

- Die Erstellung eines Verwaltungsaktes: Dieser kann begünstigende oder (regelmäßig) belastende Verfügungen enthalten. Beispiele hierfür sind:
  - Ablehnung eines Antrags auf Erteilung einer Baugenehmigung,
  - Rückforderung eines gewährten Zuschusses,
  - Erteilung einer immissionsschutzrechtlichen Genehmigung oder
  - Verhängung eines Maulkorbzwangs für einen Hund.
- Die Erstellung eines Widerspruchsbescheides: Auch wenn das Widerspruchsverfahren in den letzten Jahren im Pflichtfachstoff der Bundesländer an Bedeutung verloren hat, ist eine solche Aufgabenstellung in den meisten Bundesländern weiterhin denkbar.

Ein bedeutender Unterschied zur Ersten Juristischen Prüfung liegt in der veränderten Perspektive: Während dort oftmals die Rechtmäßigkeit behördlicher Entscheidungen geprüft wurde, geht es nun darum, selbst eine behördliche Entscheidung zu formulieren.

Dieser Wechsel ist essenziell: Alle Aspekte, die zuvor als Angriffspunkte dienten – beispielsweise eine fehlerhafte Bekanntgabe, ein unbestimmter Verwaltungsakt (§ 37 Abs. 1 VwVfG), eine unzureichende Begründung (§ 39 VwVfG), Ermessensfehler oder das Außerachtlassen des Verhältnismäßigkeitsgrundsatzes – müssen nun dringlichst vermieden werden. Zudem sollten stets alle Folgeschritte mitgedacht werden, etwa die Androhung von Zwangsmitteln.

In 7 Schritten zum Erstbescheid

Ein Verwaltungsakt sollte stets klar, nachvollziehbar und rechtssicher formuliert sein. Um eine strukturierte Erstellung eines Erstbescheids zu gewährleisten, bietet sich das folgende 7-Schritte-Schema an:

1. Kopf des Bescheids

Jeder Verwaltungsakt beginnt mit einem Kopfteil, der die formellen Eckdaten enthält. Hierzu zählen:

- die ausstellende, zuständige Behörde,
- das Akteneichen (regelmäßig dem Sachverhalt zu entnehmen) und
- das Datum des Erlasses.

2. Bekanntgabe/ggf. Zustellung

Nach § 41 Abs. 1 Satz 1 VwVfG ist ein Verwaltungsakt demjenigen Beteiligten bekanntzugeben, für den er bestimmt ist oder der von ihm betroffen wird (sog. Inhaltsadressat). In bestimmten Fällen kann die Bekanntgabe jedoch an eine andere Person erfolgen (sog. Bekanntgabeadressat), etwa an einen Bevollmächtigten. Falls ein Beteiligter einen solchen bestellt hat, kann die Bekanntgabe gemäß § 41 Abs. 1 Satz 2 VwVfG an diesen erfolgen.

Zusätzlich ist stets zu prüfen, ob eine förmliche Zustellung erforderlich ist – entweder aufgrund einer gesetzlichen Vorschrift (§ 1 Abs. 2 Alt. 1 VwZG) oder aufgrund behördlicher Anordnung (§ 1 Abs. 2 Alt. 2 VwZG). Eine förmliche Zustellung ist beispielsweise zwingend vorgeschrieben, wenn Zwangsmittel angedroht werden (§ 13 Abs. 7 VwVG bzw. die einschlägige landesrechtliche Vorschrift).

Sollte in einer Examensklausur die Bekanntgabe per einfachem Brief gemäß § 41 Abs. 2 VwVfG genügen, so ist ein gesonderter Vermerk hierüber im Bescheid nicht zwingend erforderlich. Ist jedoch eine förmliche Zustellung rechtlich geboten oder aus Beweisgründen sinnvoll, sollte die gewählte Zustellungsmethode (z. B. Zustellungsurkunde nach § 3 Abs. 1 VwZG) ausdrücklich erwähnt werden.

Nach diesen Prüfungsschritten ist auf eine zutreffende Adressierung im Anschriftenfeld zu achten.

3. Betreff und Anlagen

Ein prägnanter Betreff erleichtert die Einordnung des Verwaltungsakts. Er sollte knapp formuliert sein, z. B. *„Vollzug der Baugesetze: Erteilung einer Baugenehmigung"* oder *„Baurecht: Anordnung der Einstellung von Bauarbeiten."*

Sofern dem Bescheid Anlagen beigefügt werden (z. B. Karten, Gutachten oder weitere Erläuterungen), müssten diese hier aufgelistet werden.

4. Verfügung

Ein ordentlicher Tenor ist dabei die Visitenkarte der Klausur. Der Kern des Bescheids ist die verfügende Entscheidung. Diese sollte:

- klar und knapp formuliert sein,
- inhaltlich mit der später folgenden Begründung übereinstimmen,
- mit Gliederungsziffern (römisch: I., II....) versehen sein und mit
- dem Wort Bescheid überschrieben und eingerückt dargestellt werden.

Ein Beispiel für eine Baueinstellungsverfügung könnte etwa lauten:

> *I. Die Einstellung der Bauarbeiten am Wohngebäude in der Gemeinde (...), Ortsteil (...) mit der FlNr. (...) wird angeordnet.*

Im Falle einer Ablehnung eines Antrags, gerichtet auf die Erteilung zur Haltung eines erlaubnispflichtigen Hundes, könnte ein Tenor lauten:

> *I. Ihr Antrag vom (...), gerichtet auf Erteilung einer Erlaubnis zur Haltung Ihres Hundes, wird abgelehnt.*

Weiterhin ist zu prüfen, ob die sofortige Vollziehung angeordnet werden soll. Nach § 80 Abs. 2 Satz 1 Nr. 4 VwGO kann die Behörde, die den Verwaltungsakt erlässt, in den Fällen, in denen die sofortige Vollziehung im öffentlichen Interesse oder im überwiegenden Interesse eines Beteiligten ist, angeordnet werden.

Mit einer entsprechenden Begründung könnte eine Tenorierung lauten:

> *II. Die sofortige Vollziehung der vorstehenden Ziffer I. wird angeordnet.*

Zudem ist stets zu überlegen, ob bereits mit Bekanntgabe des Verwaltungsaktes Zwangsmittel angedroht werden. Zwar handelt es sich hierbei um einen selbstständigen Verwaltungsakt, doch kann dieser mit dem Erlass des Ausgangsverwaltungsaktes verbunden werden (Achtung: die Androhung eines Zwangsmittels löst eine Pflicht zur förmlichen Zustellung aus, § 13 Abs. 7 VwVG, der in Satz 2 ausdrücklich normiert, dass dies auch dann gilt, wenn die Androhung mit dem zugrunde liegenden Verwaltungsakt verbunden ist und für ihn keine förmliche Zustellung vorgeschrieben ist.

Eine Tenorierung könnte etwa lauten:

III. Für den Fall der Nichterfüllung der in Ziffer I. auferlegten Verpflichtung wird ein Zwangsgeld in Höhe von (...) Euro fällig.

Letztlich ist ggf. noch eine Kostenentscheidung zu treffen.

5. Begründung

Ein Verwaltungsakt muss gemäß § 39 Abs. 1 VwVfG stets mit einer Begründung versehen sein. Ausnahmen hiervon finden sich in § 39 Abs. 2 VwVfG. Diese Begründung hat die wesentlichen tatsächlichen und rechtlichen Gründe zu enthalten, die die Behörde zu ihrer Entscheidung bewogen haben.

Den Auftakt bildet eine vollständige Darstellung des Sachverhalts (zur Orientierung siehe § 117 Abs. 2 Nr. 4, Abs. 3 VwGO). Diese Darstellung erfolgt in der Regel chronologisch.

Daran anschließend werden die rechtlichen Erwägungen dargelegt, die die jeweiligen Verfügungen tragen. An diesem Punkt betreten die Referendarinnen und Referendare vertrautes Terrain: Sie können auf ihr für die Erste Juristische Prüfung erlerntes Wissen und die dazugehörigen Schemata zurückgreifen.

Diese Darstellung erfolgt dabei jedoch im Urteilsstil. Eine klare und praxisübliche Gliederung mit Absätzen und Gliederungsziffern hilft dabei, die Begründung übersichtlich und strukturiert zu gestalten.

Abschließend sind auch die rechtlichen Erwägungen zu weiteren Entscheidungen und Nebenentscheidungen wie der sofortigen Vollziehung, der Androhung des Verwaltungszwangs oder der Kostenregelung in der erforderlichen Tiefe darzustellen.

6. Rechtsbehelfsbelehrung

Nach § 58 VwGO ist eine ordnungsgemäße Rechtsbehelfsbelehrung erforderlich. Diese muss den Beteiligten informieren über:

- den Rechtsbehelf,
- die Verwaltungsbehörde oder das Gericht, bei denen der Rechtsbehelf anzubringen ist,
- den Sitz und
- die einzuhaltende Frist.

7. Unterschrift

Der Bescheid muss unterschrieben sein bzw. der Entwurf ein Feld für die Unterschrift vorsehen.

Die Behördenklausur stellt eine besondere Herausforderung im Zweiten Juristischen Staatsexamen dar. Sie verlangt nicht nur vertiefte Kenntnisse des materiellen Rechts, sondern auch das Verständnis für behördliche Verwaltungsabläufe und formale Anforderungen. Eine gewisse Routine bringt wertvolle Punkte und spart Zeit. Wer die relevanten Formalien und Tenorierungen sicher beherrscht, schafft Freiraum für die materiellen Schwerpunkte – und legt damit den Grundstein für eine erfolgreiche Klausurbearbeitung.

Zum Weiterlesen

Kintz, Öffentliches Recht im Assessorexamen, C.H. Beck, 12. Auflage, 2024

Schaub-Englert, Zweckmäßigkeitserwägungen der beklagten Behörde, JA 2024, 415

Stellhorn, Die behördliche Zwangsmittelandrohung im Assessorexamen, JA 2022, 242

RefPod-Folge „# 46 Behördenklausur 1“, https://open.spotify.com/episode/5souU9TY8J7D7tul5geTDl?si=MA3Lbja9RveFjA_a5qGnhA

10. Die Qual der Wahl
Wohin in der Wahlstation und wie entscheiden?

ORR Dr. Sebastian Schuh

Die Wahlstation markiert einen besonderen Moment im Rechtsreferendariat. Nachdem die schriftlichen Klausuren des Zweiten Staatsexamens hinter Ihnen liegt, steht nun die letzte Etappe an – eine Phase, die nicht nur als krönender Abschluss des Stationsmarathons gilt, sondern auch den Übergang ins Berufsleben einleitet.

Obwohl dieser Moment bei Beginn des Vorbereitungsdienstes noch in weiter Ferne zu liegen scheint, kommt er schneller, als man denkt. Umso wichtiger ist es, rechtzeitig die Weichen zu stellen und sich über die Möglichkeiten und Anforderungen dieser Station im Klaren zu sein.

Die Wahlstation bietet Referendarinnen und Referendaren die Freiheit, drei Monate an einem Ort und einer Stelle ihrer Wahl zu arbeiten und wertvolle Einblicke in die Praxis zu gewinnen. Doch welche Optionen stehen zur Verfügung? Wie trifft man die richtige Entscheidung? Wie läuft die Organisation der Wahlstation ab? Dieser Beitrag soll Orientierung bieten, zentrale Überlegungen skizzieren und bei der Planung einer individuell und zielgerichtet ausgestalteten Wahlstation helfen.

Vielfalt der Möglichkeiten: Inland oder Ausland?

Egal, ob Inland oder Ausland – eine sorgfältige Planung ist der Schlüssel, um die Möglichkeiten der Wahlstation optimal zu nutzen und an den individuellen Erwartungen auszurichten. Die Rahmenbedingungen der Wahlstation variieren je nach Bundesland, doch in einem Punkt sind sich alle einig: Die Auswahl ist nahezu unbegrenzt. Solange die Betreuung durch eine Volljuristin oder einen Volljuristen gewährleistet ist und die Stelle zum gewählten Berufsfeld passt, sind den möglichen Einsatzstellen kaum Grenzen gesetzt. Dies eröffnet Referendarinnen und Referendaren vielfältige Möglichkeiten, nicht nur in traditionellen Bereichen des Rechts, sondern auch in anderen Feldern wie der Wirtschaft.

Die erste Entscheidung betrifft den Standort: Soll die Station im Inland oder im Ausland absolviert werden? Beide Optionen bieten verschiedene Chancen und Herausforderungen, die gut abgewogen werden sollten. Referendarinnen und Referendare können im Inland in klassischen Ausbildungsstellen, die ihnen bereits während des Vorbereitungsdienstes begegnet sind, wie Gerichten, Kanzleien, Staatsanwaltschaften oder Verwaltungen arbeiten. Dort können sie ihre Kenntnisse vertiefen und die Arbeitsweise weiter kennenlernen. Die Wahlstation ist jedoch auch eine gute Gelegenheit, bislang unbekannte Tätigkeiten in Unternehmen, Medienhäuser, Banken oder Notariaten kennenzulernen. Gerade mit Blick auf den deutschen Arbeitsmarkt, in dem die meisten Referendarinnen und Referendare später tätig sein werden, ist eine Inlandsstation oft ein wertvoller Schritt zur Netzwerkbildung und eine gute Möglichkeit, den Fuß in die Tür eines potenziellen Arbeitgebers zu bekommen.

Ein Aufenthalt im Ausland hingegen eröffnet die Möglichkeit, juristische Arbeit aus einer ausländischen und internationalen Perspektive kennenzulernen. Ob bei einer EU-Behörde in Brüssel, in einem Auslandsbüro einer großen Kanzlei in Städten wie London, New York oder Singapur oder bei einer Auslandshandelskammer. Neben der fachlichen Weiterentwicklung bietet eine Auslandsstation die Chance, Sprachkenntnisse zu vertiefen, kulturelle Horizonte zu erweitern und ein internationales Netzwerk aufzubauen. Gerade in Großkanzleien ist Auslandserfahrung gerne gesehen. Die Auslandsstation ist jedoch mit einem höheren Organisationsaufwand verbunden.

Mehr dazu im Aufsatz „Reisepass statt Revision“ von RA Furkan Akgün (S. 166 ff.).

Frühzeitige Planung zahlt sich aus

Die Organisation der Wahlstation beginnt daher idealerweise schon zu Beginn des Vorbereitungsdienstes. Eine frühzeitige Planung gibt Ihnen nicht nur Sicherheit, sondern eröffnet auch mehr Auswahlmöglichkeiten. Gerade in den ersten Monaten des Rechtsreferendariats, wenn das Examen noch in nicht greifbarer Nähe liegt, bleibt ausreichend Zeit für intensive Planungen.

Entscheidend ist zunächst die Wahl der Ausbildungsstelle. Viele Bundesländer stellen Listen mit zugelassenen Stellen zur Verfügung, die vorab geprüft werden sollten, insbesondere wenn eine Auslandsstation angestrebt wird. Sollte die gewünschte Stelle nicht gelistet sein, ist es erforderlich, eine Anerkennung durch die zuständige Landesjustizverwaltung zu beantragen (hierfür ist zumeist die Gewährleistung der Betreuung durch eine Volljuristin oder einen Volljuristen ausschlaggebend).

Die Bewerbung bei der konkreten Stelle selbst erfolgt mit einem Motivationsschreiben, einem aussagekräftigen Lebenslauf und gegebenenfalls – je nach Stelle – dem Erfüllen weiterer Voraussetzungen (z. B. der Note aus der Ersten Juristischen Prüfung oder Sprachkenntnisse).

Mehr dazu im Aufsatz „Dos & Don'ts für den juristischen Lebenslauf" von Jana Sáez García (S. 198 ff.)

Wenn diese Schritte erfolgreich sind, muss man sich bei einer Auslandsstation zudem um Visaformalitäten kümmern, eine Unterkunft suchen und die Reise organisieren. Es empfiehlt sich, frühestens einige Tage nach der letzten schriftlichen Klausur abzureisen, um denkbare Klausurwiederholungen (z. B. Feueralarm o.ä.) abfangen zu können. In aller Regel besteht ein Zeitfenster von einer Woche nach der letzten Klausur, um den Dienst in der Wahlstation anzutreten. Und was passiert, wenn man sich nicht innerhalb der Frist um die Wahlstation kümmert? Man wird zugewiesen. Und das wollen wir doch alle nicht, oder?

Die Wahlstation – das individuelle Kapitel im Rechtsreferendariat

Die Wahlstation ist mehr als nur eine Pflichtstation – sie ist eine einzigartige Gelegenheit, die eigenen Interessen und beruflichen Ziele zu konkretisieren. Sie bietet die Möglichkeit, den Kopf freizubekommen und neue Eindrücke zu sammeln. Ob man neue Erfahrungen im Ausland sucht oder die Arbeit in der gewohnten Umgebung weiter intensiviert – die Wahlstation bietet die Freiheit, weiter auszuprobieren, welche Tätigkeit am besten den eigenen Stärken und Interessen entspricht. Sie ist die letzte Station des

Rechtsreferendariats, um weitere Klarheit über die berufliche Identität zu gewinnen: Welche Art von Juristin oder Jurist möchten Sie werden? Welche Tätigkeiten und Herausforderungen sprechen Sie am meisten an? Die Wahlstation kann noch einmal Einblicke in bislang unbekannte Berufsfelder bieten – eine Gelegenheit, die Sie nutzen sollten.

Vielen Referendarinnen und Referendare bleibt die Wahlstation als eine der prägendsten Phasen des Vorbereitungsdienstes in Erinnerung. Sie hat das Potenzial, zur schönsten Station des gesamten Rechtsreferendariats zu werden. Die neuen Tätigkeitsfelder, die zahlreichen neuen Eindrücke, die neuen Kolleginnen und Kollegen, das neue berufliche Umfeld sowie die Vorbereitungen auf die letzte Hürde auf dem Weg zur Volljuristin bzw. dem Volljuristen lassen die dreimonatige Zeit der Wahlstation wie im Fluge vergehen.

Inspiration für eine besonders außergewöhnliche Wahlstation finden Sie im Aufsatz „Als Juristin oder Jurist in den Weltraum?" von Dr. Jannina Schäffer (S. 191 ff.)

Zum Weiterlesen

Redaktion, 101 Ideen für die Wahlstation im Rechtsreferendariat, https://jurios.de/2025/03/03/101-ideen-fuer-die-wahlstation-im-rechtsreferendariat/

Wendrich, Ausgefallene Wahlstationen im Referendariat, https://anwaltsblatt.anwaltverein.de/de/studium-und-referendariat/news/ausgefallene-wahlstationen

Feigl, Wahlstation am Bundesverfassungsgericht – ein Erfahrungsbericht, https://anwaltsblatt.anwaltverein.de/de/studium-und-referendariat/news/wahlstation-bundesverfassungsgericht

Inspiration und Anlaufstellen bei der Planung der Wahlstation: https://refv.de/referendariat/wahlstation

C. Ahoi, Karriere! – Nach dem Ref

1. Mündliche Prüfung und Aktenvortrag
Wie vorbereiten?

RiOLG Tobias Dallmeyer, Silke Glossner LL.M., Christine Haumer, Holger Krätzschel

Die mündliche Prüfung zählt sicherlich zu den stressigsten Momenten im Leben einer Referendarin oder eines Referendars. Das liegt unter anderem daran, dass man in einer solchen Prüfung unmittelbar „abliefern" muss. Mit den Prüferinnen und Prüfern, dem konkreten Inhalt der Prüfung, der Atmosphäre, dem Leistungsstand der Mitprüflinge und dem jederzeit möglichen Prüferwechsel liegen viele unbekannte, vielleicht sogar zufällige Parameter vor, mit denen man umgehen muss.

Eine gute Vorbereitung ist unerlässlich. Und sie lohnt sich! Der Notensprung, den man erreichen kann, ist – je nach Bundesland – doch ganz erheblich. Eine Steigerung um einen halben Punkt, einen ganzen Punkt und vielleicht mehr ist sicherlich nicht leicht, liegt aber im Bereich des Möglichen.

Hier erfahren Sie, wie Sie sich vorbereiten können. Vorab zwei wichtige Empfehlungen: Inzwischen bieten viele Universitäten, Arbeitsgemeinschaften und professionelle Repetitoren Simulationen für die mündliche Prüfung an. Es lohnt sich, wenigstens einmal unter Quasi-Prüfungsbedingungen einen solchen Testlauf zu machen. Gleiches gilt für das ggf. – *mehrfache* – Zuhören in mündlichen Prüfungen anderer Prüflinge. Je nach Prüfungsort ist eine solche Teilnahme bei Darlegung eines besonderen Interesses möglich – das besondere Interesse rührt bei Ihnen natürlich aus dem Umstand, dass Sie selbst demnächst Prüfling sein werden.

Je mehr Sie bei Ihrer Prüfung später das Gefühl haben, „das kenn' ich schon", als desto weniger stressig werden Sie die Situation empfinden. Beim Zuhören achten Sie nicht nur auf die Inhalte, sondern auch auf die Art und Weise, wie sich die Prüfungsteilnehmerinnen und -teilnehmer selbst präsentieren. Welche Verhaltensweisen (Haare zupfen, Stift drehen) zeugen von Nervosität – und was wirkt souverän und gelöst (gerade Haltung, Sprechpausen)? Auch insoweit können Sie sich etwas abschauen. Das Hauptaugenmerk sollte allerdings auf der Rhetorik liegen.

Gewichtung der mündlichen Prüfung im Zweiten Staatsexamen nach Bundesland (Stand: Oktober 2025)

Bundesland	**Aktenvortrag (in Prozent)**	**Prüfungsgespräch (in Prozent)**	**Gesamt (in Prozent)**
Baden-Württemberg	6	24	30
Bayern	30	0	30
Berlin	16	24	40
Brandenburg	16	24	40
Bremen	8	22	30
Hamburg	8	22	30
Hessen	10	30	40
Mecklenburg-Vorpommern	5	25	30
Niedersachsen	12	28	40
Nordrhein-Westfalen	10	30	40
Rheinland-Pfalz	6	24	30
Saarland	10	20	30
Sachsen	6,67	26,66	33,33
Sachsen-Anhalt	10	30	40
Schleswig-Holstein	8	22	30
Thüringen	7	28	35

Ablauf der Prüfung

Machen Sie sich zunächst anhand der JAPO mit dem Ablauf, dem Prüfungsstoff und der Wertigkeit vertraut. So wird z. B. im Zweiten Juristischen Examen in Bayern die mündliche Prüfung in den Prüfungsgebieten Straf-, Zivil-, öffentliches Recht und dem Wahlfach abgehalten und die „mündliche“ Note fließt zu 30 Prozent in die Gesamtnote ein.

Vor dem eigentlichen Beginn der Prüfung steht in den meisten – aber nicht allen – Bundesländern ein kurzes Vorgespräch. Der Vorsitzende der Prüfungskommission muss sich vergewissern, dass ein Prüfling prüfungstauglich ist und nutzt das Vorgespräch auch zum Kennenlernen. Sobald die Prüfungskommission dann – ohne Prüflinge – zusammentritt, wird der oder die Vorsitzende den Mitprüfern die einzelnen Kandidatinnen und Kandidaten vorstellen und der Eindruck, den der oder die Vorsitzende im Vorgespräch von Ihnen gewonnen hat, wird multipliziert.

„*You never get a second chance for a first impression.*“

Erscheinen Sie bei der mündlichen Prüfung so, wie Sie sich auch bei Ihrem Wunscharbeitgeber vorstellen würden. Bereiten Sie sich auf Fragen zu Ihrer Vita vor. Eventuell möchte die Vorsitzende wissen, wann Sie mit welchem Erfolg Abitur gemacht haben, wann das Erste Examen abgelegt wurde und welche Noten Sie hierbei im Staatsteil erzielt haben. Nicht selten fragt sie, wie Ihre Leistungen im Referendariat waren und warum Sie Jura studiert haben. Einen *zentralen* Teil nimmt ggf. auch die Frage ein, was Sie beruflich planen.

Unser Tipp:

- Das Zweite Staatsexamen ist keine Abschlussprüfung, sondern eine Berufseinstiegsprüfung. Sie sollten daher mit der nötigen Souveränität eines *künftigen* Kollegen, einer künftigen Kollegin auftreten, der oder die eine konkrete Vorstellung von ihrem folgendem beruflichen Werdegang hat.
- Anker: Das Vorgespräch bietet häufig die Gelegenheit, zu kommunizieren, welche Notenwünsche Sie haben (z. B. Einstiegsnote für den öffentlichen Dienst o.ä.). Nutzen Sie diese Möglichkeit, Ihre Zielvorstellung zu platzieren, äußern Sie aber besser keine unrealistischen Notenwünsche.

Die Rhetorik

Eine gute Vorbereitung beginnt mit dem Verstehen des Wesens der Prüfung als eine *mündliche* Prüfung. In der mündlichen Prüfung müssen Sie als Juristin oder Jurist letztlich auch „verkaufen“. Rhetorische Aspekte haben dabei mehr Gewicht, als gemeinhin angenommen wird.

Bei der Notenvergabe wird Ihre juristische Leistung bewertet. Entsprechend sind Ihre juristisch-argumentativen Fähigkeiten ausschlaggebend. Das hört sich manchmal leichter an, als es tatsächlich ist. Schauen wir doch einmal auf den typischen Gesprächsrahmen der mündlichen Prüfung:

Der Prüfer oder die Prüferin stellt in der Regel allgemeine, offene und wenig juristische Fragen. Es ist nicht ungewöhnlich, dass der Fall so beginnt:

Stellen Sie sich vor, Sie sind Anwalt, Sie sind Anwältin. Zu Ihnen kommt ... und berichtet Ihnen, dass Ihr Mieter keine Zahlungen leistet.

Ein rhetorisches Phänomen, das man dann häufig beobachtet, ist, dass unjuristische Fragestellungen den Prüfling dazu verleiten, genauso unjuristisch zu antworten. Das ist fatal! Auch wenn der Prüfling später meint, man habe ja „viel geredet" und „auf alles eine Antwort gehabt" – die Note wird dann nicht zufriedenstellend ausfallen.

Die eigentliche Kunst im Prüfungsgespräch ist es, die sehr konkrete *juristische* Frage herauszuarbeiten und dann – normnah – zu beantworten. Gehen wir noch einmal zu unserem Beispiel zurück:

- **Fallfrage:** Die hinter dem Sachverhalt stehende Frage lautet doch: Wie wird ein einleitendes Mandatsgespräch geführt und auf welche juristischen Aspekte habe ich dabei zu achten?

  Antwort daher: *„Bei einem einleitenden Mandatsgespräch werde ich zunächst die Vergütung thematisieren, mir eine Vollmacht unterzeichnen lassen und dann zunächst das Mandantenziel in Erfahrung bringen. Sobald ich weiß, was der Mandant genau will, werde ich den Sachverhalt klären und dann eine Anspruchsgrundlage suchen, die das Mandantenziel trägt. Ich gehe davon aus, dass die Themen Vergütung und Vollmacht nicht zu vertiefen sind."*

  Dann: Punkt/Pause/Blickkontakt

- Sie müssen in der mündlichen Prüfung Schwerpunkte setzen und skizzieren, was Sie derzeit nicht für weiter prüfenswert halten. Nur so haben Sie die Möglichkeit, zu den punkteträchtigen Teilen der Fälle zu gelangen.

  „Ich wende mich also dem Mandantenwunsch zu. Mein Mandant hat berichtet, dass seine Mieter, ein Ehepaar mit einem Kind,

keine Zahlungen leistet. Insoweit sind nun zwei Mandantenziele denkbar:

1. *Der Mandant will seinen Anspruch aus § 535 Abs. 1 BGB auf Mietzinsen durchsetzen.*
2. *Der Mandant will die Nichtzahlung nutzen, um die Voraussetzungen für einen Räumungsanspruch, das wäre § 546 BGB, erreichen.*

Ich würde daher meinen Mandanten fragen, was er erreichen will."

- **Weichenstellungen:** Zentrale Weichenstellungen sind aufzuspüren, damit Sie sich in der Prüfung nicht vergaloppieren, Sie wissen ja nicht, in welche Richtung der Fall sich weiter entwickeln wird. Das Finden und Herausarbeiten solcher Weichenstellungen ist eine erhebliche Prüfungsleistung, die bei der Bewertung Niederschlag finden wird. Die Prüferinnen und Prüfer werden an dieser Stelle den Fall weiterentwickeln und zusätzliche Informationen liefern, z. B. *„Der Mandant erzählt Ihnen, dass er mit den Mietern eigentlich zufrieden ist, er möchte nur so schnell wie möglich seine Zahlungsansprüche realisieren, da er auf das Geld angewiesen ist."*

- **Lautes Denken**: Vermeiden Sie ein vorschnelles Postulieren von Ergebnissen. Sobald Sie sich festlegen, ist man als Sprecherin oder Sprecher in der Regel nur noch bemüht, die eigene erste Einschätzung zu rechtfertigen. Das erschwert eine neutral sachliche Prüfung erheblich. In der Regel gibt es eine größere rechtliche Problematik, die es erst zu entwickeln gilt.

  Im obigen Beispiel würde man daher fortführen: *„Ich muss noch einmal kurz wägen, welche rechtliche Bedeutung dem Umstand zukommt, dass die Mieterseite aus einem Ehepaar mit Kind besteht. Das kann sich auf die in Betracht kommenden Anspruchsgrundlagen auswirken, da vertragliche Ansprüche nur gegen Vertragspartner geltend gemacht werden können. Auch bei der gerichtlichen Inanspruchnahme muss ich prüfen, gegen wen ein prozessuales Vorgehen angezeigt ist, auch im Hinblick auf die spätere Vollstreckung."*

Fragt die Prüfperson nach: *Sind Sie sicher? Sehen Sie das auch so?* erwartet sie sicherlich nicht nur ein einfaches „Ja" oder „Nein". Auch hier erwartet sie eine *juristische Prüfungsleistung*. Mit solchen Nachfragen wollen die Prüferinnen und Prüfer regelmäßig signalisieren, dass eine rechtliche Problematik übersehen oder noch nicht hinreichend vertieft wurde. Sie sollten daher nochmals prüfen, ob Sie nicht doch tiefer einsteigen müssen.

Behalten Sie ferner im Blick: Das Zweite Examen ist eine Berufseinstiegsprüfung. Die Prüferinnen und Prüfer schätzen es, wenn auch typisch praktische Belange in die Prüfung einfließen.

In unserem Beispielsfall etwa könnte man ganz leicht mit den folgenden praktischen Überlegungen punkten:

- *„Ich würde im Rahmen der Sachverhaltsaufklärung zunächst das konkrete Vertragsverhältnis abklären. Ich würde darauf drängen, dass mir der Mietvertrag – eine Privaturkunde i.S.d. § 416 ZPO – vorgelegt wird.*

  Denn: Es ist von erheblicher rechtlicher Relevanz, ob Vertragspartner nur eine Person ist oder ob das Ehepaar gemeinsam den Mietvertrag unterschrieben hat. Sollten in Richtung einer Räumung rechtliche Maßnahmen erforderlich werden, gilt u.a. § 885 ZPO und ich bräuchte einen Räumungstitel gegen alle berechtigten Besitzer, d.h. ich muss auch das Kind der Eheleute bedenken."

- Oder: In der Praxis sehr naheliegend und im Prüfungsstress doch so schwer zu erkennen:

  „Ich würde meinen Mandanten fragen, ob er sich einen Grund für die Nichtzahlung vorstellen kann: So besteht im Mietvertragsrecht die Besonderheit, dass der Zahlungsanspruch sich bei Vorliegen von Mängeln unmittelbar mindert und hier könnte sich ein erhebliches Prozessrisiko verbergen.

  Ich würde also auch speziell fragen, ob es entsprechende Mängelrügen gab."

  Ein Caveat müssen wir hierzu noch anbringen: Die obigen Beispiele sollen Sie nicht dazu verleiten, die Prüfung „umzukehren" und die Prüfperson in ein „Kreuzverhör" zu nehmen. Die

Detaildichte der Sachverhaltsschilderung und das Vorliegen offensichtlicher Lücken zeigen Ihnen, ob Sie als Prüfungsleistung Aufklärungsarbeit schulden.

Viel Erfolg in Ihrer mündlichen Prüfung!

Zum Weiterlesen

Dallmayer/Glossner/Haumer/Krätzschel, Die mündliche Prüfung zur Zweiten Juristischen Staatsprüfung, C.H. Beck, 2. Auflage, 2025

Dobmeier/Pohl, Der Weg zu einem erfolgreichen Zweiten Juristischen Staatsexamen – Teil III: Effektive Vorbereitung auf die mündliche Prüfung, in: JA 2022, 1016.

Zunker, Jura-Examen: Die mündliche Prüfung aus Sicht einer Prüferin, https://anwaltsblatt.anwaltverein.de/de/studium-und-referendariat/news/jura-examen-muendliche-pruefung-aus-sicht-der-pruefenden

2. Reisepass statt Revision – Ein Referendar packt aus

RA Furkan Akgün

Die Wahlstation im Ausland ist für viele Referendarinnen und Referendare der Höhepunkt ihrer juristischen Ausbildung. So war es auch bei mir. Obwohl ich bei der Auslandsstation anfangs noch meine Bedenken hatte, war sie im Rückblick die beste Entscheidung meiner juristischen Laufbahn.

Doch bevor der Traum von internationaler Berufserfahrung, verbesserten Sprachkenntnissen und unvergesslichen Erlebnissen Realität wird, müssen Sie einige Herausforderungen meistern. Bürokratische Hürden, Sprachbarrieren und die Sorge, ob man sich in einem fremden Land zurechtfindet. Wenn Sie die folgenden Tipps beherzigen, wird Ihre Reise sicher reibungslos verlaufen – oder zumindest sind Sie auf alles, was kommt, bestens vorbereitet.

Was bringt ein Auslandsaufenthalt während der Wahlstation?

Eine Auslandsstation bedeutet nicht nur, neue Rechtsordnungen und Arbeitsweisen kennenzulernen – sie bietet die einmalige Gelegenheit, eigene Perspektiven zu erweitern, neue Interessen zu erkunden und die Persönlichkeit zu stärken.

Dabei ist es zunächst einmal gar nicht wichtig, wo man hingeht, sondern dass man überhaupt die Möglichkeit wahrnimmt, die Reise anzutreten. Egal, ob Sie in einer renommierten Kanzlei in London oder in den USA arbeiten, bei einer internationalen Organisation wie der UN in Genf mitwirken oder die deutsche Außenpolitik in einer Botschaft in Asien erleben. Jede Station erweitert sowohl Ihren juristischen als auch Ihren persönlichen Horizont und hinterlässt einen bleibenden Eindruck in Ihrem Lebenslauf.

Arbeitgeber schätzen Referendarinnen und Referendare mit internationalen Erfahrungen und guten Sprachkenntnissen, da diese Kompetenzen gerade in internationalen Kanzleien oder global agierenden Unternehmen von großem Wert sind. Nicht selten wurde ich in Bewerbungsgesprächen darauf aufmerksam gemacht, dass eine Auslandserfahrung die fehlenden Notenpunkte in gewissem Maße „ausgleichen“ könnte. Ein weiterer Pluspunkt ist schließlich, dass man durch den Aufenthalt im Ausland praktische Erfahrungen sammelt, ohne – wie etwa bei einem Auslandssemester – zusätzliche Zeit im Studium zu verbringen.

In welchen Teilen des Referendariats ist ein Auslandsaufenthalt möglich?

Jede Station des Referendariats (Verwaltungsstation, Anwaltsstation und Wahlstation) bietet je nach Ref-Standort die Möglichkeit, ins Ausland zu gehen. Bevor man sich aber Hals über Kopf in die Planung stürzt, sollte man sich schlau machen, ob das im eigenen Bundesland auch tatsächlich geht. Es kann nämlich passieren, dass die Auslandsangebote an einigen Ref-Standorten nachträglich entfallen oder sogar neu hinzukommen. Das liegt vor allem daran, dass die Länder selbst für die Referendarausbildung zuständig sind.

Verwaltungsstation

Während der Verwaltungsstation lohnt sich die Reise deshalb, weil viele diese Station je nach Behörde als langweilig empfinden. Abgesehen davon entfällt unter Umständen sogar die AG-Pflicht. Man muss allerdings sagen, dass es organisatorisch schwierig sein kann, alles in dieser Zeit zu planen und durchzuführen. Eine Stelle zu finden ist ebenfalls mühsam und wird ohne entsprechende Kontakte vielleicht sogar die am schwierigsten zu überwindende Hürde. Wenn Sie allerdings über das Auswärtige Amt eine Stelle in einer Botschaft im fernen Ausland finden sollten, dann bewerben Sie sich bitte „ohne schuldhaftes Zögern“. Denn solche Stellen sind selten!

Bundesland	**Verwaltungsstation im Ausland möglich?** (Stand Oktober 2025)
Baden-Württemberg	Ja, § 47 Abs. 1 Nr. 4 JAPro: Europäische Union, Europarat
Bayern	Nein
Berlin	Nein
Brandenburg	Nein
Bremen	Nein
Hamburg	Ja, § 41 Abs. 1 Nr. 3 i.V.m. § 42 Abs. 1 S. 2 HmbJAG
Hessen	Nein
Mecklenburg-Vorpommern	Keine Angabe in der JAPO M-V
Niedersachsen	Nein
Nordrhein-Westfalen	Ja, § 35 Abs. 2 S. 1 Nr. 3, Abs. 4 S. 1 JAG NRW (Sogar Zivil- und Strafrechtsstation können im Ausland absolviert werden. Insgesamt aber nur höchstens acht Monate)
Rheinland-Pfalz	Ja, § 19 Abs. 2 S. 2 JAPO
Saarland	Nein
Sachsen	Nein
Sachsen-Anhalt	Nein
Schleswig-Holstein	Ja, § 32 Abs. 2 Nr. 3, Abs. 7 S. 1 JAVO
Thüringen	Nein

Anwaltsstation

Die Anwaltsstation bietet die ideale Gelegenheit, das internationale Arbeitsumfeld einer Kanzlei zu erleben. Das sollte jedoch frühzeitig geplant werden, um ausreichend Zeit für die Examensvorbereitung zu haben.

Bewerbungen sind auf zwei Wegen möglich: Entweder Sie bewerben sich in einer deutschen Kanzlei und vereinbaren, dass Sie Teile der Station in einer Zweigstelle im Ausland verbringen oder Sie bewerben sich direkt bei einer Kanzlei mit (ausschließlichem) Sitz in einem anderen Land.

Die Anwaltsstation kann man in allen Bundesländern im Ausland verbringen. Sie sollten aber dabei das Staatsexamen nicht aus den Augen verlieren. In den Bundesländern, in denen das Examen direkt an die Anwaltsstation anschließt, bleibt eventuell nur wenig Zeit zum Lernen. Zumindest in der Endphase der Station ist es empfehlenswert, den Fokus auf die schriftliche Prüfung des Examens zu legen.

Bundesland	**Anwaltsstation im Ausland möglich?** (Stand: Oktober 2025)
Baden-Württemberg	Ja, § 47 Abs. 1 Nr. 3 JAPro i.V.m. Abschnitt B I.1 Abs. 3 VwV des JuM über die Ausbildung von Rechtsreferendaren: Ausbilderin oder Ausbilder mit Kanzleisitz im Ausland muss seit mindestens zwei Jahren zugelassen sein
Bayern	Ja, Art. 48 Abs. 1 S. 2 Nr. 3, Abs. 4 S. 1 Nr. 3 b) und e) JAPO
Berlin	Ja, § 21 Abs. 1 Nr. 4 JAO i.V.m. § 14 Abs. 3 JAO
Brandenburg	Ja, § 14 Abs. 2 Nr. 4, Abs. 3 BbgJAG
Bremen	Nein
Hamburg	Ja, § 41 Abs. 1 Nr. 4, Abs. 4 HmbJAG, höchstens sechs Monate
Hessen	Ja, § 29 Abs. 2 Nr. 4, Abs. 4 S. 1 JAG
Mecklenburg-Vorpommern	Keine Angabe in der JAPO M-V
Niedersachsen	Ja, § 7 Abs. 1 Nr. 4.4, Abs. 2 S. 2 NJAG
Nordrhein-Westfalen	Ja, § 35 Abs. 2 S. 1 Nr. 4, Abs. 4 S. 2 JAG NRW
Rheinland-Pfalz	Ja, § 19 Abs. 2 S. 3 JAPO
Saarland	Ja, § 24 Abs. 2 Nr. 5, Abs. 3 S. 2, 1. Hs. JAG
Sachsen	Ja, § 36 Abs. 1 S. 1 Nr. 3, Abs. 5 S. 1 SächsJAPO
Sachsen-Anhalt	Ja, § 37 Abs. 2 Nr. 3, Abs. 4 S. 1 JAG LSA
Schleswig-Holstein	Ja, § 32 Abs. 2 Nr. 4, Abs. 7 S. 3 JAVO
Thüringen	Ja, § 35 Abs. 2 S. 1 Nr. 1 d) bb) ThürJAPO

Wahlstation

Die Wahlstation ist die beliebteste Option für eine Auslandsstation, da sie in allen Bundesländern erst nach den schriftlichen Klausuren kommt. Hier besteht also der geringste Lerndruck. Vergessen werden darf nur nicht, dass auch noch auf die anstehende mündliche Prüfung gelernt werden muss. Deshalb habe ich mit meiner Ausbilderin in Istanbul vereinbart, dass ich den letzten Monaten remote arbeiten werde. Das hat prima funktioniert. Die Wahlstation ist die beste Möglichkeit, den Traum eines Auslandsaufenthalts während der juristischen Ausbildung wahr werden zu lassen.

Bundesland	**Wahlstation im Ausland möglich?** (Stand: Oktober 2025)
Baden-Württemberg	Ja, § 47 Abs. 1 Nr. 5 JAPro
Bayern	Ja, § 49 Abs. 2 S. 2 JAPO
Berlin	Ja, § 21 Abs. 2 Nr. 7 JAO
Brandenburg	Ja, § 14 Abs. 2 Nr. 5, Abs. 4 BbgJAG
Bremen	Ja, § 46 Abs. 1 S. 2 JAPG
Hamburg	Ja, § 42 Abs. 2 S. 2 HmbJAG
Hessen	Ja, § 29 Abs. 2 Nr. 5, Abs. 3, Abs. 5 S. 1 JAG
Mecklenburg-Vorpommern	Ja, § 38 Abs. 1 S. 1 Nr. 5, S. 2 JAPO M-V
Niedersachsen	Ja, § 7 Abs. 1 Nr. 4.4, Abs. 2 S. 2 NJAG
Nordrhein-Westfalen	Ja, § 35 Abs. 2 S. 1 Nr. 5, Abs. 4 S. 2 i.V.m. § 36 Abs. 1, Abs. 2 S. 2 JAG NRW
Rheinland-Pfalz	Ja, § 19 Abs. 2 S. 2 u. 3 JAPO
Saarland	Keine Angabe, lediglich § 24 Abs. 2 Nr. 6, Abs. 4 JAG
Sachsen	Ja, § 36 Abs. 1 S. 1 Nr. 4, Abs. 5 S. 1 i.V.m. § 37 Abs. 1 SächsJAPO
Sachsen-Anhalt	Ja, § 38 Abs. 4 JAG LSA
Schleswig-Holstein	Ja, § 32 Abs. 3 S. 2 JAVO
Thüringen	Ja, § 35 Abs. 2 S. 1 Nr. 2, Abs. 3 Nr. 6 ThürJAPO

Herausforderungen der Wahlstation im Ausland

Auch wenn ich allen Referendarinnen und Referendaren die Auslandsstation während des Referendariats empfehle, darf man die Herausforderungen und Schwierigkeiten nicht außer Acht lassen. Besonders hervorzuheben ist, dass die Vorbereitung auf die mündliche Prüfung im Ausland schwieriger sein kann. Man hat nicht alle gewohnten Lernunterlagen zur Verfügung und kann keine vorbereitenden AGs besuchen, die in Deutschland stattfinden. Das erfordert zusätzliche Planung und möglicherweise eine intensivere Vorbereitung vor oder nach dem Aufenthalt. Hier muss man also eine gehörige Portion Energie und Lerneifer aufbringen.

Zudem bedeutet der Aufenthalt oft einen hohen Organisationsaufwand: Von der Bewerbung über die Wohnungssuche bis hin zur Klärung von Versicherungsfragen und finanziellen Aspekten müssen viele Dinge im Vorfeld geregelt werden. Dafür ist es unerlässlich, kommunikativ, beharrlich und selbstständig zu sein und auch mal die Initiative zu ergreifen. Da die Wohnungssuche und die Bewerbung bei der gewünschten Kanzlei oder dem gewünschten Unternehmen viel Zeit und Kraft in Anspruch nehmen, steht und fällt die Auslandsstation mit einer frühzeitigen Planung.

Schließlich können die Kosten für einen Auslandsaufenthalt erheblich sein. Zwar läuft die Unterhaltsbeihilfe weiter, reicht aber für Reisekosten und Unterkunft vor allem in teuren Ländern und beliebten Standorten wie beispielsweise Los Angeles nicht aus. Sie sollten deswegen mit Ihrer Kanzlei im Ausland ein zusätzliches Entgelt vereinbaren. Alternativ wäre eine zusätzliche Tätigkeit aus der Ferne für einen deutschen Arbeitgeber möglich.

Je nach Bundesland wird das zusätzliche Gehalt ab einer bestimmten Höhe zudem auf die Unterhaltsbeihilfe angerechnet. Für die eigene Wohnung in Deutschland sollte man sich für die Zeit eine Untermieterin oder einen Untermieter suchen, um nicht doppelt zu zahlen.

So klappt Ihre Bewerbung für die Wahlstation im Ausland

Der frühe Vogel fängt den Wurm! Das gilt auch für die Auslandsstation im Rechtsreferendariat.

- **Frühzeitig anfangen: Planung ist alles!**
  Fangen Sie am besten ein Jahr vorher an, sich Gedanken zu machen, wo Sie Ihre Wahlstation absolvieren möchten. Gerade beliebte Stellen wie internationale Kanzleien oder Unternehmen – aber auch die EU-Institutionen – haben oft lange Vorlaufzeiten. In Bayern müssen Sie Ihren Antrag für die Wahlstation beispielsweise spätestens vier Monate vor Beginn bei der zuständigen Stelle einreichen. Je früher Sie sich informieren, desto entspannter können Sie planen und desto eher klappt es mit der Wunschstation.
- **Bewerben Sie sich breit: Mehr ist mehr!**
  Setzen Sie nicht alles auf ein oder zwei Wunschstellen. Verschicken Sie so viele Bewerbungen wie möglich. Wirklich! Es ist nicht ungewöhnlich, dutzende Bewerbungen rauszuschicken. Warum? Weil es oft einfach eine Frage des Glücks ist, ob Ihre Bewerbung zur richtigen Zeit am richtigen Ort ankommt.
- **Ihre Bewerbung: Das gehört rein**
  Ihre Bewerbung sollte auf einen Blick alle wichtigen Details erkennen lassen und in der Sprache des Arbeitgebers oder fehlerfreiem Englisch verfasst sein. Zu den Unterlagen gehören:
  - Lebenslauf: Klar strukturiert und vollständig
  - Motivationsschreiben: Kurz und knackig (maximal eine Seite)
  - Soziale Medien: Ihr LinkedIn-Profil oder Ihre Website (falls vorhanden)
  - Zeugnisse und Bescheinigungen: Dazu zählt das Staatsexamenszeugnis sowie Nachweise über Sprachkenntnisse, einige Arbeitgeber fordern auch die Stationszeugnisse an.

Schreiben Sie in Ihrer E-Mail direkt die zuständige Person (z. B. den Rechtsanwalt oder die Anwältin) an und vergessen Sie nicht, die Unterlagen als PDF anzuhängen.

Mehr dazu im Aufsatz „Dos & Don'ts für den juristischen Lebenslauf" von Jana Sáez García (S. 198 ff.).

- **Zeigen Sie dem OLG, dass Sie bereit sind**
  Um die Wahlstation im Ausland genehmigt zu bekommen, müssen Sie bei der Referendargeschäftsstelle Ihres OLGs nachweisen, dass alles organisiert ist. Dazu gehören:
  - Ein geeigneter Ausbildungsplatz – wie eine Kanzlei oder Rechtsabteilung
  - Ein passender Ausbilder – eine Anwältin oder ein Anwalt mit Berufserfahrung
  - Ein Ausbildungsplan – das klingt komplizierter, als es ist. Viele Kanzleien haben so etwas schon vorbereitet. Es soll einfach zeigen, dass Sie in der Wahlstation auch tatsächlich mit Jura beschäftigt sind.
  - Eine sachgerechte Ausbildung – bei anerkannten Kanzleien, Institutionen und Unternehmen sollte das kein Problem sein.

Checkliste: Was Sie außerdem beachten müssen

Die bürokratischen Hürden einer Auslandsstation sind relativ hoch. An folgende Dinge sollten Sie deswegen ebenfalls denken:

✓ Schreiben Sie Ihrer Krankenversicherung, dass Sie für mehrere Monate ins Ausland wollen und fragen Sie nach, wie Sie einen **Auslandskrankenschein** bekommen.
✓ Schließen Sie eine **Reiserücktrittsversicherung** ab, damit Sie für alle Fälle abgesichert sind.
✓ Schließen Sie zusätzlich eine private **Auslandskrankenversicherung** ab. In einigen Ländern könnte es sonst zu unnötigen Folgeproblemen kommen und die zusätzliche Versicherung kostet Sie einmalig nur etwa 10 bis 30 Euro.
✓ Beantragen Sie eine **A1-Bescheinigung** von Ihrer Geschäftsstelle am OLG, wenn nicht schon geschehen.
✓ Prüfen Sie rechtzeitig, ob Ihr **Ausweis/Reisepass** noch gültig ist und ob Sie evtl. ein **Visum** benötigen.
✓ Vergleichen Sie die **Flugpreise** und erstellen Sie einen Reminder für sinkende Preise.
✓ Fragen Sie am OLG nach, ob Sie die **AGs online** vom Ausland aus besuchen können.
✓ Informieren Sie sich über den **Wechselkurs** und nehmen Sie genügend **Bargeld** mit.

✓ Eine **ausländische SIM-Karte oder E-SIM** sind für eine ständige Erreichbarkeit wichtig.

Diese kurze Checkliste ist bei Weitem nicht vollständig, aber andernfalls würde sie den Rahmen dieses Artikels sprengen.

Fazit: Deine Wahlstation im Ausland – eine Erfahrung, die bleibt

Ich kann Ihnen aus eigener Erfahrung sagen: Eine Wahlstation im Ausland ist mehr als nur ein Punkt in Ihrem Lebenslauf. Für mich war die Zeit in Istanbul eine unfassbar bereichernde Erfahrung. Ich habe gelernt, mich auf Neues einzulassen, bin raus aus meiner Komfortzone und habe die Stadt nahezu jeden Tag zu Fuß erkundet. Diese Tage, an denen ich durch die lebendigen Straßen von Istanbul gelaufen bin, das Essen, die Menschen und die Kultur kennengelernt habe. Das sind Erinnerungen, die mir niemand mehr nehmen kann. Und ganz nebenbei habe ich auch noch viel über das türkische Recht und die Arbeit in einer ausländischen Anwaltskanzlei gelernt.

Am Ende ist es genau das, was eine Wahlstation im Ausland ausmacht: Sie sammeln nicht nur berufliche Erfahrungen, sondern lernen, auf eigenen Beinen zu stehen, sich in neuen Situationen zurechtzufinden und die Welt aus einer anderen Perspektive zu betrachten. Es ist eine Gelegenheit, die Sie nicht nur als Juristin oder Jurist, sondern vor allem als Mensch wachsen lässt.

Natürlich gibt es auch Herausforderungen, aber mit der richtigen Planung kann nichts schiefgehen. Also, geben Sie sich einen Ruck, machen Sie einen Plan und trauen Sie sich etwas zu! Mit etwas Vorbereitung und Mut steht Ihnen die Welt offen – und wer weiß, vielleicht erzählen Sie irgendwann auch von der Zeit, die Ihr Leben verändert hat.

Zum Weiterlesen

Akgün, Rechtsreferendariat: Die Wahlstation in Istanbul, https://jurios.de/2024/10/01/rechtsreferendariat-die-wahlstation-in-istanbul/

Rakers, Wahlstation in Sydney – ein Erfahrungsbericht, https://www.juristenkoffer.de/refblog/wahlstation/wahlstation-in-sydney-ein-erfahrungsbericht/

Azur Redaktion, Hin und weg, https://www.azur-online.de/referendariat/hin-und-weg/

3. Nicht bestanden? Die Vorbereitung auf den Wiederholungsversuch

RiOLG Tobias Dallmeyer, Silke Glossner LL.M., Christine Haumer, Holger Krätzschel

Gemeinhin werden Leugnung, Zorn, Verhandeln, Depression und Akzeptanz als die fünf Phasen der Trauer bezeichnet. Kandidatinnen und Kandidaten, die im ersten Versuch die Zweite Juristische Staatsprüfung nicht bestanden haben, erleben diese Phasen. Das ist normal. Alle sind fassungslos, wenn das Examen tatsächlich nicht bestanden ist. Selbst, wenn man kein gutes Gefühl hatte, hat man bis zum letzten Moment vor der Notenbekanntgabe irgendwie gehofft, es könne doch gereicht haben. Manche Kandidaten sind dann frustriert und wütend. – All die Anstrengungen und Mühen, die Entbehrungen umsonst! Andere verhandeln, versuchen, in die Vergangenheit zurückzureisen, um dort den Lauf der Dinge zu ändern („Hätte ich nur mehr Prozessrecht gelernt, dann ..."). Etliche Kandidatinnen sind verzweifelt, haben keine Idee, wie es beim nächsten Mal besser werden soll.

Die Kosten für den Verbesserungsversuch unterscheiden sich dabei von Bundesland zu Bundesland erheblich:

Bundesland	**Kosten Verbesserungsversuch** (Stand: Oktober 2025)
Baden-Württemberg	650
Bayern	kostenfrei
Berlin	600
Brandenburg	600
Bremen	385
Hamburg	385
Hessen	500
Mecklenburg-Vorpommern	450
Niedersachsen	400
Nordrhein-Westfalen	750

Bundesland	**Kosten Verbesserungsversuch** (Stand: Oktober 2025)
Rheinland-Pfalz	400
Saarland	400
Sachsen	450
Sachsen-Anhalt	400
Schleswig-Holstein	800
Thüringen	200

Es klingt einfach, ist aber schwierig: Je schneller das Scheitern akzeptiert und der Verlust anerkannt wird, umso eher kann die Veränderung eingeleitet werden, damit der Wiederholungsversuch erfolgreich absolviert werden kann. Es bleibt nicht viel Zeit, das Ruder herumzureißen, um mit neuer Vorbereitung die Klausuren erfolgreich schreiben zu können. Also: Lassen Sie Ihren Frust raus, schimpfen Sie auf die ganze Welt – und jetzt geht es weiter!

Warum genau sind Sie durchgefallen?

Spätestens mit Beginn der Wiederholer-AG (auch: „Ergänzungsvorbereitungsdienst“ oder „Repetenten-AG“) müssen Sie ehrlich zu sich sein: Warum sind Sie durchgefallen? Sie ganz persönlich? Zu Beginn jeder Wiederholer-AG haben wir als Dozentinnen und Dozenten den Teilnehmenden die Gelegenheit gegeben, dieser Frage auf den Grund zu gehen, denn die Analyse, warum es nicht geklappt hat, ist grundlegend. Nur wenn Sie *Ihr persönliches Warum* kennen, können Sie beim nächsten Mal erfolgreich abschneiden.

Am liebsten war uns das Feedback: „Ich habe einfach zu wenig gelernt und das Referendariat auf die leichte Schulter genommen.“ „Gott sei Dank!“, dachten wir uns, wenn wir das gehört haben. Von „faul“ auf „fleißig“ umzustellen, ist tatsächlich nicht so schwierig. Sorgen haben wir uns gemacht, wenn uns die Kandidatinnen und Kandidaten (glaubhaft) versicherten, im Referendariat immense Lernumfänge gestemmt zu haben. Hier ist der Schalter nicht so einfach zu finden, die Fehleranalyse dauert länger. Und so muss jeder für sich ehrlich und gründlich analysieren, woran es lag. Nur, wenn Ihnen diese Analyse gelingt, können Sie maßgeschneidert an die Verbesserung gehen, können Sie an Ihren Schwächen arbeiten und Ihre Stärken ausbauen.

Seien Sie ehrlich – wir sind es auch!

Zu Beginn des Referendariats hat jede und jeder Arbeitsgemeinschaftsleiter das Ziel, aus den Referendarinnen und Referendaren gute und für die Praxis taugliche Juristinnen und Juristen auszubilden. Nicht alles, was im Unterricht besprochen wird, wird in der Klausur benötigt. Aber im späteren Berufsleben schon. In der Wiederholer-AG lautet das Ziel: Bestehen. Ob Sie ein guter oder wenigstens praktischer Jurist im späteren Berufsalltag sind, darauf kommt es dort nicht an, Hauptsache Sie bestehen die Klausuren. Deswegen interessieren uns manche Dinge in der Wiederholer-AG besonders, andere gar nicht.

Stellen Sie sich vor, in der Zivilrechtsklausur will der Kläger von B1 und B2 Schadenersatz. Haben Sie eine Idee?

„Was für eine Idee soll ich denn haben?", fragen Sie sich vielleicht, das ist doch noch gar kein Fall. Stimmt! Aber gute Kandidatinnen und Kandidaten ahnen, dass nur deswegen zwei Beklagte „mitspielen", weil sich die Klausur für beide unterschiedlich entwickeln wird. Und ganz gute Kandidatinnen und Kandidaten schreiben auf ihr Konzeptpapier „Baumbach?", denn wenn B1 und B2 unterschiedlich erfolgreich am Rechtsstreit beteiligt sind, liegt eine Kostenentscheidung nach den Grundsätzen der Baumbach'schen Kostenformel nahe. Aber die interessiert uns in der Wiederholer-AG nicht. Wenn Sie erkennen, dass B1 und B2 unterschiedlich „laufen", Ihre Lösung vollständig ist und keine groben Fehler aufweist, bestehen Sie die Klausur, selbst dann, wenn Sie noch nicht von der Baumbach'schen Kostenformel gehört haben sollten.

Sie lernen zuerst das, was die meisten Punkte bringt! Deswegen stehen in der Wiederholung viele Fragestellungen ganz im Hintergrund. Nämlich jene, die zu selten drankommen, um die kostbare Vorbereitungszeit darauf zu verwenden. Wenn Sie das Examen bestehen und später in der Praxis auf eine solche Fragestellung stoßen, können Sie die Thematik immer noch nachlesen.

Es geht ums Bestehen, nicht mehr und nicht weniger. Darauf muss der Lernplan, den Sie als nächstes erstellen, ausgerichtet werden.

Ein Plan muss her

Eine Wiederholer-AG bzw. der sog. „Ergänzungsvorbereitungsdienst“ dauert – je nach Bundesland – ungefähr fünf Monate, nicht viel Zeit also, um die Kurve zu kriegen.

Als Erstes benötigen Sie einen Plan, wie Sie die Zeit am besten nutzen. Am Anfang steht Ihre persönliche Analyse (s.o.), mit der Sie herausgefunden haben, an welchen Stellen Sie ganz konkret arbeiten müssen.

Danach kommt die Frage, wieviel Sie leisten können. Realistisch. Wenn Sie sich anstrengen. Sie persönlich.

Ihr Banknachbar schafft jede Woche 60 Stunden und geht noch zum Training und unternimmt etwas mit dem Partner? Aber Sie sind schon nach 40 Stunden platt? Das ist in Ordnung. Es ist Ihr Plan, Ihr Examen, Ihr Leben. Wenn Sie es schaffen, „nur“ 36 Stunden, also sechs Stunden täglich (und Sonntag ist frei) zu lernen, reicht das nach unserer Erfahrung aus. Lernen heißt aber Lernen. Ohne Ablenkung, konzentriert und zielgerichtet. Danach sollten Sie platt sein.

Was in den Lernplan gehört, sehen wir im nächsten Schritt. Hier noch ein Tipp für die Aufteilung:

Wenn Sie fünf Monate, also 20 Wochen à 36 Stunden zur Verfügung haben, können Sie 720 Stunden verplanen. Wenn im Examen in Bayern drei Zivilrechts-, eine Arbeitsrechts-, zwei Strafrechts, zwei Ö-Rechts und eine Steuerrechtsklausur, also neun Klausuren insgesamt zu schreiben sind, gibt dies die Aufteilung vor: 240 Stunden Zivilrecht, je 160 Stunden öffentliches Recht und Strafrecht und je 80 Stunden Arbeits- und Steuerrecht. In den Bundesländern mit weniger Klausuren müssen Sie die Einteilung natürlich entsprechend anpassen. Die Wochen planen Sie dann im Wesentlichen genauso, also so, dass in jeder Woche jedes Rechtsgebiet vertreten ist. Vorteil: Wenn Sie mal eine Woche krank sind, fehlt von allem nur ein bisschen und nicht von einem Fach ganz viel. Außerdem fällt es erfahrungsgemäß leichter zu lernen, wenn der Plan abwechslungsreich ist.

Basics, Basics, Basics

Die Wahrscheinlichkeit, dass im prozessualen Teil der ersten Zivilrechtsklausur ein Versäumnisurteil oder eine Widerklage oder eine Erledigterklärung vorkommen und zudem ein Tatbestand zu schreiben ist, dürfte sich nahe an 100 Prozent bewegen. Falls Sie sich also fragen, was Sie denn jetzt lernen sollen, dann lautet unsere Antwort: Zuerst die Dinge, die im Examen mit größter Wahrscheinlichkeit abgeprüft werden.

Und wenn Sie jetzt einwenden, das wisse man ja nun gerade nicht, müssen wir widersprechen! Die meisten Klausuren sind vorhersehbar. Bleiben wir kurz beim schon angesprochenen Versäumnisurteil: Wenn der Einspruch zulässig ist, geht der Fall weiter, ist er unzulässig, ist ein Einspruch zu verwerfen und der Fall ist zu Ende. Worauf würden Sie also wetten? Richtig, der Einspruch ist zulässig. Gute Kandidatinnen und Kandidaten haben das längst durchschaut und können, wenn das Versäumnisurteil abgeprüft wird, aus dem Gedächtnis den Textbaustein „zulässiger Einspruch bei VU“ abspulen.

Auch wenn die Vorbereitungszeit knapp ist: Es lohnt sich, über diese Fragen nachzudenken. Für manche Kandidatinnen und Kandidaten ist es als würde ein Schleier von den Aufgaben gezogen. Plötzlich wird deutlich, warum Dinge in einer Klausur auftauchen. Schreiben Sie z. B. ein Strafurteil, werden Sie fast immer ein prozessual und materiell kinderleicht zu prüfendes Delikt finden. Warum? Ganz einfach: Damit stellt der Aufgabensteller sicher, dass Sie zu einer Verurteilung kommen. Und wenn Sie verurteilen, müssen Sie sich zur Strafzumessung äußern. Das leichte Delikt hat also die Funktion, dass sich die Klausur in eine bestimmte Richtung entwickelt.

Verstehen ist einfach

Klingt das bis zu diesem Punkt einleuchtend und plausibel? Falls Ihre Antwort ja lautet, freuen wir uns natürlich. Freuen Sie sich auch an Ihrem Verstehen. Machen Sie sich das bewusst: Was ist das für ein befreiendes Gefühl, endlich verstanden zu haben, in welchem Verhältnis bspw. Vollstreckungsabwehrklage und Erinnerung zueinanderstehen. Nun das Problem noch einmal nachlesen – und auf zum nächsten Problem. Aber, auch das ist unsere Erfahrung: Verstehen ist die eine Hälfte der Medaille, Üben die andere.

Denken Sie zurück an den Einspruch gegen das oben angesprochene Versäumnisurteil. Der Umgang mit einem Versäumnisurteil in der Klausur ist keine Rocket Science. Das VU muss im Tenor auftauchen und im Tatbestand gehört es in die kleine Prozessgeschichte vor den Anträgen. Und spätestens jetzt wissen Sie ja: Nur wenn der Einspruch zulässig ist, gelangen Sie in die Prüfung der Zulässigkeit der Klage. Wenn Sie bei der Begründung der Kostenentscheidung zum Schluss noch an § 345 ZPO denken – dann ist alles perfekt!

Vielleicht ahnen Sie es schon. Die Sache hat einen Haken. Und der Haken ist: Nur das, was Sie eingeübt haben, können Sie im Examen sicher anwenden. Die guten Kandidatinnen und Kandidaten (oder sollten wir sagen: die cleveren?) wissen nicht nur, wie der Einspruch geprüft, das Versäumnisurteil im Tatbestand dargestellt wird und welche Auswirkungen es auf die Kostenentscheidung haben kann. Sie haben es so oft niedergeschrieben, dass sie es im Fall der Fälle abspulen können. Vielleicht nicht ohne nachzudenken, aber mit einer immensen Sicherheit und Geschwindigkeit. Hier erarbeiten Sie sich die Basis, um die schwierigen Probleme im materiellen Recht mit der notwendigen Gründlichkeit angehen zu können

Deswegen: Verstanden heißt nicht Können! *Üben müssen Sie es!* Vieles lässt sich tatsächlich schnell üben, was Ihren Klausuren sofort hilft! Der Tenor eines Zivilurteils – ganz gleich, ob Sie die Klausur rechtlich zutreffend gelöst haben oder nicht – muss Ihnen ohne großes Nachdenken gelingen, weil es feststehende Formulierungen gibt, die man perfekt auswendig lernen kann. Dann müssen Sie auch nicht nachdenken, ob es die Kosten des Rechtsstreits (ja, so heißt es im Zivilurteil) oder des Verfahrens (nein, da sind Sie beim Strafurteil) sind. Das Schreiben wird dann fast zur mechanischen Tätigkeit.

Punkte gibt es nicht nur für Jura

Das bringt uns zum nächsten Punkt. Man kann viel mehr üben als juristische Standardprobleme. Was Dozenten in der Wiederholer-AG mitunter frustriert, ist zu sehen, wie wenig von dem Stoff, der am

Anfang des Referendariats unterrichtet wurde, hängengeblieben ist. Gerade das, was Praktiker im Schlaf beherrschen, klappt hier nicht.

Als Korrektorin oder Korrektor hat man irgendwann kein Verständnis mehr, wenn der Tenor eines Zivilurteils falsch formuliert wird. Nicht wegen der falschen Lösung, das kann passieren, uns als Praktikerinnen und Praktikern auch. Aber wir formulieren auch dann noch konsequent korrekt, wenn das Ergebnis an sich falsch ist. Also: Üben Sie solange Tenorierungen, bis Sie über Formulierungen nicht mehr nachdenken, geschweige denn eine Formularsammlung konsultieren müssen. Sie wären überrascht, wie gut es sich auf die Bewertung einer Klausur auswirkt, wenn der Einstieg formal passt.

Apothekerinnen und Apotheker mussten früher in der Lage sein, die Handschriften von Ärztinnen und Ärzten zu entziffern. Ihre Korrektorinnen und Korrektoren sind Richterinnen und Richter, keine Apothekerinnen und Apotheker. Wenn Sie mit Ihrem Lernplan für den Tag durch sind, investieren Sie täglich (!) noch ein paar Minuten in Ihre Soft Skills. Wenn Sie Ihr Examen noch mit der Hand schreiben, dann üben Sie, schneller und schöner zu schreiben. Einfach so ein Blatt Papier nehmen und aus dem Kopf ein Standardproblem (Versäumnisurteil, „klassischer" Revisionsgrund, Klagebefugnis im Verwaltungsrecht etc.) in Schönschrift mit einstudierten Gliederungszeichen runterschreiben. Zeit stoppen und erfreut feststellen, dass Sie es schneller als beim letzten Mal geschafft haben. Und schöner sieht es auch aus. Warum das wichtig ist? Wahrscheinlich bekommen Sie mehr Punkte, wenn Ihre Klausur Professionalität ausstrahlt. Und wilde Einschübe gekennezeichnet mit „→","*" und bunten Farben etc., mit denen Sie die Korrektoren durch eine kaum leserliche Klausur zu lotsen suchen, wirken nicht professionell. Sie dürfen Ihr Examen am Laptop schreiben? Großartig! Trainieren Sie täglich! Sie können viel mehr Zeit aufs Nachdenken verwenden, wenn Sie Ihre Tastatur beherrschen. Sie werden staunen.

Klausuren

Warum haben wir bisher noch gar nichts über Klausuren geschrieben? Ja, Sie müssen üben, auch Klausurenschreiben. Aber das ist ein ganzes Kapitel für sich, und man muss die Klausuren analysieren, bevor man hier Verbesserungen vornehmen kann. Schnappen Sie sich alle Klausuren, die Sie im Referendariat geschrieben haben. Jetzt schauen Sie sich die Korrekturbemerkungen an. Sobald die erste Bemerkung erneut auftaucht, fangen Sie an, Strichliste zu führen. Nach ein paar Stunden wissen Sie, wo Ihr individuelles Problem liegt. Und ab sofort nutzen Sie die Übungsklausuren, die in der Wiederholer-AG geschrieben werden, um genau Ihre Schwachstellen auszumerzen.

Viel Erfolg!

Zum Weiterlesen

Auf www.jurios.de finden Sie die monatlich erscheinende Kolumne von *Frida Fortun* (Pseudonym), die den ersten Versuch des Zweiten Staatsexamens nicht bestanden hat und jetzt über die Zeit bis zum Zweitversuch und den Ergänzungsvorbereitungsdienst berichtet. Zu Teil 1: https://jurios.de/2024/11/12/zweites-staatsexamen-zweiter-anlauf-teil-1/

Jahn, Referendare in der Elefantenrunde, https://www.beck-shop.de/content/ausbildung/ausbildung-referendariat/referendariat-elefantenrunde/5830/

Landsberg, Die Pechvögel, die Naiven und die Schwachen, https://www.lto.de/karriere/jura-referendariat/stories/detail/zweites-examen-durchgefallen-repetenten-ag

RefPod-Folge „# 7 Durchgefallen – und jetzt?", https://open.spotify.com/episode/3THIpOSLxYWwQzpHxe6ZUA?si=lYioslLeTj-NLZpGb27g5Q

4. Vor oder nach dem Zweiten Examen promovieren? Ein Streitgespräch

Helen Arling, LL.M. und Dr. Jannina Schäffer

Die Möglichkeit, sich intensiv mit einem Thema auseinanderzusetzen, das einen fasziniert, – und dafür noch einen akademischen Titel zu erlangen – ist für viele junge Juristinnen und Juristen verlockend. Der Wunsch, irgendwann zu promovieren, schwebt in den Köpfen vieler, doch die entscheidende Frage bleibt: Wann ist der richtige Zeitpunkt? Sollte man vor oder nach dem Referendariat den Schritt in die Promotion wagen?

Wie so häufig haben beide Varianten ihre Vor- und Nachteile. Neben Motivation und Lernstand spielen beispielsweise finanzielle und karrieretechnische Erwägungen eine Rolle. In diesem Beitrag sollen die beiden Optionen anhand der Erfahrungen von Helen und Jannina beleuchtet werden. Helen hat sich für eine Promotion zwischen dem Ersten Staatsexamen und dem Referendariat entschieden. Jannina hat nach dem Zweiten Staatsexamen berufsbegleitend promoviert.

Jannina, wie kamst Du eigentlich dazu, mit Deiner Promotion zu beginnen?

Jannina: Ich hatte schon im Jurastudium Interesse daran, zu promovieren. Allerdings bin ich davon ausgegangen, sowieso kein Prädikatsexamen zu schaffen. Auch wenn meine Note dann besser ausgefallen ist als gedacht, wollte ich meine juristische Ausbildung erstmal komplett abschließen, bevor ich mich einem so zeitaufwändigen Abenteuer mit unsicherem Ausgang widme. Ich scheue Risiken und habe eher wenig Selbstvertrauen. Deswegen war es mir wichtig, zunächst das Zweite Examen sicher in der Tasche zu haben, bevor ich etwas anderes mache.

Helen: Bei mir lief es ein bisschen anders. Nach dem Ersten Examen war ich mir nicht sicher, ob ich überhaupt einen klassischen juristischen Karriereweg einschlagen und das Zweite Staatsexamen machen möchte. Daher habe ich mich zuerst für einen LL.M. im Völkerrecht entschieden; in dem Gebiet, auf das ich mich schon im universitären Schwerpunkt spezialisiert hatte. Die Promotion im gleichen Themengebiet habe ich dann daran angeschlossen. Die Idee, zu promovieren, hatte ich schon länger, aber war mir nie sicher, ob und wie ich das angehen möchte. Nach dem LL.M. schien ein guter Zeitpunkt zu sein. Jetzt bin ich gerade im Referendariat und die Motivation für das Zweite Staatsexamen ist wieder da.

Ist es Dir schwergefallen, Dich nach dem Zweiten Staatsexamen nochmal für eine Promotion zu motivieren?

Jannina: Wenn man beide Staatsexamina sicher in der Tasche hat und einem formal alle Karrierewege offenstehen, ist es tatsächlich nicht ganz einfach, sich doch noch zu einer Promotion durchzuringen. Für die meisten dürfte es abschreckend sein, auf das „große Geld" zu verzichten und für etwa vier Jahre auf einer 50-Prozent-Stelle nur einen Bruchteil des möglichen Gehalts zu verdienen. Das muss man sich tatsächlich erstmal „leisten können". Rein inhaltlich habe ich mich aber sehr auf die Zeit gefreut. Im Rechtsreferendariat ist alles komplett fremdgesteuert. Die Prüfungsordnung entscheidet, in welcher Reihenfolge die Stationen abgelegt werden und wie lange sie dauern. Das ausbildende Gericht, an welchen Tagen die AGs stattfinden und welchen Ausbilderinnen und Ausbildern man zugeteilt wird. Das war für mich eher traumatisierend. Ich habe mich deswegen sehr darauf gefreut, mich endlich komplett selbstbestimmt einem Thema meiner Wahl widmen zu können und in meiner eigenen Geschwindigkeit zu arbeiten.

Helen, Du hattest aber bestimmt auch Zweifel, ob nach dem Ersten Examen der richtige Zeitpunkt für Dich ist?

Helen: Ja, das stimmt. Ein großer Nachteil der Promotion nach dem Ersten Staatsexamen ist, dass bis zum Zweiten Staatsexamen wieder einige Zeit vergeht. Darüber habe ich zu Beginn der Promotion aber ehrlich gesagt gar nicht wirklich nachgedacht. Heute sehe ich das ambivalent. Einerseits hat mir die „Lernpause" während der Promotion gutgetan, um mit neuem Schwung ins Referendariat zu starten. Andererseits ist das Wissen zum materiellen Recht jetzt nicht mehr so präsent. Immerhin merke ich, dass einiges beim Wiederholen doch wieder auftaucht. So ganz vergessen habe ich das, was ich für das Erste Staatsexamen gelernt habe, also zum Glück nicht.

Jannina: Da hatte ich natürlich einen Vorteil. Wenn man ganz klassisch direkt nach dem Ersten Examen ins Referendariat startet, ist das komplette Examenswissen noch „frisch" im Kopf. Zumindest in materieller Hinsicht ist man also gut gewappnet. Andererseits hat mir natürlich die Pause gefehlt, um einfach mal durchatmen zu können.

Lass uns mal über Organisation und Finanzierung der Promotion sprechen. Wie bist Du das angegangen, Jannina?

Jannina: Ich habe berufsbegleitend promoviert. Das bedeutet, dass ich nicht an einem Lehrstuhl (klassischerweise bei der eigenen Doktormutter oder dem eigenen Doktorvater) angestellt war, sondern ganz normal in Teilzeit gearbeitet habe. Ich hatte dazu eine 50-Prozent-Stelle am Landtag von Baden-Württemberg, während meine Doktormutter in Münster saß. Der Vorteil ist, dass man einerseits schonmal Berufserfahrung sammeln kann, andererseits aber auch bei der Auswahl der Betreuungsperson sehr frei ist. Denn ich konnte mir den Lehrstuhl bundesweit aussuchen und musste dann auch nicht nach Münster umziehen.

Helen: Ich habe während der Promotion als wissenschaftliche Mitarbeiterin bei der Professorin gearbeitet, bei der ich auch promoviert habe. Dadurch hatte ich eine Anknüpfung an die Universität und außerdem Kontakt zu anderen Promovierenden. Und ich konnte mich verschiedenen Tätigkeiten und Projekten widmen, anstatt mich allein auf die Promotion zu konzentrieren. Das entspricht, würde ich sagen, eher meinem Wesen als eine Vollzeitpromotion. Andererseits ist bei der Promotion neben der Tätigkeit als wissenschaftliche Mitarbeiterin auch vieles unter einen Hut zu bringen. Und die Abhängigkeit von Doktormutter oder Doktorvater ist auch größer, wenn die Person gleichzeitig der oder die Vorgesetzte ist.

Jannina: Ich habe die Anbindung an eine Universität tatsächlich vermisst. Der Zugriff auf Literatur war für mich sehr zeitaufwändig, weil ich natürlich als „Externe" gezählt habe und deswegen u. a. keinen VPN-Zugang zu den juristischen Datenbanken bekommen habe. Auch hat mir der Austausch mit anderen Promovierenden sowie Professorinnen und Professoren gefehlt.

Wie war das bei Dir finanziell und organisatorisch, Helen?
Helen: Auf Literatur hatte ich während der Promotion einen relativ guten Zugriff. Dafür war das Referendariat finanziell ein gewisser Rückschritt. Was in der Hinsicht aber wiederum für eine Promotion vor dem Zweiten Staatsexamen sprechen könnte, ist, dass sich aus einer Tätigkeit in einer der Referendariatsstationen zum Teil schon eine Jobchance ergeben kann. Dabei kann es sinnvoll sein, sich zum Jobstart erstmal voll auf die entsprechende Tätigkeit zu konzentrieren.

Jannina: Das stimmt. Während alle meine Kolleginnen und Kollegen in den Job gestartet sind und „Karriere gemacht" haben, bin ich indirekt zurück an die Uni. Es ist tatsächlich auch nicht ganz einfach, eine Stelle zu finden, die flexibel genug ist, um nebenher wirklich konzentriert promovieren zu können. Ich hatte das Glück, dass meine Chefin mir bei der Zeiteinteilung viele Freiheiten gelassen und auch Homeoffice-Tage erlaubt hat. Von externen Promovierenden in Kanzleien höre ich oft, dass die Dissertation meist unter der Tätigkeit als Anwältin oder Anwalt leidet und sich die Promotionszeit deswegen sehr lange streckt. Andererseits bietet die Teilzeit-Tätigkeit in einer Kanzlei natürlich die tolle Möglichkeit, nach dem Abschluss der Promotion dort in Vollzeit einzusteigen. Vor allem Großkanzleien bieten Berufseinsteigerinnen und Berufseinsteigern diesen Weg inzwischen oft explizit an.

Gibt es noch etwas, was Du an der Promotion nach dem Zweiten Staatsexamen als positiv empfunden hast oder etwas anderes, was Du gerne noch ergänzen würdest, Jannina?
Jannina: Ich glaube, ein Aspekt kommt in unseren beiden Erfahrungsberichten etwas zu kurz. Wer bereits Kinder hat oder zeitnah eine Familie gründen will, muss nochmal mit ganz anderen Hürden rechnen und zusätzlich zu den hier angebrachten Erwägungen noch viele mehr berücksichtigen. Das gleiche gilt für Personen, die pflegebedürftige Familienmitglieder haben oder selbst aus anderen Gründen eingeschränkt sind. Hier will ich nur kurz erwähnen, dass es zahlreiche Fördermöglichkeiten für Promovierende gibt. Insbesondere für Frauen, Menschen mit Behinderung, Promovierende mit Migrationshintergrund, politisch Aktive sowie Studierende mit herausragenden Studienleistungen. Niemand sollte sich aus finanziellen Erwägungen von einer Promotion abhalten lassen!

Hast Du auch noch was zu ergänzen, Helen?

Helen: Da stimme ich Dir auf jeden Fall zu. Die Promotion so ungebunden angehen zu können, hat es definitiv leichter gemacht. Umso besser ist es, dass einige Einrichtungen Promovierende fördern, die sich in herausfordernden Situationen befinden.

Einen positiven Aspekt der Promotion nach dem Ersten Staatsexamen möchte ich noch erwähnen. Ich habe das Gefühl, durch meine Tätigkeit als wissenschaftliche Mitarbeiterin und auch einfach durch die zusätzlichen Lebensjahre vor dem Referendariat an Souveränität und Selbstbewusstsein gewonnen zu haben. Als wissenschaftliche Mitarbeiterin habe ich Lehrveranstaltungen durchgeführt und auch mal Vorträge gehalten. Mit dieser Erfahrung fällt es mir nicht mehr so schwer, vor Menschen zu sprechen und dabei spontan zu reagieren. Ich denke auch, dass man durch die Promotion andere Fähigkeiten dazugewinnt oder stärkt, die im Referendariat hilfreich sein können. Beispielsweise verbesserte Recherche-Skills, Struktur beim Schreiben und auch ein gewisses Durchhaltevermögen.

Jannina: Das ist ein großartiger Punkt! Mir hat meine Promotion vor allem dabei geholfen, meine Gedanken strukturiert niederzuschreiben und diese gegenüber Kritik zu verteidigen.

Fazit

Ob vor oder nach dem Referendariat: Eine juristische Promotion bringt Sie auf jeden Fall weiter. Fachlich sowie persönlich.

Und ein zweites Fazit lässt sich nach diesem Gespräch ziehen: Es gibt mehr Möglichkeiten, die Promotion anzugehen, als man zunächst denken mag. Zwar ist die Frage „Vor oder nach dem Zweiten Staatsexamen promovieren?“ immer eine, die sich angehende Promovierende stellen müssen. Aber in der konkreten Ausgestaltung bestehen zahlreiche Freiheiten. So gibt es neben den genannten Optionen auch die Möglichkeit, während der Promotion in einer Kanzlei zu arbeiten, die Dissertation im Ausland abzulegen oder mit einem Stipendium in Vollzeit zu promovieren.

Am Ende kann die Entscheidung für den Zeitpunkt der Promotion nur eine individuelle sein. Nicht zu vernachlässigen ist dabei der Faktor Motivation. Also: Kann ich mir vorstellen, nach dem Zweiten Staatsexamen noch mehrere Jahre an einer Dissertation zu arbeiten? Und besteht nach der Dissertation andersherum noch die Motivation, wieder neu ins Lernen für das Zweite Staatsexamen einzusteigen? Wer sich diese Gedanken macht, ist bereits auf dem richtigen Weg und wird mit hoher Wahrscheinlichkeit auch eine passende Antwort auf die Frage nach dem richtigen Promotionszeitpunkt finden.

Argumente	Helen	Jannina
Pro	• „Pause" nach dem Ersten Examen. Etwas Neues machen und danach motivierter ins Ref • Mehr Souveränität im Ref dadurch, dass man auf dem Weg zur Promotion schon einige Hindernisse überwunden hat • z. T. Promotion anschließend an studentische Lehrstuhltätigkeit möglich (HiWi)	• Examen schon in der Tasche, das gibt Sicherheit • Man vergisst das materielle Recht nicht, weil das Ref direkt an das Studium anschließt, das spart Lernaufwand • z.t. höherer Verdienst, wenn man berufsbegleitend promoviert (gegenüber Promotion nach 1. Examen)
Contra	• Ref ist gegenüber der Tätigkeiten während der Promotion oft finanziell ein Rückschritt • Materielles Wissen aus dem 1. Examen wird bis zum 2. Examen vergessen.	• Es ist schwierig, sich nach dem 2. Examen nochmal „aufzuraffen" • Es fehlt die Anbindung an die Universität und in ein Lehrstuhlteam, sowie die Recherchemöglichkeiten.

Förderungsmöglichkeiten

- Studienstiftung des deutschen Volkes
- Politische Stiftungen (Friedrich-Ebert-Stiftung, Konrad-Adenauer-Stiftung, Heinrich-Böll-Stiftung, Hanns-Seidel-Stiftung, Friedrich-Naumann-Stiftung, Rosa-Luxemburg-Stiftung)
- Religiöse Stiftungen (evangelisches Studienwerk Villigst, katholisches Cusanuswerk, muslimisches Avicenna-Studienwerk, jüdisches Ernst-Ludwig-Ehrlich-Studienwerk)
- Hans-Böckler-Stiftung (Förderungswerk des Deutschen Gewerkschaftsbundes)
- Stiftung der Deutschen Wirtschaft

- DAAD-Stipendien für Auslandstätigkeiten
- Stipendien von kleineren Stiftungen, von Universitäten oder Behörden – häufig fachspezifisch und für Personen in besonderen Lebenslagen
- e-fellows.net mit Vorteilen wie Zugriff auf Datenbanken

5. Als Juristin oder Jurist in den Weltraum? Karrieremöglichkeiten abseits der Norm

Dr. Jannina Schäffer

Obwohl das Zweite Staatsexamen zahlreiche Berufsperspektiven eröffnet, entscheiden sich die meisten Absolventinnen und Absolventen für die klassischen Berufsbilder in Anwaltschaft, Justiz und Verwaltung. So gehen beispielsweise 80 Prozent der Berufseinsteigerinnen und Berufseinsteiger nach dem Zweiten Staatsexamen in die Anwaltschaft.

Doch das Schöne an der juristischen Ausbildung ist, dass man mit zwei Staatsexamen in der Tasche (fast) alles machen kann. Volljuristinnen und Volljuristen bietet sich ein weites Spektrum an Karrieremöglichkeiten, die über die etablierten Pfade hinausgehen. Abseits der Norm warten zahlreiche spannende und unkonventionelle Berufsfelder, die Juristinnen und Juristen aufgrund ihrer Fachkenntnisse und Fähigkeiten bestens zugänglich sind. In diesem Artikel werfen wir einen Blick auf verschiedene Karrierewege, die Sie abseits der klassischen Berufe im rechtlichen Bereich einschlagen können.

Juristinnen und Juristen als Strategen

Unternehmensjuristinnen und Unternehmensjuristen sind gefragt. Die Arbeit erfolgt meist „Inhouse" in den Rechtsabteilungen von größeren Unternehmen – von der Technologiebranche über die Pharmaindustrie bis hin zu Finanzinstituten und Versicherungen. Inhouse-Juristinnen und -Juristen beraten das Unternehmen in allen rechtlichen Fragen, die im täglichen Geschäftsbetrieb anfallen. Sie wenden ihr Fachwissen dabei im unternehmerischen Kontext an und arbeiten in vielen Fällen eng mit der Unternehmensführung zusammen.

Darüber hinaus können sich Juristinnen und Juristen aber auch als Unternehmensberaterinnen und Unternehmensberater selbstständig machen oder sich in einem der großen Consulting-Häuser (McKinsey, Boston Consulting Group, Deloitte, EY usw.) anstellen lassen. Juristinnen und Juristen befassen sich in dieser

Position mit der Analyse und Lösung von rechtlichen Fragestellungen in Bereichen wie Compliance, Datenschutz oder Vertrags- und Risikomanagement. Neben ihren rechtlichen Kenntnissen können Juristinnen und Juristen bei dieser Aufgabe insbesondere mit ihrer Fähigkeit zur strukturierten Problemanalyse und ihrer präzise Denkweise glänzen. Im Angestelltenverhältnis zeichnen sich Unternehmensjuristinnen und Unternehmensjuristen durch eine hohe Arbeitsplatzsicherheit und eine gute Work-Life-Balance aus. Juristinnen und Juristen in der Unternehmensberatung verdienen gut, sollten aber auch belastbar sein und gut mit Stress umgehen können.

Lawfluencer, Kommunikationstalente & Marketing-Expertinnen und -Experten

Die neuen Medien haben in den letzten Jahren auch zu neuen Berufen geführt, die es vor einigen Jahren noch überhaupt nicht gegeben hat. Beispielsweise die Tätigkeit als Social-Media-Managerin oder -Manager. Juristinnen und Juristen, die vor Social Media nicht zurückschrecken, kommunikationsstark sind und kreativ denken, können in der Medienbranche sehr glücklich werden. Hier geht es nicht primär um die Anwendung von rechtlichem Wissen, sondern vor allem um die Vermittlung von komplexen Inhalten in verständlicher und ansprechender Form. Die Berufsmöglichkeiten sind dabei sehr vielseitig.

- **Journalismus:** Ihr juristischer Hintergrund qualifiziert Juristinnen und Juristen hervorragend für eine Karriere im Journalismus, insbesondere im Bereich Recht und Politik. Denn sowohl überregionale Tageszeitungen als auch einschlägige Rechtsmedien (LTO, beck-aktuell, heise usw.) berichten über rechtliche Themen. Wer als Juristin oder Jurist gut und gerne schreibt und in der Lage ist, komplexe rechtliche Sachverhalte verständlich zu kommunizieren, ist hier als angestellte Journalistin oder angestellter Journalist richtig. Der einzige Nachteil: Die Bezahlung in der Medienbranche ist deutlich schlechter als in anderen Branchen. Finanziell müssen Sie hier also Abstriche machen. Juristinnen und Juristen können sich in diesem Bereich aber auch selbstständig machen und flexibel als freie Journalistin oder Journalist mit verschiedenen Medienunternehmen zusammenarbeiten.

- **Public Relations:** Juristinnen und Juristen finden auch in den Public Relations (PR) interessante Tätigkeitsfelder. Hier geht es darum, Unternehmen, Institutionen und Privatpersonen sowohl intern als auch extern rechtlich sauber und zugleich überzeugend zu positionieren. Juristinnen und Juristen in diesem Bereich können ihre Fähigkeiten zur präzisen Formulierung und zur klaren Argumentation nutzen, um etwa in Krisenkommunikationsszenarien zu beraten, Pressetexte zu verfassen oder rechtliche Aspekte der Unternehmensstrategie zu vermitteln. Oft spezialisieren sich Juristinnen und Juristen aber auch direkt auf den Bereich des Medienrechts und beraten Mandantinnen und Mandanten beispielsweise bezüglich Unterlassungsansprüchen gegen Zeitungen oder Schadensersatzansprüchen wegen der Verletzung des allgemeinen Persönlichkeitsrechts.
- **Social Media und Kanzleimarketing:** Juristinnen und Juristen können sich auch im Bereich Social Media und Kanzleimarketing als Expertinnen und Experten positionieren. Gerade im Hinblick auf rechtliche Fragestellungen rund um Datenschutz, Urheberrecht, Werbung und Verträge zwischen Influencerinnen und Influencern sowie Marken gibt es einen hohen Beratungsbedarf. Juristinnen und Juristen mit Affinität für digitale Medien und Kommunikation können in dieser Nische eine wichtige Rolle spielen, indem sie Inhalte erstellen, rechtliche Beratung leisten oder die Öffentlichkeit zu rechtlichen Aspekten der digitalen Kommunikation aufklären. Beim Kanzleimarketing geht es darum, Anwältinnen und Anwälten neue Wege der Mandantenakquise aufzuzeigen und Kanzleien bei der Erstellung von Website-Inhalten, LinkedIn-Beiträgen und Co. zu unterstützen.

Juristinnen und Juristen in der Tech-Welt

In einer zunehmend digitalisierten Welt eröffnen sich für Juristinnen und Juristen zahlreiche neue Möglichkeiten, insbesondere im Bereich IT-Recht, Datenschutz und Digitalisierung. „Legal Tech" lautet das Schlagwort der Stunde und auch der Bereich der künstlichen Intelligenz (KI) bietet spannende neue Tätigkeitsfelder.

- **Datenschutzbeauftragte:** Datenschutz spielt in Deutschland und der EU eine wichtige Rolle. In allen Bereichen des Lebens müssen datenschutzrechtliche Vorgaben erfüllt sein. Die Einführung

der Datenschutz-Grundverordnung (DSGVO) hat zu mehr Fragen als Antworten geführt und in der Bevölkerung eine große Unsicherheit ausgelöst. Unternehmen und Behörden jeder Größe sind verpflichtet, ihre Prozesse und Datenverarbeitung nach den strengen Vorschriften der DSGVO auszurichten, was zu einer enormen Nachfrage an spezialisierten Datenschutzbeauftragten geführt hat. Diese Expertinnen und Experten überwachen die Einhaltung der Datenschutzgesetze, beraten Unternehmen bei der Implementierung von datenschutzkonformen Prozessen und tragen zur Risikominimierung bei. Juristinnen und Juristen können im Datenschutzrecht sowohl „Inhouse" als auch als externe Beraterinnen und Berater tätig werden oder für Vereine und Organisationen arbeiten. Erforderlich ist neben dem juristischen Fachwissen ein grundsätzliches Verständnis für IT-Prozesse („Was sind Cookies?", „Wie funktioniert eine IP-Adresse?").
- **Legal Tech:** Ein in den kommenden Jahren enorm wachsendes Berufsfeld für Juristinnen und Juristen ist der Bereich Legal Tech. Hier geht es um die Entwicklung und Anwendung von Softwarelösungen, die juristische Arbeitsprozesse effizienter gestalten. Juristinnen und Juristen mit einem großen Interesse an neuen Technologien können in Legal-Tech-Startups oder in Unternehmen, die Legal-Tech-Produkte entwickeln, tätig werden. Sie können als Schnittstelle zwischen juristischem Fachwissen und technischer Umsetzung fungieren und dazu beitragen, Softwarelösungen zu entwickeln, die die Arbeit von Anwältinnen, Notaren und anderen Rechtsdienstleistern erleichtert. Dazu gehört auch der Einsatz von KI, insbesondere sogenannter Large Language Model (z. B. ChatGPT).

Forschung und Lehre

Nicht zuletzt gibt es für Juristinnen und Juristen auch abseits der Praxis zahlreiche Möglichkeiten in Forschung und Lehre. Hauptsächlich an Universitäten, aber auch an Hochschulen und anderen Forschungseinrichtungen sowie Think-Tanks.
- **Akademische Karriere:** Die klassische akademische Karriere für Juristinnen und Juristen sieht vor, dass man zunächst promoviert und einen Doktorgrad erlangt. Daran kann sich eine sog. Habilitation anschließen, die es einem ermöglicht, als

Professorin oder Professor an einer Universität tätig zu sein. Die akademische Laufbahn umfasst sowohl Lehrtätigkeiten als auch Forschung und das Publizieren von Fachartikeln. Dieser Karriereweg steht allerdings nur den Besten der Besten offen und ist sehr zeitintensiv. An Hochschulen kann man auch ohne eine Habilitation Professorin oder Professor werden. Falls es mit der Professur nicht klappt: Als Lehrbeauftragte können alle Personen tätig werden, die über das notwendige Fachwissen verfügen und rhetorische sowie didaktische Skills nachweisen. An vielen juristischen Fakultäten gibt es außerdem Stellen für akademische Rätinnen und Räte. Aber Vorsicht: Die Arbeitsverträge an den Universitäten sind oft befristet und die Bezahlung gegenüber anderen Positionen schlecht.

- **Repetitorium:** Eine Besonderheit innerhalb der juristischen Ausbildung ist, dass noch immer die meisten Jurastudierenden ein privates Repetitorium besuchen, um sich auf ihr Staatsexamen vorzubereiten. Wenn es mit einer akademischen Karriere nicht klappt oder man die schlechte Bezahlung an der Universität leid ist, kann man sich als Repetitorin oder Repetitor selbstständig machen oder sich bei einem etablierten Repetitorium als Lehrperson anstellen lassen. Neben der Durchführung der Lehrveranstaltungen gehört meist auch das Verfassen von Skripten, Kursunterlagen sowie das Korrigieren und Besprechen von Übungsfällen zur Aufgabe von Repetitorinnen und Repetitoren.

Politik und Nichtregierungsorganisationen

Was haben Nelson Mandela, Barack Obama, Beatrix von Storch und Wladimir Putin gemeinsam? Sie alle haben Jura studiert. Bei den Bewerberinnen und Bewerbern zur Bundestagswahl belegen Juristinnen und Juristen regelmäßig den ersten Platz. Ob man als Juristin oder Jurist tatsächlich den Beruf der Politikerin oder des Politikers einschlägt, entscheidet am Ende die Wählerin und der Wähler. Zudem muss man vorher eine Partei überzeugen, als Kandidatin oder Kandidat aufgestellt zu werden. Doch auch im „Dunstkreis" der Politik gibt es für Juristinnen und Juristen viele spannende Tätigkeitsfelder.

- **Politische Referentin oder politischer Referent:** Sowohl auf Landes- als auch auf Bundesebene suchen die Parteien nach qualifizierten Mitarbeiterinnen und Mitarbeitern. Die Anstellung erfolgt entweder bei einer Fraktion oder direkt bei einer Politikerin oder einem Politiker. Letztere suchen Mitarbeiterinnen und Mitarbeiter für ihre Bundestags-, Landtags-, und Wahlkreisbüros. Hier ist man meistens „Mädchen für alles“, also für alle politischen Themen zuständig, mit denen sich die oder der Abgeordnete beschäftigt. Außerdem muss man die Büroorganisation (Mails, Pressemitteilungen, Veranstaltungen usw.) übernehmen. Als Referentin oder Referent einer Fraktion spezialisiert man sich auf ein Thema. Bei Juristinnen und Juristen sind das üblicherweise Rechtsthemen. Man berät als Expertin oder Experte sodann die Abgeordneten und die einzelnen Ausschüsse im Vorlauf zu Gesetzesänderungen und Abstimmungen über alle anfallenden rechtlichen Themen. Außerdem ist in jeder Fraktion die Position einer Justiziarin oder eines Justiziars zu besetzen. Die Tätigkeit in der Politik eignet sich vor allem für Menschen, die sich mit bestimmten politischen Werten identifizieren und aktiv an der Gestaltung unserer Gesellschaft mitwirken möchten. Die Bezahlung ist oft angelehnt an die Tarifverträge des öffentlichen Dienstes (Einstiegsgehalt: E13).

- **Nichtregierungsorganisationen:** Auch NGOs wie Amnesty International, Greenpeace oder Verbraucherschutzzentralen beschäftigen Juristinnen und Juristen. Einerseits innerhalb der Organisation selbst (z. B. bei der Erstellung und Beratung über Arbeitsverträge der Mitarbeitenden) andererseits aber auch im Hinblick auf fachliche Fragen (z. B. bzgl. verschiedener Aspekte des Umweltschutzrechts bei Greenpeace). Die Arbeit beschreiben viele Juristinnen und Juristen als besonders erfüllend, weil sie in Organisationen tätig sein können, die ihre eigenen Werte vertreten und sie bei ihrer Arbeit das Gefühl haben, „etwas Sinnstiftendes zu tun“. Ein kleiner Nachteil: Die Bezahlung in NGOs und Vereinen ist häufig schlechter als anderswo.

War das schon alles?

Natürlich nicht. Die Karrieremöglichkeiten „abseits der Norm“ sind zahlreich und sprengen den Umfang dieses Artikels. Einige wurden oben bereits ausführlich vorgestellt. Wer noch mehr Inspiration sucht, darf sich die folgende Liste zu Gemüte führen, in der ein paar besonders außergewöhnliche Berufsbilder in Kürze aufgelistet werden:

- Justiziarin oder Justiziar eines Profifußballvereins
- Rechtsberaterin oder Rechtsberater bei der Bundeswehr
- Fachlektorin oder Fachlektor in einem juristischen Verlag
- Lawfluencerin oder Lawfluencer
- Mediatorin oder Mediator
- Mitarbeiterin oder Mitarbeiter des Verfassungsschutzes
- Host eines True-Crime-Podcasts
- Berufsbetreuerin oder Berufsbetreuer
- Insolvenzverwalterin oder Insolvenzverwalter
- Fallanalytikerin oder Fallanalytiker beim BKA
- Diplomatin oder Diplomat
- Krimi-Autor (Ferdinand von Schirach, Sebastian Fitzek, Ingo Bott)
- Weltraum-Jurist und Science-Youtuber (Tim Ruster „Astro-Tim")
- Legal Counsel der Deutschen Fußballliga (Béla Mayer)
- Hörspielproduzentin (Heikedine Körting)
- „Pornoanwalt" (RA Marko Dörre)

Es zeigt sich: Juristinnen und Juristen sind in vielen unterschiedlichen Berufsfeldern gefragt, die abseits der klassischen Karrierewege in Anwaltschaft, Justiz und Verwaltung liegen. Die juristische Ausbildung eröffnet zahlreiche unkonventionelle Karrierechancen in Bereichen wie Wirtschaft, Politik, Medien, Technologie und Wissenschaft. Wer als Juristin oder Jurist neue Herausforderungen sucht und offen für unkonventionelle Karrierewege ist, kann in vielen spannenden und zukunftsträchtigen Feldern erfolgreich tätig sein – theoretisch sogar als Juristin oder Jurist für Weltraumrecht.

Zum Weiterlesen

Auf JURios finden Sie Interviews mit verschiedenen juristischen Berufsträgerinnen und Berufsträgern über ihre spannenden Karrierewege, https://jurios.de/interviews/

6. Dos & Don'ts für den juristischen Lebenslauf Insights einer Recruiterin & Personalberaterin

Jana Sáez García

Eine Bewerbung zu schreiben, sollte immer etwas Besonderes sein, denn Sie haben sich bewusst dazu entschieden, ein Teil einer Kanzlei oder eines Unternehmens zu werden, Ihre Kompetenzen und Leistungen einzubringen oder diese mit Ihrer zukünftigen Rolle auf- und auszubauen. Dieses Kapitel bietet Ihnen eine Orientierung und grundlegende Dos und Don'ts zur Erstellung Ihres Lebenslaufs bzw. Curriculum Vitae (CV) und greift dabei auch Online-Profile in Social Media bzw. Karrierenetzwerken auf.

CV-Screening durch HR

Das Wichtigste, das ich Ihnen direkt am Anfang mit auf den Weg geben möchte, ist, dass viele Recruiterinnen und Recruiter in Kanzleien und Unternehmen einen CV und die erforderlichen Unterlagen in sehr kurzer Zeit screenen und anschließend eine Entscheidung dazu treffen, ob Ihre Bewerbung in den Fachbereich weitergeleitet wird oder Sie eine Absage erhalten. In der Regel gehen die Bewerbungen an eine zentrale Mail-Adresse im Personalbereich (Human Resources bzw. HR), wo eine Vorselektion vorgenommen wird und anschließend die Weiterleitung an die Fachbereiche erfolgt. Diese Fragen sind dabei die gängigsten, mit denen Ihr CV sowie Ihre Unterlagen gescreent werden:

- Wie sind die Examensnoten ausgefallen?
- Sind die Angaben zum Referendariat vollständig?
- Wo wurden Praxiserfahrungen gesammelt?
- Sind Auslandsaufenthalte vorhanden?
- Welche Zusatzqualifikationen bzw. Abschlüsse sind vorhanden?
- Ist die bisherige fachliche Ausrichtung stimmig und ist diese für den gewünschten Einsatzbereich relevant?
- Wie wurden die Arbeitszeugnisse formuliert?

Auch wenn seit einiger Zeit ein so genannter Bewerbermarkt herrscht, also es derzeit mehr Stellenangebote als passende Bewerbende gibt, und Sie sich dadurch in einer relativ komfortablen Situation befinden, bedeutet dies im Umkehrschluss nicht, dass der Anspruch seitens der Kanzleien oder Unternehmen an Bewerbende sinkt. Sie sollten immer Zeit darin investieren, Ihre Bewerbungsunterlagen und Ihr Profil auf ausgewählten beruflichen Plattformen professionell aufzubereiten und zu pflegen, denn dies hat enorme Wirkung auf Ihren Außenauftritt und Ihr Personal Branding.

Old School oder One-Click-Bewerbung?

In Puncto Bewerbungen hat sich in den letzten Jahren einiges getan, wie z. B. die Möglichkeit, Bewerbungen über einen Button ausschließlich mit dem erstellten CV oder Profil in dem jeweiligen Jobportal bzw. Karrierenetzwerk oder sogar per Swipe auf Matching-Plattformen einzureichen. Für viele Kanzleien und Unternehmen zählt jedoch weiterhin die klassische Form einer Bewerbung mit den vollständigen Bewerbungsunterlagen, also einschließlich Anschreiben, CV und sämtlichen Zeugnissen. Nach Eingang einer Kurzbewerbung werden oftmals weiterhin die vollständigen Unterlagen angefordert, sodass es sich lohnt, diese rechtzeitig vorzubereiten und parat zu haben.

Bei einer regulären Bewerbung – sei es initiativ oder auf eine Stellenanzeige – lautet meine Empfehlung, ein einseitiges **Anschreiben** zu formulieren und die Anlagen (Anschreiben, CV, relevante Zeugnisse etc.) in einer komprimierten **PDF beizufügen**. Sollte kein Anschreiben erforderlich sein, rate ich dennoch dazu, einen gut überlegten und sehr prägnanten Text direkt in der Mail zu formulieren, der einem Anschreiben ähnelt. Achten Sie immer auf die korrekte Ansprache und Schreibweise aller Ansprechpersonen und verwenden Sie eine seriöse Mail-Adresse, sowohl für den Versand als auch in Ihren Angaben im CV und dem Anschreiben selbst. Das Anschreiben ist keine Zusammenfassung Ihres CVs. Versuchen Sie insbesondere folgende Fragen im Anschreiben authentisch zu beantworten:

- Warum bewerben Sie sich?
- Warum ist dieser Fachbereich für Sie spannend?
- Wohin möchten Sie sich entwickeln?

Vor der Bewerbung

Lesen Sie die **Stellenausschreibung** intensiv durch. Recherchieren Sie alle Infos, die Sie zu Ihrem möglichen zukünftigen Arbeitgeber im Allgemeinen, dem Fachbereich und den dazugehörigen Partnerinnen und Partnern auf der Homepage und Karriereseite sowie in juristischen Rankings ausfindig machen können. Kreisen Sie ein, für welche Partnerinnen oder welche Partner bzw. welche Führungskräfte diese Vakanz sein könnte, um sich bereits bestmöglich in den Bereich einzudenken.

Was kaum jemand tut: Rufen Sie die Ansprechperson aus der Stellenanzeige an und fragen Sie nach, wer konkret sucht. So haben Sie mindestens einen ersten Kontakt zu HR hergestellt, auf den Sie sich in Ihrem Anschreiben oder Ihrer nachfolgenden Bewerbungsmail beziehen können. Wenn Sie jemanden am Telefon haben, dann fragen Sie doch gleich auch nach, wie weit der Auswahlprozess bereits vorangeschritten ist, wie lange es in etwa dauert, bis man eine Rückmeldung erhält und wie sich der mögliche weitere Prozess gestaltet. Wenn Sie bereits eine konkretere fachliche Frage haben, bringen Sie diese an. Entweder hat HR direkt eine Antwort oder kann dies für Sie in Erfahrung bringen. Ja, das bedeutet alles Aufwand, aber dieser wird sich für Sie auszahlen.

Ran an den CV

Es spricht grundsätzlich nichts dagegen, wenn Sie Vorlagen für einen **tabellarischen CV** verwenden. Achten Sie jedoch darauf, ein zu Ihnen passendes Layout zu wählen, in einem Design, das nicht zu abgehoben ist und sich gut bearbeiten lässt. **Bewerbungsfotos** sind weiterhin gerne gesehen, da es einen runderen Gesamteindruck von Ihrer Person gibt. Aber bitte die Fotos in jedem Fall von einem professionellen Fotostudio machen lassen, anstatt privater Schnappschüsse vor einer weißen Wand oder jene, die bei sämtlichen anderen Anlässen oder durch den Einsatz von KI entstanden sind, zu verwenden. Bitte machen Sie die Fotos im Business-Outfit mit einer ordentlichen Erscheinung in Bezug auf Frisur und ggf. das Make-up. Niemand muss eine Maske aufsetzen, aber denken Sie bitte daran, dass man Sie auch mit Ihrem Bild in Verbindung bringen können sollte, wenn Sie zu einem persönlichen Gespräch oder Video-Call eingeladen werden. An dieser Stelle noch der Hinweis, dass Sie sich auch im Falle eines Video-Calls so stylen, als würden Sie vor Ort zu einem Bewerbungsgespräch erscheinen. Lieber etwas zu overdressed, als beim Erstgespräch den Eindruck zu erwecken, dass Sie es mal so nebenbei halten.

Zu Beginn Ihrer Karriere gehören sämtliche Angaben zu Ihren **Noten** in den CV, also vom Abitur über die staatliche Prüfung, den gewählten Schwerpunkt, die (bisherigen) Stationen im Referendariat bis hin zu den beiden Examensnoten, denn diese zählen in der Jurawelt weiterhin zu den wichtigsten Auswahlkriterien. Sie werden im Vorfeld nicht mit Sicherheit erfahren, welche Kriterien Ihre Bewerbung von HR zum Fachbereich bringen. Mit einem Anruf bei den angegebenen Ansprechpersonen lässt sich manchmal herausfinden, welche Gesamtanzahl an Punkten gewünscht wird oder ob ein fehlendes Prädikatsexamen z. B. durch eine Promotion oder einen LL.M.-Abschluss ausgeglichen werden kann. Stehen Sie zu Ihren Noten und führen Sie ggf. auch einen geplanten oder wahrgenommenen Verbesserungsversuch auf, denn dies unterstreicht Ihr Engagement.

Die nachfolgenden Abschnitte führen Sie durch den typischen Aufbau eines CVs und geben Ihnen somit eine gewisse Orientierung. Ich empfehle Ihnen, zu individuellen Aspekten in weitere Recherchen einzusteigen.

Beruflicher Werdegang

Beginnen Sie mit den aktuellsten Erfahrungen und listen Sie alle weiteren **beruflichen Stationen** in antichronologischer Reihenfolge auf, einschließlich absolvierter Praktika oder z. B. Tätigkeiten als Wissenschaftliche Mitarbeiterin oder Wissenschaftlicher Mitarbeiter – sei es an einem Lehrstuhl oder in einer Kanzlei. Eine gängige Variante ist, in der ersten Zeile jeder Station Ihre Rolle bzw. Funktion anzugeben, darunter folgen Angaben zum Arbeitgeber und dem Standort, dann ggf. die Praxisgruppe oder der Fachbereich und anschließend sollten je nach Dauer des Abschnitts in zwei bis fünf Bullet-Points die wichtigsten Aufgaben aufgeführt werden. Diese Angaben können jene Aufgaben enthalten, die im Sinne der jeweiligen Stellenausschreibung relevant sind und Ihre Kenntnisse belegen. Sie dürfen die Auswahl Ihrer Aufgaben auch variieren, wenn Sie feststellen, dass manche Ihrer Erfahrungen besser zu dem Schwerpunkt der Vakanz passen.

Achtung! Ferienjobs, Praktika und veraltete Berufserfahrung sowie Schulungen bzw. Fort- und Weiterbildungen, die älter als zwei Jahre sind und weder Relevanz noch Aktualität haben, gehören zu typisch überflüssigen Angaben im Lebenslauf.

Referendariat

Die (bisherigen) **Stationen des Referendariats** können sehr prägnant in einem Block in antichronologischer Reihenfolge aufgeführt werden. Sofern das Zweite Staatsexamen bereits abgelegt wurde, steht dieses ganz oben. Jeweils in der ersten Zeile jeder Station stehen der Name des Gerichts, der Institution, des Unternehmens bzw. der Kanzlei und der Ort (+ ggf. die Länderangabe). In der zweiten Zeile folgt der Fachbereich und in Klammern die erhaltene Gesamtnote (bzw. der Punktwert). Anschließend können in wenigen Bullet-Points die relevantesten oder spannendsten Aufgaben genannt werden.

Ausbildung, Studium & Co

Die Angaben zu Ihrer **schulischen und universitären Ausbildung** (auch hier wieder in antichronologischer Reihenfolge) beginnen mit dem Abitur (bitte nur mit Abschlussjahr, Name und Ort des Gymnasiums sowie Abiturnote angeben). Die Note des Ersten Staatsexamens ist mit der Gesamtnote anzugeben, ergänzt um die Punktwerte für den staatlichen sowie den universitären Teil, einschließlich Benennung des Schwerpunkts.

Fachanwaltstitel, eine laufende bzw. erfolgreich abgeschlossene **Promotion** sowie weiterführende Studiengänge, wie z. B. ein **LL.M.**, sind mit dem Thema, Titel oder Schwerpunkt, der Universität und ggf. der Doktormutter bzw. dem Doktorvater und mit der Note (sofern bereits vorhanden) aufzuführen.

Auslandserfahrung oder internationale Erfahrung können einen eigenen Abschnitt darstellen oder zu den passenden Abschnitten hinzugefügt werden und gehören definitiv in den CV, da sie Ihre Sprachkenntnisse und interkulturellen Kompetenzen belegen.

Noch ein paar Hinweise zu den **Sprachkenntnissen** (zu denen das Latinum bei Juristinnen und Juristen üblicherweise nicht zählt): Durch den Europäischen Referenzrahmen sind alle Sprachen vergleichbar und die Sprachkenntnisse werden von A1 bis C2 eingestuft. Die sechs möglichen Kompetenzstufen starten mit ersten Grundsprachkenntnissen (A1) und steigern sich über die Stufen A2 (vertiefte Grundsprachkenntnisse), B1 (gute Sprachkenntnisse), B2 (fließendes Sprachniveau), C1 (fließende bis verhandlungssichere Sprachkenntnisse) bis hin zu Sprachkenntnissen auf Muttersprachniveau (C2).

Auch **Publikationen, Auszeichnungen & Stipendien** haben im CV ihre Daseinsberechtigung. Führen Sie Publikationen in einem Block so auf, als würden Sie Quellenangaben hinterlegen. Bei Auszeichnungen erwähnen Sie immer den offiziellen Titel der Auszeichnung, den Grad der Anerkennung (regional, staatlich, national, international, branchenspezifisch) und das Datum der Anerkennung. Geben Sie den Zweck der Auszeichnung sowie die besonderen Leistungen an, die damit gewürdigt werden. Stipendien sollten den Namen des Stipendiums, die vergebende Organisation, das Vergabedatum, den Grund für die Vergabe und ggf. den Förderbetrag angeben.

Hobbys, Interessen & Ehrenämter können als eigener Abschnitt kurz und prägnant aufgenommen werden, sind aber nicht verpflichtend. Gut ausgewählt und selbstverständlich wahrheitsgemäß geben Sie Ihrem Profil jedoch eine persönlichere Note und zeigen, dass Sie auch abseits juristischer Themen ein Leben haben. Bitte schreiben Sie nicht „Lesen, Sport & Musik", sondern eher in diese Richtung „Kriminalromane, Kitesurfen und Opernbesuche" und unterdrücken Sie bei extremen oder sehr speziellen Hobbys und Interessen besser Ihre Mitteilungsfreude, denn man kann nie einschätzen, wie diese ausgelegt werden.

Mind the Gap – Auszeiten & Care Arbeit im CV

Nicht abgeschlossene Ausbildungen, Studiengänge oder Promotionsprojekte sind üblicherweise auch aufzuführen. Wägen Sie im Einzelfall dennoch ab, ob die Angaben für Sie nachteilig sein könnten. Würde ohne diese Angabe eine Lücke von mehr als drei Monaten entstehen, sollten Sie nicht darauf verzichten. Spielen Sie für sich einmal die Gesprächssituation durch, welche Gründe für eine gewisse Ausbildung sprachen und was dazu führte, dass Sie diese nicht fortgeführt haben.

Sie haben bewusst eine **Auszeit** genommen oder sich in einer beruflichen Findungsphase befunden? Dann nehmen Sie diesen Zeitraum und entsprechende wahrheitsgemäße Angaben dazu auf, also z. B. Backpacking Reise durch Europa, berufliche Findungsphase oder Selbststudium zu einem bestimmten Themenbereich.

Es ist mir ein besonderes Anliegen, Ihnen mit auf den Weg zu geben, dass Sie **Elternzeiten** (ohne Namens- und Geburtsdaten der Kinder!) nicht als Makel in ihrem CV ansehen sollten, weder als Mutter noch als Vater. Die längere **Pflege** von Angehörigen kann ebenso im CV, ohne nähere private Details, aufgenommen werden. Bei längeren Abschnitten dieser Art, können Sie ergänzen, dass Sie sich beispielsweise in einem bestimmten Bereich (ggf. im Selbststudium) weitergebildet haben, sofern dies den Tatsachen entspricht.

Führen Sie sich immer vor Augen, welche Erfahrungen Sie durch diesen Abschnitt gemacht haben. Über welche Kompetenzen verfügen Sie durch diesen Lebensabschnitt, die Sie von anderen Mitbewerberinnen und Mitbewerbern abheben, welche ausschließlich den geradlinigen Weg gegangen sind?

Abschließende Worte

Am Ende Ihres CVs sollten Sie den Ort und das Datum aufnehmen, eine (digitale) Unterschrift ist nicht mehr erforderlich. Ein Anschreiben wird hingegen in der Regel noch unterschrieben, da es so seriöser und professioneller wirkt.

Es sind mehr als zwei Seiten geworden? Als Berufseinsteigerin oder Berufseinsteiger sollten es nicht mehr als zwei Seiten sein; in Ihrer weiteren Laufbahn ist es aber fast unmöglich, diese Maßgabe einzuhalten. Versuchen Sie, ob Sie an der einen oder anderen Stelle kürzen oder umformulieren können. Drei Seiten sollten wirklich das Maximum sein.

Achtung! Grundsätzlich sollte sich der Aufbau eines Karriereprofils in Social Media bzw. professionellen Karrierenetzwerken (z. B. LinkedIn) mit Ihrem tabellarischen CV decken.

Sehen Sie die Anregungen in diesem Kapitel als Hilfestellung an, nichts ist starr vorgeschrieben. Behalten Sie immer Ihre persönliche Note bei. Nehmen Sie Absagen nicht persönlich. Sollten Sie in einem Bewerbungsprozess sehr weit gekommen sein und dennoch eine Absage erhalten haben, erkundigen Sie sich, woran es gelegen hat. Einen Versuch ist es wert, auch wenn man leider in den seltensten Fällen ein ausführliches Feedback erhält.

Für Ihre Bewerbungsprozesse und Ihre zukünftige juristische Karriere wünsche ich Ihnen viel Erfolg und Erfüllung. Ich wünsche Ihnen, dass Sie die Möglichkeit erhalten und auch selbst ergreifen, Ihre Karriere so zu gestalten, wie Sie es sich wünschen.

7. Let's talk about money

Diese Einstiegsgehälter erwarten Juristinnen und Juristen

Natalie Lorke, Ass. iur., Mag. iur.

Kurz vor dem Berufseinstieg werden Sie sich früher oder später mit der Frage auseinandersetzen, was Sie als Juristin oder Jurist verdienen können. Vielleicht haben Sie schon einen Wunschberuf und fragen sich, was Sie in diesem verdienen können. Vielleicht sind Sie aber auch noch unentschlossen und machen Ihre Entscheidung davon abhängig, in welchem Berufsfeld Sie am meisten verdienen können. Die Frage, was Sie als Berufsanfängerin oder Berufsanfänger überhaupt an Gehalt verlangen können, dürfte für die meisten von Ihnen jedenfalls wesentlich sein. Haben Sie schließlich erstmal die Herausforderungen des Ersten und Zweiten Staatsexamens erfolgreich gemeistert, möchten Sie hierfür entsprechend entlohnt werden und erst recht möchten Sie sich nicht unter Wert verkaufen.

Um die Frage des Einstiegsgehalts für Juristinnen und Juristen besser einschätzen zu können, möchte Ihnen dieser Artikel auf den nachfolgenden Seiten eine Hilfestellung bieten.

Prädikatsexamen als Voraussetzung für ein gutes Gehalt?

Häufig wird einem im Studium und Referendariat vermittelt, die Note „vollbefriedigend" müsse unbedingt erreicht werden, um später einen guten Job zu bekommen. Dies führt bei dem einen oder der anderen zu Stress und baut zusätzlichen Druck auf. Oft sind es sogar die eigenen Kommilitoninnen und Kommilitonen, die ihr Prädikatsexamen vor sich hertragen und darauf schwören. Derartige Behauptungen sind jedenfalls mit Vorsicht zu genießen.

Umgekehrt werden Sie beim Warten vor dem Gerichtssaal aber sicherlich auch in Kontakt mit berufserfahrenen Kolleginnen und Kollegen kommen, die Ihnen erzählen, dass es gar nicht so sehr auf die Note in den Staatsexamina ankommt. Es gäbe auch andere wichtige Faktoren – wie beispielsweise eine gefragte Spezialisierung, Soft Skills, Sprachkenntnisse und nicht zuletzt ein Quäntchen Glück.

Die gute Nachricht deswegen direkt vorweg: Ein Prädikatsexamen ist keinesfalls zwingende Voraussetzung für ein gutes oder sogar sehr gutes Gehalt! Dieses lässt sich vielmehr auch mittels anderer Faktoren erreichen.

Welche Faktoren spielen bei der Höhe des Gehalts eine Rolle?

Nicht von der Hand zu weisen ist, dass ein gutes Staatsexamen sicher auch für die Höhe des Gehalts relevant ist. Eine gute Note ist aber nicht der allein entscheidende Faktor. Vielmehr spielen Faktoren wie eine zusätzliche Ausbildung (z. B. ein weiterer Studienabschluss, eine Mediatorenausbildung) oder einschlägige Auslandserfahrung eine Rolle. Auf dem Arbeitsmarkt ebenfalls gefragt: Promotion, Master of Laws, BWL für Juristinnen und Juristen usw. Auch immer hilfreich: Verhandlungsgeschick.

Je besser man auf eine Stelle passt, desto eher kann man bei den zukünftigen Arbeitgeberinnen und Arbeitgebern punkten. Und wollen diese einen unbedingt einstellen, so sind sie sicher bereit, auch tiefer in die Tasche zu greifen. Die Arbeitgeberinnen und Arbeitgeber werden jedenfalls am ehesten ein höheres Gehalt springen lassen, wenn man für die gewünschte Stelle entsprechend qualifiziert ist. Indem Sie sich Qualifikationen neben den beiden Staatsexamina aneignen, können Sie sich von Ihren Mitbewerberinnen und Mitbewerbern abheben.

Ein Tipp speziell für Juristinnen: Männer neigen dazu, bei ihren Qualifikationen zu übertreiben. Frauen stellen hingegen häufig ihr Licht unter den Scheffel. Bewerben Sie sich also ruhig auch auf Stellenausschreibungen, wenn Sie eine der erforderlichen Qualifikationen nicht besitzen. Es ist völlig unwahrscheinlich, dass sich ausschließlich perfekt passende Bewerberinnen und Bewerber auf die Stelle melden. Und viele Dinge (z. B. PowerPoint-Kenntnisse) kann man in kurzer Zeit nachlernen.

Was können Neu-Juristinnen und Neu-Juristen konkret verlangen?

Statistisch gesehen liegt das Einstiegsgehalt von Volljuristinnen und Volljuristen branchenübergreifend bei 4.600 Euro. Das bedeutet, dass es sowohl Berufseinsteigerinnen und Berufseinsteiger gibt, die in den ersten Jahren (deutlich) mehr verdienen als auch Personen, die (deutlich) weniger verdienen. Es gibt zahlreiche Faktoren, die dieses Gehalt beeinflussen (s.o.). Zur seriösen Beantwortung der Frage ist zunächst zwischen der Besoldung im öffentlichen Dienst und den Gehältern in der Privatwirtschaft zu unterscheiden.

Gehälter in der Privatwirtschaft

Gehälter in der Privatwirtschaft variieren unter anderem danach, ob man in einer kleinen, mittelständischen oder großen Kanzlei, einem Unternehmen oder einem Verband arbeitet. Zu berücksichtigen ist ebenfalls, dass es auch vom Arbeitsort abhängig ist, wie viel man verdient. In einer Metropole wie Frankfurt a.M. kann man andere Einstiegsgehälter verlangen als in der Landeshauptstadt Mainz. Um einen Anhaltspunkt für das Gehalt zu bekommen, kann man eines der zahlreichen Jobportale zu Rate ziehen.

So ergibt bspw. eine Recherche zum Gehalt einer Unternehmensjuristin bzw. eines Unternehmensjuristen über *Stepstone.de* bei einer Berufserfahrung von weniger als einem Jahr, ein durchschnittliches Bruttojahresgehalt in Höhe von 47.500 Euro bei einer 40-Stunden-Woche. Dabei variiert das Gehalt insbesondere nach Unternehmensgröße, Branche, Selbstständigkeit und Zusatzleistungen. So bezahlen die Verlagsbranche und die sozialen Trägerinnen und sozialen Träger bspw. traditionell deutlich schlechter als die Automobilbranche oder die Versicherungs- sowie Bankbranche.

Etwa 80 Prozent der Absolventinnen und Absolventen entscheiden sich jedoch für eine Karriere in der Anwaltschaft. Dabei ist zwischen einer selbstständigen Tätigkeit und der Arbeit als angestellte Anwältin oder Anwalt zu unterscheiden. Die Angestelltentätigkeit bietet ein sicheres Einkommen, während man als selbstständige Person das volle unternehmerische Risiko trägt, dafür aber über viele andere Freiheiten verfügt.

Angestellte Anwältinnen und Anwälte verdienen in den ersten Jahren häufig durchschnittlich mehr als selbstständige Einzelanwältinnen und Einzelanwälte. Danach holen die Selbstständigen deutlich auf. Weitere Faktoren, die bei der Gehaltshöhe im Anstellungsverhältnis eine Rolle spielen, sind insbesondere, ob eine Anstellung in West- oder Ostdeutschland erfolgt, die Größe der Kanzlei, das Rechtsgebiet sowie die Größe der Stadt. Leider verdienen auch hier – wie in anderen Berufen – Frauen durchschnittlich weniger als ihre männlichen Kollegen. Stellt man die angestellten Berufstätigen den Syndikusanwältinnen und -anwälten gegenüber, so zeigt sich – gemessen an der Gehaltshöhe – dass letztere in aller Regel besser verdienen als ihre Kolleginnen und Kollegen in kleinen Kanzleien.

Gerade die amerikanischen und britischen Kanzleien locken mit hohen Einstiegsgehältern weit über 100.000 Euro. Aufgestockt wird das Gehalt oftmals noch mit einem leistungsbezogenen Bonus. Die Kanzleien sind teilweise sogar bereit, einen sog. Signing Bonus zu zahlen. Hierbei handelt es sich um eine einmalige Geldzahlung oder einen sonstigen Anreiz, um Sie zum Abschluss eines Arbeitsvertrages zu bewegen. Ihnen sollte aber bewusst sein, dass gerade in Großkanzleien häufig noch mindestens ein Prädikatsexamen nebst einem Doktortitel oder einem LL.M. verlangt wird. Doch selbst hier wackelt das Prädikatserfordernis aufgrund des demografischen Wandels und des dadurch ausgelösten Fachkräftemangels bereits.

Dabei darf nicht vergessen werden, dass in Großkanzleien schon mal Arbeitszeiten von 90 Std./Woche anfallen. Die hohen Gehälter können somit als Ausgleich für die häufig langen Arbeitszeiten gesehen werden. Aufgrund der hohen Arbeitsbelastung fallen die Gehälter auf einen Stundensatz heruntergerechnet daher oft nicht so hoch aus, wie es beim Anblick des Jahresbruttogehalts den Eindruck macht. Ein hohes Gehalt geht also häufig auf Kosten einer guten Work-Life-Balance.

Azur (https://www.azur-online.de/gehalt/einstiegsgehaelter/) bietet die Möglichkeit, sich verschiedene Einstiegsgehälter anzeigen zu lassen und diese miteinander zu vergleichen.

Vergütung	**Kanzleien** (Auswahl, Stand Oktober 2025)
120.000 Euro und mehr	A&O Shearman, Ashurst, Blomstein, Clifford Chance, CMS Hasche Sigle, Dentons, DLA Piper, Glade Michel Wirtz, Gleiss Lutz, Goodwin Procter, Görg, Greenberg Traurig, Hengeler Mueller, Hogan Lovells, Kirkland & Ellis, LARK, Latham & Watkins, Linklaters, Milbank, Norton Rose Fulbright, Oppenhoff & Partner, Paul Hastings, Poellath, Quinn Emanuel Urquhart & Sullivan, Simmons & Simmons, Taylor Wessing, White & Case, Willkie Farr & Gallagher
100.000-119.000 Euro	Altenburg, Esche Schümann Commichau, Eversheds Sutherland, GSK Stockmann, GvW Graf von Westphalen, Kümmerlein, Loschelder, Menold Bezler, Oppenländer, Osborne Clarke
80.000-99.000 Euro	Arnecke Sibeth Dabelstein, Deloitte Legal, Haver & Mailänder, Kallan, Küttner, Lambsdorff, Möhrle Happ Luther

Hinweis: Zusätzlich zu den Fixgehältern kann – je nach Kanzlei – noch ein (unter Umständen gedeckelter) Jahresbonus hinzukommen. Bei einigen Großkanzleien ist zwar das Fixgehalt niedriger, der Bonus dafür aber umso höher. Die Tabelle bildet nur eine (kleine) Auswahl ab.

Besoldung von Richterinnen und Richtern sowie Staatsanwältinnen und Staatsanwälten

Rechtsgrundlage für die Bezahlung der Richterinnen und Richter sowie der Staatsanwältinnen und Staatsanwälte sind die in den jeweiligen Ländern geltenden Landesbesoldungsgesetze. Die Besoldung hängt also davon ab, in welchem Bundesland Sie arbeiten.

Zunächst soll anhand des rheinland-pfälzischen Landesbesoldungsgesetzes (LBesG) exemplarisch ein kurzer Überblick gegeben werden: Vorschriften zum Grundgehalt und den Leistungsbezügen regelt in Rheinland-Pfalz Teil 2 des LBesG. Das Grundgehalt bestimmt sich für Richterinnen und Richter nach der Besoldungsgruppe des verliehenen Amtes (§ 22 Abs. 1 S. 1 LBesG) und wird, soweit gesetzlich nicht etwas anderes bestimmt ist, nach Stufen bemessen. Das Aufsteigen in den Stufen bestimmt sich nach Zeiten mit dienstlicher Erfahrung (§ 29 Abs. 1 S. 1, 2 LBesG).

Gemäß Anlage 3 zum LBesG werden Richterinnen und Richter am Amts-, Arbeits-, Land-, Sozial- und Verwaltungsgericht sowie

Staatsanwältinnen und Staatsanwälte der Besoldungsgruppe R 1 zugeordnet. Der Anlage 6 zum LBesG kann man schließlich die monatlichen Grundgehälter für die Besoldungsgruppe R 1 entnehmen.

Nachfolgend soll eine Übersicht über das Grundgehalt in den jeweiligen Bundesländern für die Besoldung von Richterinnen und Richtern sowie Staatsanwältinnen und Staatsanwälten gegeben werden.

Bundesland	**Besoldung gemäß Besoldungsgruppe R 1 (jeweils unterste Stufe) – für Richterinnen und Richter am Amts-, Arbeits-, Land-, Sozial-, Verwaltungsgericht, Staatsanwältinnen und Staatsanwälte** (Monatsbeträge in Euro, Stand Oktober 2025)
Baden-Württemberg	5.296,02 Euro
Bayern	5.253,69 Euro
Berlin	5.290,65 Euro
Brandenburg	5.298,39 Euro
Bremen	5.074,01 Euro
Hamburg	5.336,40 Euro
Hessen	5.128,88 Euro
Mecklenburg-Vorpommern	5.139,54 Euro
Niedersachsen	5.122,44 Euro
Nordrhein-Westfalen	5.157,45 Euro
Rheinland-Pfalz	5.278,94 Euro
Saarland	4.847,46 Euro
Sachsen	5.066,74 Euro
Sachsen-Anhalt	4.924,54 Euro
Schleswig-Holstein	5.311,36 Euro
Thüringen	5.165,32 Euro

Besoldung in der Verwaltung

Vielleicht kommt für Sie aber auch eine Tätigkeit in der Verwaltung in Betracht. So werden Verwaltungsjuristinnen und Verwaltungsjuristen sowohl auf Bundes- als auch auf Landes- und kommunaler Ebene gesucht. Dort gibt es abwechslungsreiche Tätigkeiten in Ministerien und nachgeordneten Behörden wie in Landratsämtern und Stadtverwaltungen. Zukünftige Arbeitgeberinnen und Arbeitgeber im öffentlichen Dienst können aber z. B. auch sein: das Auswärtige Amt, die Europäische Kommission oder das Bundeskriminalamt.

Das Gehalt von Beamtinnen und Beamten im höheren Dienst bestimmt sich nach den Besoldungsgruppen A13 bis A16 (anders in Bayern). Die Höhe des Gehalts ist davon abhängig, ob Sie auf Bundes- oder Landesebene tätig sind und in welcher Besoldungsgruppe Sie eingruppiert werden. Wie Sie eingruppiert werden, bestimmt sich wiederum nach Ihrem Abschluss und Ihrer Berufserfahrung. Volljuristinnen und Volljuristen steigen meist mit A13 (z. B. als Regierungsrätin oder Regierungsrat) ein und haben recht schnell die Chance, auf A14 befördert zu werden. A13 entspricht im Mittelwert etwa 4.550 Euro brutto. Bei A16 sind es im Mittel schon 6.100 Euro brutto.

Für eine Karriere in der öffentlichen Verwaltung spricht insbesondere: eine hohe Arbeitsplatzsicherheit, geregelte Arbeitszeiten, eine gute Work-Life-Balance, eine transparente Vergütung sowie ein Ruhegehalt. Gerade auch die Aussicht auf die Pension kann ein wesentlicher Punkt bei der Entscheidung für eine Tätigkeit im Staatsdienst sein. Während die Standardrente 2024 bei 1.769 Euro lag, erhielten Pensionärinnen und Pensionäre 2024 durchschnittlich 3.170 Euro. Die gesetzliche Rente muss deswegen häufig durch betriebliche oder private Altersvorsorge aufgestockt werden. Im Hinblick auf eine finanzielle Absicherung im Alter ist die Verbeamtung im öffentlichen Dienst also unschlagbar.

Fazit: Ein breites Spektrum

Die Einstiegsgehälter von Juristinnen und Juristen können damit – wie gezeigt – stark variieren. So beklagt der Deutsche Richterbund, dass die Einkommen von Richterinnen und Richtern sowie Staatsanwältinnen und Staatsanwälten einerseits und die Gehälter der Juristinnen und Juristen in Unternehmen sowie Rechtsanwältinnen und Rechtsanwälten in Großkanzleien auf der anderen Seite immer weiter auseinanderdriften. Gleichzeitig garantiert die Verbeamtung jedoch einen sicheren Job sowie eine ausreichende Pension.

Letztlich sollten Sie sich vor Ihrem Berufseinstieg genau überlegen, wie viel Gewicht die Frage nach dem Gehalt bei Ihrer Berufswahl tatsächlich hat. Denn Sie werden noch einen Großteil Ihres Lebens mit Arbeiten verbringen, so dass neben dem Erhalt eines gewissen Lebensstandards auch der Spaß an der Tätigkeit selbst sowie eine ausgewogene Work-Life-Balance nicht zu kurz kommen sollten!

Wie hat Mark Twain schon formuliert: „*The higher the pay in enjoyment the worker gets out of it, the higher shall be his pay in cash, also.*“

8. Vom Referendariat in die Kanzleigründung
So gelingt der direkte Einstieg!

RAin und Notarin Annika Seebach

Für wen eignet sich die eigene Kanzlei?

Die anwaltliche Selbstständigkeit direkt nach dem Referendariat spricht insbesondere diejenigen Juristinnen und Juristen an, die ein hohes Maß an Eigenverantwortung und Gestaltungsspielraum in ihrem Berufsalltag schätzen. Vor allem Personen, die bereits während des Referendariats festgestellt haben, dass sie gerne eigenständig arbeiten, Entscheidungen treffen und ihre Mandate frei wählen möchten, finden hier ideale Bedingungen.

Ebenso attraktiv ist dieser Schritt für ambitionierte Absolventinnen und Absolventen, die über ein klares fachliches Profil verfügen und frühzeitig eine Spezialisierung anstreben. Gerade wer sich in einem bestimmten Rechtsgebiet besonders sicher fühlt oder in einer Nische großes Potenzial erkennt, kann von einer frühen Positionierung am Markt profitieren. Darüber hinaus ist der direkte Einstieg in die Selbstständigkeit für Juristinnen und Juristen interessant, die eine unternehmerische Denkweise mitbringen oder sich bewusst in dieser Hinsicht weiterentwickeln möchten. Wer Spaß daran hat, Mandantinnen und Mandanten aktiv zu akquirieren, Netzwerke aufzubauen und Marketingstrategien umzusetzen, erlebt in der eigenen Kanzlei spannende und erfüllende Herausforderungen.

Nicht zuletzt eignet sich die Selbstständigkeit nach dem Referendariat besonders für diejenigen, die ihren Berufsalltag flexibel gestalten wollen – etwa in Bezug auf Arbeitszeiten, Vereinbarkeit von Familie und Beruf sowie freie Standortwahl.

Chance und Herausforderung zugleich

Der Schritt in die anwaltliche Selbstständigkeit direkt nach dem Referendariat bringt sowohl Herausforderungen als auch attraktive Chancen mit sich.

Gerade Berufsanfängerinnen und -anfänger stehen vor der Aufgabe, sich fachlich wie auch unternehmerisch zu beweisen. Häufig fehlen zu Beginn praktische Erfahrungen, die Sicherheit im Umgang mit der Mandantschaft und bei komplexen Fällen geben. Zudem müssen junge Rechtsanwältinnen und Rechtsanwälte zunächst Vertrauen aufbauen, da potenzielle Mandantinnen und Mandanten oft erfahrene Juristinnen und Juristen bevorzugen. Auch die finanziellen Aspekte stellen eine Herausforderung dar: Ohne bestehendes Mandantenportfolio kann der finanzielle Druck in der Anfangsphase hoch sein. Hinzu kommen organisatorische Aufgaben wie Kanzleiorganisation, Marketing, Buchhaltung und Akquise, die im juristischen Studium und Referendariat oft nicht ausreichend vermittelt wurden. Man darf insbesondere nicht unterschätzen, wie viel Zeit die fehlende Routine als Rechtsanwältin oder Rechtsanwalt im Alltag kostet und dass man sich darüber hinaus in einer bisher womöglich unbekannten Rolle als Unternehmerin, bzw. Unternehmer wiederfindet.

Den Herausforderungen stehen jedoch auch erhebliche Chancen gegenüber. Junge Gründerinnen und Gründer profitieren von maximaler Flexibilität bei der Gestaltung ihrer Karriere und der Möglichkeit, direkt eigene Schwerpunkte und Spezialisierungen zu setzen. Durch eine frühzeitige Positionierung am Markt können Berufsanfängerinnen und Berufsanfänger von Beginn an ein authentisches Profil aufbauen und so schneller als Spezialistinnen und Spezialisten wahrgenommen werden. Hinzu kommt der Vorteil, dass junge Selbstständige oft schneller digitale Innovationen und neue Arbeitsweisen adaptieren, wodurch sie sich Wettbewerbsvorteile verschaffen können. Schließlich entwickeln Berufsanfängerinnen und -anfänger in der Selbstständigkeit wichtige Kompetenzen wie unternehmerisches Denken, Eigenverantwortung und Entscheidungskompetenz, von denen sie langfristig profitieren werden. Insgesamt erfordert der Einstieg in die anwaltliche Selbstständigkeit nach dem Referendariat Mut und eine realistische Planung – birgt jedoch zugleich großes Potenzial für persönliches Wachstum und beruflichen Erfolg.

Voraussetzungen und erste Schritte

Wer unmittelbar nach dem Referendariat den Weg in die anwaltliche Selbstständigkeit einschlagen möchte, sollte zunächst einige wichtige Voraussetzungen beachten und erste grundlegende Schritte sorgfältig planen:

- **Zulassung als Rechtsanwältin/Rechtsanwalt**
  Der erste notwendige Schritt ist die Zulassung zur Anwaltschaft. Diese erfolgt auf Antrag bei der zuständigen Rechtsanwaltskammer, nachdem Sie das Zweite Staatsexamen erfolgreich bestanden haben. Der Antrag umfasst unter anderem die Vorlage relevanter Zeugnisse, Nachweise über den Abschluss der erforderlichen Berufshaftpflichtversicherung sowie gegebenenfalls weitere Dokumente. Erst mit Erhalt der Zulassung darf die anwaltliche Tätigkeit offiziell aufgenommen werden.
- **Anmeldung und Gründung der Kanzlei**
  Die Gründung der eigenen Kanzlei erfordert eine sorgfältige Auswahl der Rechtsform. Einzelanwalt, Bürogemeinschaft oder Partnerschaftsgesellschaft – jede Rechtsform hat steuerliche und haftungsrechtliche Besonderheiten, über die sich Berufsanfängerinnen und -anfänger im Vorfeld gut informieren sollten. Die Anmeldung der Kanzlei erfolgt beim zuständigen Finanzamt, der Anwaltskammer sowie unter Umständen beim Gewerbeamt, insbesondere wenn zusätzliche gewerbliche Tätigkeiten geplant sind. Zu beachten sind zudem die Versicherungspflichten, insbesondere die Berufshaftpflichtversicherung, deren Abschluss zwingend erforderlich ist. Hinzu kommen Mitgliedspflichten bei der jeweiligen Rechtsanwaltskammer, wie die Teilnahme an Fortbildungen oder auch Beitragszahlungen, die zu beachten sind.
- **Finanzierung und mögliche Förderungen**
  Ein realistischer Finanzplan ist entscheidend für den erfolgreichen Start in die Selbstständigkeit. Neben Eigenkapital und möglicherweise privater Unterstützung können insbesondere junge Anwältinnen und Anwälte auf Förderprogramme von Bund und Ländern, etwa den Gründungszuschuss der Bundesagentur für Arbeit, zurückgreifen. Weitere Finanzierungsinstrumente wie Kredite der KfW-Bank oder spezielle Existenzgründerdarlehen der Hausbanken sollten ebenfalls in Betracht gezogen werden. Eine frühzeitige Beratung durch eine Steuerberaterin

oder einen Gründungscoach hilft, mögliche Förderungen optimal auszuschöpfen und finanzielle Risiken besser zu managen. Die sorgfältige Planung dieser ersten Schritte bildet die Grundlage für eine langfristig erfolgreiche anwaltliche Selbstständigkeit.

Strategische Planung und Kanzleiaufbau

Eine solide strategische Planung ist entscheidend für den erfolgreichen Einstieg in die anwaltliche Selbstständigkeit unmittelbar nach dem Referendariat. Der erste Schritt besteht darin, ein tragfähiges Kanzleikonzept zu entwickeln, das klare Ziele, Zielgruppen und den gewünschten Außenauftritt definiert. Sie sollten sich frühzeitig überlegen, wie sie sich von der Konkurrenz abheben können, etwa durch besondere Mandantenorientierung oder innovative Beratungsansätze. Die Auswahl und Spezialisierung auf bestimmte Rechtsgebiete hilft dabei, ein klares Profil zu etablieren. Besonders für Berufsanfängerinnen und -anfänger kann es sinnvoll sein, Nischen zu entdecken oder aktuelle rechtliche Trends aufzugreifen. Nicht zuletzt spielt die Standortentscheidung eine wesentliche Rolle: Soll die Kanzlei im Homeoffice gestartet werden, um Kosten zu sparen und flexibel zu bleiben? Ist ein Coworking-Space sinnvoll, um Netzwerke aufzubauen? Oder bietet ein eigenes Büro bessere Möglichkeiten zur Mandantenakquise und professionellen Außendarstellung? Diese strategischen Entscheidungen bilden die Basis für eine nachhaltige und erfolgreiche Entwicklung der eigenen Kanzlei.

Ein strukturierter und durchdachter Kanzleiaufbau ist unerlässlich für den Erfolg in der anwaltlichen Selbstständigkeit. Zu Beginn ist es wichtig, sich um die notwendige Infrastruktur und technisches Equipment zu kümmern. Dazu gehören geeignete Arbeitsplätze, zuverlässige IT-Hardware wie Laptop, Drucker, Scanner und Telefonanlage sowie eine stabile und sichere Internetverbindung. Gleichzeitig sollten passende Kanzleisoftware und digitale Tools ausgewählt werden, die dabei helfen, Mandate effizient zu bearbeiten, Akten zu verwalten und Rechnungen zu erstellen. Insbesondere Cloud-basierte Lösungen bieten hier Flexibilität und Skalierbarkeit, sind aber nicht in allen Bereichen einsetzbar- so derzeit z. B. noch im Notariat. Datenschutz, IT-Sicherheit und Compliance stellen eine wichtige Säule der Kanzleiorganisation dar. Es ist unerlässlich, gesetzliche Vorgaben zur Datenverarbeitung und Dokumentation von Anfang an konsequent einzuhalten. Darüber hinaus spielen klare und effiziente Arbeitsabläufe im Kanzleimanagement eine zentrale Rolle, um langfristig produktiv arbeiten zu können. Eine sorgfältige Planung von Ablagesystemen, Fristenmanagement und Kommunikationsprozessen spart Zeit und schafft Raum, sich auf die juristische Kerntätigkeit zu konzentrieren.

Mandantenakquise und Marketing

Die Akquise erster Mandate stellt für Berufsanfängerinnen und -anfänger oft eine große Herausforderung dar. Um erste Mandate zu gewinnen, empfiehlt es sich, zunächst auf das persönliche Umfeld und bestehende Kontakte zurückzugreifen. Freundinnen und Freunde, Familie und Bekannte können erste Multiplikatoren sein, indem sie Empfehlungen aussprechen. Darüber hinaus bieten Veranstaltungen, Seminare und Netzwerk-Events die Möglichkeit, neue Kontakte zu knüpfen und sich in der Branche bekannt zu machen.

Online-Marketing und Social Media spielen ebenfalls eine bedeutende Rolle bei der Akquise neuer Mandantinnen und Mandanten. Eine professionelle Website, ergänzt um gezielte Präsenz in sozialen Medien, hilft dabei, Expertise sichtbar zu machen und Vertrauen aufzubauen. Insbesondere Plattformen wie LinkedIn und Instagram eignen sich gut, um durch Beiträge, Videos oder Podcasts auf sich aufmerksam zu machen und eine persönliche Marke – das sogenannte Personal Branding – aufzubauen.

Herausforderungen meistern

Der Schritt in die anwaltliche Selbstständigkeit direkt nach dem Referendariat ist oft mit Unsicherheit verbunden – und genau hier liegt eine der größten Herausforderungen für junge Anwältinnen und Anwälte. Der Umgang mit anfänglicher Unsicherheit und fehlender Erfahrung gelingt am besten, indem man gezielt Unterstützung sucht: durch Fortbildungen, erfahrene Mentoren, Kolleginnen und Kollegen oder den Austausch in Netzwerken. Die Bereitschaft, kontinuierlich zu lernen und offen mit Fragen und Unsicherheiten umzugehen, trägt wesentlich dazu bei, Selbstvertrauen aufzubauen und Schritt für Schritt Sicherheit in der anwaltlichen Praxis zu gewinnen.

Ein weiteres wichtiges Thema ist die persönliche Belastbarkeit. Die Gründung ist mit intensiver Arbeit verbunden. Auch wenn man die fordernden Examina hinter sich hat, stellt der Schritt in die Selbstständigkeit eine neue Bewährungsprobe dar. Gleichzeitig zeigt die Gründungsphase, wie wichtig es ist, Belastbarkeit aufzubauen, Prioritäten zu setzen und einen guten Umgang mit den eigenen Grenzen zu finden.

Schließlich ist auch die finanzielle Planung eine entscheidende Herausforderung. Gerade zu Beginn kann es schwierig sein, Einnahmen und Ausgaben verlässlich zu kalkulieren. Ein realistischer Finanzplan, der neben regelmäßigen Ausgaben auch unvorhergesehene Kosten berücksichtigt, hilft, finanzielle Engpässe zu vermeiden. Ebenso wichtig ist eine angemessene Honorargestaltung. Junge Anwältinnen und Anwälte sollten den Wert ihrer Leistungen kennen und selbstbewusst kommunizieren, zugleich aber realistisch kalkulieren, um konkurrenzfähig zu bleiben.

Die Praxis zeigt: Es ist möglich!

Der direkte Einstieg in die anwaltliche Selbstständigkeit kann empfehlenswert sein – allerdings nicht für jede Persönlichkeit gleichermaßen. Wer sich bewusst für diesen Schritt entscheidet, sollte Unternehmergeist, Eigeninitiative und unternehmerischen Mut mitbringen. Eine solide strategische Planung, klare Positionierung am Markt und gezieltes Networking sind dabei unverzichtbare Erfolgsfaktoren. Auch das kontinuierliche Lernen und die Offenheit, aus Fehlern zu wachsen, sind Schlüssel zum Erfolg. Letztlich zeigt die Praxis deutlich: Wer authentisch bleibt, klar kommuniziert und die eigenen Stärken selbstbewusst einsetzt, kann bereits unmittelbar nach dem Referendariat erfolgreich eine eigene Kanzlei aufbauen.

Der Blick in die Zukunft ist dabei vielversprechend: Junge Selbstständige können ihre Kanzlei nach eigenen Vorstellungen gestalten und haben langfristig vielfältige Entwicklungsmöglichkeiten – sei es durch weiteres Wachstum, Kooperationen, Gründung neuer Standorte oder die Erschließung innovativer Beratungsfelder. Wer die anfänglichen Herausforderungen erfolgreich meistert, kann auf eine spannende, erfüllende und nachhaltig erfolgreiche Zukunft blicken.

Zusammenfassend lässt sich sagen, dass die anwaltliche Selbstständigkeit unmittelbar nach dem Referendariat eine attraktive Option für alle darstellt, die Freiheit, Flexibilität und die Chance zur persönlichen sowie beruflichen Entfaltung schätzen. Voraussetzung ist dabei jedoch stets, sich selbst aktiv weiterzuentwickeln.

Interviews

Schäffer, Interview: Frag die .... (selbstständige) Kanzleigründerin und Notarin, https://jurios.de/2024/01/19/frag-die-kanzleigruenderin-und-notarin/

Schäffer, Interview: Frag die .... (selbstständige) Markenrechtlerin, https://jurios.de/2024/07/02/interview-frag-die-markenrechtlerin/

Redaktion, Interview: Frag die .... (selbstständige) Jugendstrafverteidigerin, https://jurios.de/2024/04/26/interview-frag-die-jugendstrafverteidigerin/

Redaktion, Interview: Frag die .... (selbstständige) Fachanwältin für Familienrecht und Mediation, https://jurios.de/2024/02/27/interview-frag-die-fachanwaeltin-fuer-familienrecht-und-mediation/

9. Wie Sie aus Recht Verständnis machen
Mandantinnen und Mandanten beraten
RAin und Notarin Annika Seebach

Eine gute anwaltliche Beratung ist in der Praxis weit mehr als die bloße Vermittlung juristischer Informationen: Sie bildet die Grundlage für Vertrauen, langfristige Mandatsverhältnisse und nachhaltigen Erfolg. Mandantinnen und Mandanten erwarten heutzutage nicht nur exzellente fachliche Kompetenz, sondern auch empathische Kommunikation und maßgeschneiderte Lösungen. Für viele ist der Gang zur Rechtsanwältin oder zum Rechtsanwalt eine Ausnahmesituation, verbunden mit Unsicherheiten oder sogar Ängsten und Hemmungen. Gerade deshalb ist es essenziell, dass Rechtsanwältinnen und Rechtsanwälte nicht nur rechtlich korrekt, sondern auch menschlich verständnisvoll beraten.

Eine besondere Herausforderung liegt darin, komplexe juristische Sachverhalte transparent und verständlich zu vermitteln. Juristische Fachsprache wirkt auf die Mandantschaft häufig abschreckend oder verwirrend. Gute Beratung bedeutet deshalb, rechtliche Themen anschaulich und praxisnah zu erklären, sodass Mandantinnen und Mandanten selbst in schwierigen Situationen Klarheit gewinnen und Entscheidungen treffen können.

Hinzu kommen steigende Erwartungen an die Effizienz und Erreichbarkeit von Rechtsberatung: Mandantinnen und Mandanten wünschen sich schnelle Antworten und unkomplizierte Kommunikationswege. Gleichzeitig darf trotz Zeitdruck und zunehmender Digitalisierung die persönliche Ebene nicht vernachlässigt werden, denn insbesondere in emotional belastenden Situationen wird von Ihnen als Rechtsanwältin oder Rechtsanwalt erwartet, dass sie auch emotionalen Rückhalt geben.

Wer diese Herausforderungen erfolgreich meistert und dabei die Erwartungen seiner Mandantschaft erfüllt, schafft nicht nur unmittelbaren rechtlichen Mehrwert, sondern fördert eine nachhaltige Mandantenbindung. Letztendlich entscheidet die Qualität der anwaltlichen Beratung darüber, ob Ihre Mandantinnen und Mandanten zufrieden sind, Sie weiterempfehlen und erneut Ihre Unterstützung suchen.

Sprache, Empathie und Vertrauen

Eine erfolgreiche anwaltliche Beratung beruht auf drei essenziellen Grundpfeilern: Vertrauensaufbau, professioneller Kommunikation und juristischer Kompetenz. Nur wenn diese Säulen stabil miteinander verbunden sind, entsteht eine tragfähige Grundlage für eine nachhaltige und positive Mandantenbeziehung.

Vertrauen ist das wertvollste Kapital in der Beziehung zur Mandantschaft. Bereits beim Erstgespräch und der Mandatsannahme werden hierfür entscheidende Weichen gestellt. Im ersten Kontakt geht es darum, nicht nur Fakten zu erfassen, sondern den Mandantinnen und Mandanten auch zu signalisieren, dass ihre Anliegen ernst genommen und mit Empathie behandelt werden. Ein wertschätzender Umgang, aufrichtiges Zuhören und die Bereitschaft, sich in die individuelle Situation hineinzudenken, bilden den Grundstein dafür, dass diese sich gut aufgehoben fühlen. Eine empathische und gleichzeitig professionelle Gesprächsführung verlangt oft viel Fingerspitzengefühl: Sie müssen zwischen juristischen Fakten und emotionalen Bedürfnissen navigieren. Persönliche Sorgen, Ängste oder Erwartungen der Mandantschaft sind oft genauso wichtig wie die rein rechtliche Bewertung des Falls. Dabei ist es notwendig, klar, transparent und zugleich sensibel zu kommunizieren, Grenzen aufzuzeigen und realistische Erwartungen zu formulieren, ohne den emotionalen Aspekt außer Acht zu lassen.

Rechtliche Kompetenz

Neben menschlichem Einfühlungsvermögen und Kommunikationsgeschick ist ein fundiertes rechtliches Wissen die Grundlage jeder erfolgreichen anwaltlichen Beratung. Es wird erwartet, dass Sie über aktuelles und praxisrelevantes juristisches Wissen verfügen. Dies erfordert kontinuierliche Fort- und Weiterbildung, denn das Recht entwickelt sich stetig weiter. Neue Gesetze, Rechtsprechungsänderungen und aktuelle Entwicklungen müssen jederzeit beherrscht werden, um verlässlich und zielführend zu beraten.

Spezialisierung ist in diesem Zusammenhang ebenfalls ein Schlüssel zum Erfolg. Die Rechtswelt wird zunehmend komplexer, sodass es heute kaum möglich ist, in allen Rechtsgebieten gleichermaßen kompetent zu beraten. Mandantinnen und Mandanten suchen verstärkt Rechtsanwältinnen und Rechtsanwälte, die tiefgehendes Know-how in spezifischen Bereichen haben und ihnen dadurch echten Mehrwert bieten.

Ablauf der anwaltlichen Beratung in der Praxis

Der Ablauf einer erfolgreichen anwaltlichen Beratung folgt in der Praxis klar definierten Schritten, um eine hohe Beratungsqualität und Mandantenzufriedenzeit sicherzustellen. Eine systematische Vorgehensweise sorgt dabei für Transparenz, Klarheit und Vertrauen in die anwaltliche Leistung.

- **Mandatsaufnahme und -klärung**
  Zu Beginn steht immer die gründliche Aufnahme und Klärung des Mandats. Dabei geht es darum, den Sachverhalt umfassend zu erfassen und zu strukturieren. Hierfür ist eine genaue und gezielte Befragung der Mandantschaft erforderlich, die oft viel mehr umfasst als die bloßen juristischen Fakten. Vielmehr gilt es, Hintergründe, Interessen und auch die persönliche Situation der Mandantinnen und Mandanten zu berücksichtigen, um den Fall in seiner gesamten Dimension zu verstehen. Gemeinsam mit der Mandantschaft erfolgt anschließend die Definition der Ziele des Mandats.
- **Strategische Planung**
  Nachdem Ziele und Erwartungen geklärt sind, folgt die strategische Planung der weiteren Vorgehensweise. Die anwaltliche Arbeit beginnt mit einer umfassenden Fallanalyse, in deren Rahmen die juristische Bewertung vorgenommen wird. Hier werden insbesondere rechtliche Grundlagen recherchiert, einschlägige Rechtsprechung geprüft und mögliche Lösungswege entwickelt. Dabei gilt es, eine juristisch fundierte und zugleich praxisnahe Strategie zu erarbeiten, welche die individuellen Bedürfnisse Ihrer Mandantinnen und Mandanten bestmöglich berücksichtigt.

  Ein entscheidender Teil der strategischen Planung ist die realistische Kommunikation von Chancen und Risiken gegenüber der Mandantschaft. Nur wenn diese umfassend über mögliche Erfolgsaussichten, aber auch über mögliche Risiken und Nachteile aufgeklärt sind, können sie informierte Entscheidungen treffen.

- **Umsetzung der Beratung**
  Im Anschluss an die strategische Planung erfolgt die praktische Umsetzung der Beratung. Diese umfasst unter anderem die Anfertigung von Schriftsätzen, Stellungnahmen und rechtlichen Gutachten. Ebenso zählt dazu die Führung außergerichtlicher Verhandlungen und Gespräche, etwa um Vergleiche herbeizuführen oder Konflikte bereits im Vorfeld zu entschärfen. Sollte eine außergerichtliche Einigung nicht gelingen, umfasst die Umsetzung selbstverständlich auch die Vorbereitung und Vertretung vor Gericht. Hier sind umfassende Kenntnisse des Prozessrechts, strategisches Geschick und sorgfältige Vorbereitung entscheidend. Sie übernehmen dabei die Rolle der Interessenvertretung Ihrer Mandantschaft und müssen in der Lage sein, deren Standpunkt vor Gericht überzeugend und sicher zu präsentieren.
- **Umgang mit besonderen Beratungssituationen**
  Im anwaltlichen Berufsalltag ergeben sich regelmäßig besondere Beratungssituationen, die von Ihnen nicht nur fachliches Können, sondern auch hohe emotionale Kompetenz verlangen. Gerade bei emotional anspruchsvollen Mandantinnen und Mandanten – eventuell sogar in einer Krisensituation – ist es wichtig, souverän, empathisch und zugleich professionell zu handeln.

  Emotionale Mandantinnen und Mandanten begegnen Ihnen insbesondere bei familienrechtlichen Konflikten wie Scheidungen oder Sorgerechtsstreitigkeiten, bei der Errichtung von Testamenten oder Vorsorgeregelungen sowie bei Erkrankungen oder Todesfällen in der Familie. Typische Szenarien sind außerdem Insolvenzfälle, Kündigungen und strafrechtliche Akten. Gerade diese Fälle gehen oft weit über rechtliche Fragestellungen hinaus und sind mit starken Emotionen wie Angst, Wut, Trauer oder Hoffnungslosigkeit verbunden. Ihre Mandantschaft befindet sich in solchen Situationen häufig in einer emotionalen Ausnahmesituation und erwarten neben juristischer Unterstützung auch menschliches Verständnis und Einfühlungsvermögen. Wichtig ist hierbei, dass Sie eine Balance finden zwischen empathischer Beratung und professioneller Distanz.

Fazit und Ausblick

Die Bedeutung professioneller anwaltlicher Beratung lässt sich nicht allein an rechtlichen Erfolgen messen. Vielmehr geht es darum, langfristige, stabile und vertrauensvolle Beziehungen zu Ihren Mandanten aufzubauen. Zudem gewinnen Soft Skills wie Empathie, Flexibilität und Kommunikationsfähigkeit weiter an Bedeutung. Rechtsanwältinnen und Rechtsanwälte werden zunehmend auch als strategische Begleiter wahrgenommen.

Darüber hinaus befindet sich die anwaltliche Beratung stetig im Wandel. Der Einsatz neuer Technologien, wie KI-basierter Tools zur Dokumentenanalyse oder automatisierte Vertragsprüfung wird zukünftig weiter zunehmen und Rechtsanwältinnen und Rechtsanwälte spürbar entlasten. Wer heute schon auf diese Veränderungen setzt, offen gegenüber Innovationen bleibt und gleichzeitig den menschlichen Faktor nie außer Acht lässt, wird zu den erfolgreichen und gefragten Rechtsanwältinnen und Rechtsanwälten gehören.

Zum Weiterlesen

Neupert, Mandantenorientiert beraten – Anwälte als Dienstleister, in: JuS 2021, 1097

10. Der Weg in die Justiz
Für wen wird dieser Beruf erfüllend sein?

VRi.inLG Juliane Schrader

Neben der Anwaltschaft ist die Justiz für viele angehende Juristinnen und Juristen eines der naheliegenden beruflichen Ziele. Gerade im Referendariat bietet sich eine großartige Gelegenheit, dieses Berufsfeld kennenzulernen. Vielleicht fragen Sie sich sogar, wozu dieser Beitrag dienen soll – haben Sie doch die beste Gelegenheit, im Referendariat einen eigenen Einblick in die Justiz zu gewinnen.

Haben Sie das? „Die Justiz" wird oft als eine nahezu homogene Berufsgruppe dargestellt. Dabei ist das Gegenteil der Fall: Sie ist in vielerlei Hinsicht vielfältig. In Ihren Stationen sehen Sie nur einen kleinen Ausschnitt und das zu Beginn des Referendariats. Die so wertvolle Gelegenheit, den Einzelausbilderinnen und -ausbildern zur Berufswahl Löcher in den Bauch zu fragen, verfliegt häufig, bevor die wichtigen Fragen aufkommen. Wie entscheidet man also, ob die Justiz der richtige Weg sein könnte?

Es wäre viel zu einfach, die Antwort zwischen dem „Pro" der beruflichen Sicherheit und dem „Contra" der im Vergleich zu Gehältern in Großkanzleien zurückliegenden Dienstbezügen aufzuspannen. Es gibt vielmehr ein paar wichtige Aspekte, die diesen Beruf besonders machen und die für eine Person ein Argument für die Berufswahl sein können und für andere dagegensprechen mögen. Die Berufswahl sollte also nicht mit objektivierten Pro-/Contra-Listen starten, sondern einigen Fragen an Sie selbst. Was erwarten Sie von Ihrem (beruflichen) Leben? Die berufliche Tätigkeit sollte Sie als Person nicht definieren, aber sie wird mit einer gewissen Wahrscheinlichkeit einen großen zeitlichen Raum ihres Lebens füllen und Sie begleiten. Dieser Beitrag soll ein paar Aspekte, die für diese Entscheidung relevant sein könnten, beleuchten und Denkanstöße für Ihre Berufswahl bieten.

Auf Lebenszeit: Die Laufbahn am Gericht oder bei der Staatsanwaltschaft

Was auf der Hand liegt: Eine Stelle „auf Lebenszeit" schafft dauerhaft wirtschaftliche Sicherheit, auch in Phasen, in denen man weniger leistungsfähig sein sollte oder z. B. die Familiengründung im Fokus steht. Auch ist wiederum offenkundig, dass sich die Berufswahl daher nicht für jemanden anbietet, der im Laufe des Arbeitslebens viel im Ausland arbeiten möchte.

Wie Ihr beruflicher Alltag aber genau aussehen wird, ist bei der Einstellung noch völlig offen. In der Regel wird der erste Teil der richterlichen oder staatsanwaltlichen Laufbahn von unterschiedlichen Einsatzgebieten geprägt sein und Sie werden sehen: Der Alltag in einer großen Strafkammer gestaltet sich z. B. ganz anders, als der in einer Zivilabteilung am Amtsgericht. Dabei ist das rechtliche Gebiet, in dem man praktisch tätig ist, oft weniger ausschlaggebend für diese Bewertung, als man im Referendariat vielleicht noch meinen mag. Nicht selten erkennt man erst durch eigene Erfahrungen in der prozessualen Praxis seine Vorlieben. Und wenn man im weiteren Verlauf äußert, wo man mittelfristig eingesetzt werden möchte, wird dies – so zeigt es meine persönliche Erfahrung – nach Möglichkeit auch berücksichtigt. Wer sich hingegen früh festlegen möchte und vielleicht sogar noch Vorerfahrung mitbringt, wird sich auch in der Justiz Expertise erarbeiten können. Gerade Interesse und Vorerfahrungen in besonders spezialisierten Bereichen wie z. B. Patentrecht, Arzthaftungsrecht oder Kapitalmarktrecht werden begrüßt. Während einige Richterinnen oder Richter jahrzehntelang in derselben Kammer tätig sind, wechseln andere in recht kurzen Abständen zwischen Kammern, Gerichten oder Behörden. Wiederum andere Kolleginnen oder Kollegen haben mehrere Jahre Erziehungsurlaub genommen, bevor sie auf ihre Stelle zurückgekehrt sind. Wenn Sie diese Vielfalt interessiert, sollten Sie sich bei allen sich im Referendariat bietenden Gelegenheiten mit Justizangehörigen unterhalten und nach deren Werdegang fragen. Sie werden sehen, dass es da bei einigen auch interessante Zwischenstationen gab, bevor sie dort ankamen, wo sie jetzt sind.

Viel Arbeit am Fall, aber kaum Karrieremöglichkeiten – stimmt das?

Dass die Tätigkeit in der Rechtsprechung von der praktischen juristischen Arbeit am Fall geprägt wird, dürfte auf der Hand liegen – jedenfalls, wenn man langfristig in der reinen Rechtsprechung tätig ist. Schon auf der Ebene der Tätigkeit als Vorsitzende oder Vorsitzender wird allerdings der organisatorische Anteil wachsen. Außerdem bietet die Justizverwaltung – also quasi das „Management" der Behörde – einen vielfältigen Einsatzbereich, in dem auch die Grundlagen für Justizkarrieren gelegt werden können. Das wird mitunter übersehen. Eine Position, die Ihnen sicher allen bekannt ist, ist die Ausbildungsdezernentin oder der Ausbildungsdezernent Ihres Landgerichtsbezirks. Denkbar ist auch die Tätigkeit im Bereich der Öffentlichkeitsarbeit oder eine Abordnung in die Verwaltung des Oberlandesgerichts oder an ein Landes- oder Bundesministerium. Ein Blick auf die Organigramme oder Geschäftsverteilungspläne der Gerichte oder Justizbehörden bietet Ihnen einen Überblick über die Einsatzbereiche und Sie werden – z. B. beim Bundesministerium der Justiz – zahlreiche Namen mit dem Kürzel für richterliche oder staatsanwaltliche Dienstbezeichnungen finden. Wenn dieses Thema für Sie interessant ist, sprechen Sie ihre Ausbildungsleitung darauf doch mal an und lassen Sie sich erläutern, was für Möglichkeiten sich in diesem Bereich ergeben können.

Die neutrale Position

Ein wesentlicher Unterschied zur Rolle eines Anwalts ist die neutrale Position, die Richterinnen und Richter gegenüber der zu verhandelnden und entscheidenden Sache einnehmen. Auch dies kann aus Sicht einiger für und aus Sicht anderer gegen die Berufswahl sprechen. Ihnen allen fällt es sicher nicht schwer, sich argumentativ auf eine Seite zu stellen – das lernt man schließlich in der juristischen Ausbildung ganz gut. Ich persönlich war indes – und vielleicht finden Sie sich darin wieder – sehr schnell unzufrieden, wenn ich als Anwältin weniger aussichtsreiche Fälle bearbeitet habe und empfand diese Zuschreibung einer festen Position als frustrierend. Für viele Anwälte macht genau das den Reiz aus. Vielleicht gefällt es Ihnen aber auch besser, neutral entscheiden zu können, wo die rechtliche Lösung liegt und sich dabei nicht in der Abhängigkeit der Erwartungen von Mandanten zu wähnen. Die Herausforderung liegt in dieser neutralen Rolle eher darin, die Grundlage für die rechtliche Bewertung zu erarbeiten und den objektiven Sachverhalt so weit wie möglich „freizulegen".

Unabhängigkeit – mehr als freie Zeiteinteilung und Selbstorganisation

Kommen wir zur richterlichen Unabhängigkeit. Ihr sollte bei eventuellen Erwägungen einer Bewerbung im richterlichen Dienst besondere Aufmerksamkeit zuteilwerden, denn: Dabei geht es um viel mehr, als nur die freie Zeiteinteilung! Viel weitgreifender ist die Unabhängigkeit in der richterlichen Entscheidung. Diese ist nicht nur Privileg, sondern auch Pflicht und geht mit viel Verantwortung einher – und das schon unmittelbar nach der Einstellung, denn nicht selten steht die erste eigene Sitzung schon kurz danach an. Dies kann für eine Person motivierend und in positiver Hinsicht herausfordernd sein. Für jemanden, der sich gerne fachlich abgesichert wissen möchte, kann diese Freiheit belastend und in Einzelfällen sogar lähmend wirken. Ich wage zu behaupten, dass sie auch für viele Kolleginnen und Kollegen einer der tragenden Gründe für die Berufswahl und die langjährige berufliche Zufriedenheit sein dürfte. Rückblickend hat mich z. B. der Umstand, dass man mir so früh so viel zugetraut hat, nervös gemacht, aber auch begeistert und mir Selbstwirksamkeit vermittelt. Damit einher geht meiner Erfahrung nach auch eine Kultur der Kollegialität, sodass man mit der neuen Rolle nicht allein ist. Ich habe frühzeitig von Kolleginnen und Kollegen signalisiert bekommen, dass Fragen etwas Gutes sind. „Meine Tür ist stets offen, auch wenn sie zu ist!" sagte eine Kollegin zu mir, als ich mich als neue Proberichterin vorstellte. Und ich kam schnell dahinter, warum die Tür bei ihr häufig (physisch) geschlossen war. Sie war wie ein Aktenwiesel und pflügte sich hochkonzentriert und effizient durch ihr Dezernat, um schnell fertig zu werden und so den Nachmittag mit ihren Kindern verbringen zu können.

Nichts Besonderes? Doch. Denn Teil der Unabhängigkeit dieser Tätigkeit – und da kommen wir nun doch noch zur Zeiteinteilung – umfasst auch die freie Entscheidung darüber, wie und wo ich außerhalb der Sitzungen und ggf. der Kammerberatungen meine Dienstgeschäfte bearbeite. Ein Konzept, das New-Work-Offensiven seit der Corona-Pandemie in modernen Start-ups verstärkt umzusetzen versuchen, hat in der richterlichen Unabhängigkeit Tradition: Leistung wird nicht an Anwesenheit gemessen. Schaffe ich etwas schneller oder schiebe ich eine Aufgabe auf den Samstagnachmittag, ist dies mir überlassen. Die Gerichtsflure sind indes nicht leer. Nicht zuletzt, weil das aus meiner Sicht wichtigste Hilfsmittel für unsere Tätigkeit bislang nur im Gericht so richtig greifbar ist. Nein, ich meine nicht die Akten, die werden derzeit schrittweise alle digital und ich trage nur noch selten Papierstapel umher. Was ich meine, ist der kollegiale Austausch.

Die lieben Kolleginnen und Kollegen...

Weil sie oft so unterschätzt wird, soll der kollegialen Qualität, die die Justiz zu bieten hat, hier noch einmal Raum gegeben werden: Das Konkurrenzdenken ist überschaubar und die Hilfsbereitschaft meist vorbehaltlos. Natürlich gibt es wie überall Ausnahmen, aber die Selbstverständlichkeit, mit der Ihnen Kolleginnen und Kollegen ihre Arbeits- oder Rechercheergebnisse in jeglichen Bearbeitungsstadien überlassen werden, wird Sie wahrscheinlich überraschen – auch mit Blick auf das oft kolportierte Gerücht, dass Juristen ihr Wissen ungern teilten. Die Erfahrungen in den ersten Wochen können von den Personen, mit denen man arbeitet, abhängen – und letztlich auch von einem selbst. Wer sich verkriecht und den beschriebenen Austausch nicht oder kaum in Anspruch nimmt, mag sich in der Freiheit, die die Unabhängigkeit und die frühe Verantwortung mit sich bringen, auch schnell verloren fühlen. Wenn es z. B. nicht die Kammerkolleginnen und -kollegen sein sollten, zu denen man einen guten Draht findet, so kann ich nur jeden ermutigen, sich woanders Unterstützung zu suchen – zum Beispiel im Proberichterkollegium, unter den Mitgliedern der Vertreterkammer, Mentorinnen oder Dezernatsvorgängern.

Fehlerkultur und Unterstützung

„Ein guter Richter ist sich seiner eigenen Fehlbarkeit stets bewusst" – auch wieder einer dieser Sätze, der vielen aus dem ersten Berufsjahr in Erinnerung geblieben sein dürfte. Was für einige wie eine Last klingen mag, ist für andere Ausdruck einer – auch hier muss ich betonen: aus meiner Erfahrung – positiven Fehlerkultur und einer Demut gegenüber der eigenen Verantwortung. Der gesellschaftliche Sinn und die Selbstwirksamkeit in dieser unabhängigen Rolle gehen auch mit „aushalten können" einher. Es wird andere Ansichten geben und die eigene Arbeit wird bewertet – und unter Umständen durch eine höhere Instanz auch abgeändert werden. Wer das akzeptieren kann und gleichzeitig reflektiert ist und bereit, sich mit dem eigenen Entwicklungspotenzial auseinanderzusetzen, wird in diesem Beruf eine hohe Zufriedenheit empfinden können. Perfektionistisch arbeitende Menschen oder diejenigen, die mit Kritik schwer umgehen können, mag diese Prämisse hingegen verunsichern. Es dürfte jedoch mittlerweile als üblich anzusehen sein, dass man im Berufsstart unterstützt wird. In dem OLG-Bezirk, in dem ich tätig bin, gibt es z. B. ein Mentorenprogramm und man nimmt nach dem Dienstantritt an einer Fortbildungsreihe für den Berufseinstieg teil. Außerdem werden Proberichterinnen und -richter am Landgericht in den ersten sechs Monaten entlastet und in besonders für ihre Ausbildung eingerichteten Kammern tätig. Es bietet sich aus meiner Sicht an, bei dem Gericht, bei dem Sie sich bewerben möchten, nachzufragen, wie Sie im Berufseinstieg unterstützt würden.

Fazit

Abschließend möchte ich Sie ermutigen, die Möglichkeiten in der Justiz zu erkunden und Ihre individuellen Ziele dabei stets im Blick zu behalten. Die Justiz ist zu vielfältig und Sie sind zu individuell, um die eingangs gestellte Frage verallgemeinernd zu beantworten. Nehmen Sie die Entscheidung selbst in die Hand und stellen Sie die Fragen, die Sie persönlich weiterbringen – an andere und auch sich selbst.

Zum Weiterlesen

Rabe von Kühlewein, Berufsanfänger bei der Staatsanwaltschaft, in: JuS 2029, 940

Redaktion, Interview: Frag die... Richterin am Landgericht, https://jurios.de/2024/03/19/interview-frag-die-richterin-am-landgericht/

Schäffer, Interview: Frag die.... Pressesprecherin des Justizministeriums Rheinland-Pfalz, https://jurios.de/2024/02/06/interview-frag-die-pressesprecherin-des-justizministeriums-rheinland-pfalz/

Sviridenko, Interview: Frag den ... Staatsanwalt!, https://jurios.de/2023/12/11/interview-frag-den-staatsanwalt/